Johann Wolfgang von Goethe

AUCH ICH
IN DER
CHAMPAGNE!

Johann Wolfgang von Goethe

AUCH ICH IN DER CHAMPAGNE!

*Mit einem Nachwort
von Gustav Seibt*

Bibliotheca Anna Amalia

Süddeutsche Zeitung Edition

Mit freundlicher Unterstützung
der Herzogin Anna Amalia Bibliothek
und der Kultur Stiftung in Weimar.

Die editorische Betreuung erfolgte
durch die Aufbau Verlagsgruppe.

aufbau 𝄋
VERLAGSGRUPPE

© Süddeutsche Zeitung GmbH, München
für die Süddeutsche Zeitung Edition 2007
Bibliotheca Anna Amalia

Gestaltung: Eberhard Wolf
Grafik: Julia Wolf
Satz: Aufbau Verlagsgruppe GmbH, Berlin
Bild Johann Wolfgang Goethe: SV Bilderdienst
Pflanzenornament aus den Grisaille-Fenstern des Altenberger Doms,
genehmigt vom Altenberger Dom-Verein e.V., Bergisch Gladbach
Herstellung: H. Weixler, H. Schiffers
Druck und Bindearbeiten: Ebner & Spiegel, Ulm
Printed in Germany

ISBN: 978-3-86615-405-6

Den 23. August 1792.
Gleich nach meiner Ankunft in Maynz besuchte ich Herrn von Stein den älteren, Königlich Preußischen Kammerherrn und Oberforstmeister, der eine Art Residentenstelle daselbst versah und sich im Haß gegen alles Revolutionäre gewaltsam auszeichnete. Er schilderte mir mit flüchtigen Zügen die bisherigen Fortschritte der verbündeten Heere, und versah mich mit einem Auszug des topographischen Atlas von Deutschland, welchen Jäger zu Frankfurt, unter dem Titel: Kriegstheater, veranstaltet.

Mittags bey ihm zur Tafel fand ich mehrere französische Frauenzimmer, die ich mit Aufmerksamkeit zu betrachten Ursache hatte; die Eine (man sagte es sey die Geliebte des Herzogs von Orleans) eine stattliche Frau, stolzen Betragens und schon von gewissen Jahren, mit rabenschwarzen Augen, Augenbrauen und Haar; übrigens im Gespräch mit Schicklichkeit freundlich. Eine Tochter, die Mutter jugendlich darstellend, sprach kein Wort. Desto munterer und reizender zeigte sich die Fürstin Monako, entschiedene Freundin des Prinzen von Condé, die Zierde von Chantilly in guten Tagen. Anmuthiger war nichts zu sehen als diese schlanke Blondine; jung, heiter, possenhaft; kein Mann, auf den sie's anlegte, hätte sich verwahren können. Ich beobachtete sie mit freyem Gemüth und wunderte mich Philinen, die ich hier nicht zu finden glaubte, so frisch und munter ihr Wesen treibend, mir abermals begegnen zu sehen. Sie schien weder so gespannt noch aufgeregt, als die übrige Gesellschaft, die denn freylich in Hoffnung, Sorgen und Beängstigung lebte. In diesen Tagen waren die Alliirten in Frankreich eingebrochen. Ob sich Longwy sogleich ergeben, ob es widerstehen werde, ob auch republicanisch-französische Truppen sich zu den Alliirten gesellen und jedermann, wie es versprochen worden, sich für die gute Sache erklären und die Fortschritte erleichtern werde? das alles schwebte gerade in diesem Augenblicke in Zweifel. Couriere wurden erwartet; die letzten hatten nur das langsame Vorschreiten der Armee und die Hindernisse grundloser Wege gemeldet. Der gepreßte Wunsch dieser Personen ward nur noch bänglicher, als sie nicht verbergen konnten, daß sie die schnellste Rückkehr ins Vaterland wünschen mußten, um von den Assignaten, der Erfindung ihrer Feinde, Vortheil ziehen, wohlfeiler und bequemer leben zu können.

Sodann verbracht' ich mit Sömmerrings, Huber, Forsters und andern Freunden zwey muntere Abende; hier fühlt' ich mich schon wieder in vaterländischer Luft. Meist schon frühere Bekannte, Studien-Genossen, in dem benachbarten Frankfurt wie zu Hause, (Sömmerrings Gattin war eine Frankfurterin) sämtlich mit meiner Mutter vertraut, ihre genialen Eigenheiten schätzend, manches ihrer glücklichen Worte wiederholend, meine große Aehnlichkeit mit ihr in heiterem Betragen und lebhaften Reden mehr als einmal betheurend, was gab es da nicht für Anlässe, Anklänge, in einem natürlichen, angebornen und angewöhnten Vertrauen! Die Freyheit eines wohlwollenden Scherzes auf dem Boden der Wissenschaft und Einsicht verlieh die heiterste Stimmung. Von politischen Dingen war die Rede nicht, man fühlte, daß man sich wechselseitig zu schonen habe: denn wenn sie republikanische Gesinnungen nicht ganz verläugneten, so eilte ich offenbar mit einer Armee zu ziehen, die eben diesen Gesinnungen und ihrer Wirkung ein entschiedenes Ende machen sollte.

Zwischen Maynz und Bingen erlebt' ich eine Scene, die mir den Sinn des Tages alsobald weiter aufschloß. Unser leichtes Fuhrwerk erreichte schnell einen vierspännigen, schwerbepackten Wagen; der ausgefahrne Hohlweg aufwärts am Berge her nöthigte uns auszusteigen, und da fragten wir denn die ebenfalls abgestiegenen Schwäger: wer vor uns dahin fahre? Der Postillion jenes Wagens erwiederte darauf mit Schimpfen und Fluchen, daß es Französinnen seyen, die mit ihrem Papier-Geld durchzukommen glaubten, die er aber gewiß noch umwerfen wolle, wenn sich einigermaßen Gelegenheit fände. Wir verwiesen ihm seine gehässige Leidenschaft, ohne ihn im mindesten zu bessern. Bey sehr langsamer Fahrt trat ich hervor an den Schlag der Dame und redete sie freundlich an, worauf sich ein junges schönes, aber von ängstlichen Zügen beschattetes Gesicht einigermaßen erheiterte.

Sie vertraute sogleich, daß sie dem Gemahl nach Trier folge und von da bald möglichst nach Frankreich zu gelangen wünsche. Da ich ihr nun diesen Schritt als sehr voreilig schilderte, gestand sie, daß außer der Hoffnung ihren Gemahl wieder zu finden, die Nothwendigkeit wieder von Papier zu leben, sie hiezu bewege. Ferner zeigte sie ein solches Zutrauen zu den verbündeten Streitkräften der Preußen, Oestreicher und Emigrirten, daß man, wär' auch Zeit und Ort nicht hinderlich gewesen, sie schwerlich zurückgehalten hätte.

Unter diesen Gesprächen fand sich ein sonderbarer Anstoß; über den Hohlweg, worin wir befangen waren, hatte man eine hölzerne Rinne geführt, die das nöthige Wasser einer jenseits stehenden, oberschlächtigen Mühle zubrachte. Man hätte denken sollen, die Höhe des Gestells wäre doch wenigstens auf einen Heuwagen berechnet gewesen. Wie dem aber auch sey, das Fuhrwerk war so unmäßig oben aufgepackt, Kistchen

Auch ich in der Champagne!

und Schachteln pyramidalisch über einander gethürmt, daß die Rinne dem weiteren Fortkommen ein unüberwindliches Hinderniß entgegensetzte.

Hier ging nun erst das Fluchen und Schelten der Postillione los, die sich um so viele Zeit aufgehalten sahen; wir aber erboten uns freundlich, halfen abpacken und an der andern Seite des träufelnden Schlagbaums wieder aufpacken. Die junge, gute, nach und nach entschüchterte Frau wußte nicht wie sie sich dankbar genug benehmen sollte; zugleich aber wuchs ihre Hoffnung auf uns immer mehr und mehr. Sie schrieb den Namen ihres Mannes und bat inständig, da wir doch früher als sie nach Trier kommen müßten, ob wir nicht am Thore den Aufenthalt des Gatten schriftlich nieder zu legen geneigt wären? Bey dem besten Willen verzweifelten wir an dem Erfolg wegen Größe der Stadt, sie aber ließ nicht von ihrer Hoffnung.

In Trier angelangt, fanden wir die Stadt von Truppen überlegt, von allerley Fuhrwerk überfahren, nirgends ein Unterkommen; die Wagen hielten auf den Plätzen, die Menschen irrten auf den Straßen, das Quartieramt, von allen Seiten bestürmt, wußte kaum Rath zu schaffen. Ein solches Gewirre jedoch ist wie eine Art Lotterie, der Glückliche zieht irgend einen Gewinn, und so begegnete mir Lieutenant von Fritsch von des Herzogs Regiment und brachte mich, nach freundlichstem Begrüßen, zu einem Kanonikus, dessen großes Haus und weitläuftiges Gehöfte mich und meine compendiöse Equipage freundlich und bequemlich aufnahm, wo ich denn sogleich einer genugsamen Erhohlung pflegte. Gedachter junge militärische Freund, von Kindheit auf mir bekannt und empfohlen, war mit einem kleinen Kommando in Trier zu verweilen beordert, um für die zurückgelassenen Kranken zu sorgen, die nachziehenden Maroden, verspätete Bagagewagen u. dergl. aufzunehmen und sie weiter zu befördern;

wobey denn auch mir seine Gegenwart zu gute kam, ob er gleich nicht gern im Rücken der Armee verweilte, wo für ihn, als einen jungen strebenden Mann, wenig Glück zu hoffen war.

Mein Diener hatte kaum das Nothwendigste ausgepackt, als er sich in der Stadt umzusehen Urlaub erbat; spät kam er wieder und des andern Morgens trieb eine gleiche Unruhe ihn aus dem Hause. Mir war dies seltsame Benehmen unerklärlich, bis das Räthsel sich löste: die schönen Französinnen hatten ihn nicht ohne Antheil gelassen, er spürte sorgfältig und hatte das Glück, sie, auf dem großen Platze, mitten unter hundert Wagen haltend, an der Schachtelpyramide zu erkennen, ohne jedoch ihren Gemahl aufgefunden zu haben.

Auf dem Wege von Trier nach Luxemburg erfreute mich bald das Monument in der Nähe von Igel. Da mir bekannt war, wie glücklich die Alten ihre Gebäude und Denkmäler zu setzen wußten, warf ich in Gedanken sogleich die sämmtlichen Dorfhütten weg und nun stand es an dem würdigsten Platze. Die Mosel fließt unmittelbar vorbey, mit welcher sich gegenüber ein ansehnliches Wasser, die Saar, verbindet; die Krümmung der Gewässer, das Auf- und Absteigen des Erdreichs, eine üppige Vegetation geben der Stelle Lieblichkeit und Würde.

Das Monument selbst könnte man einen architektonischplastisch verzierten Obelisk nennen. Er steigt in verschiedenen, künstlerisch über einander gestellten Stockwerken in die Höhe, bis er sich zuletzt in einer Spitze endigt, die mit Schuppen ziegelartig verziert ist und mit Kugel, Schlange und Adler in der Luft sich abschloß.

Möge irgend ein Ingenieur, welchen die gegenwärtigen Kriegsläufte in diese Gegend führen und vielleicht eine Zeitlang festhalten, sich die Mühe nicht verdrießen lassen, das Denkmal auszumessen, und, in so fern er Zeichner ist, auch die Figuren der vier Seiten wie sie noch kenntlich sind, uns überliefern und erhalten.

Wie viel traurige bildlose Obelisken sah ich nicht zu meiner Zeit errichten, ohne daß irgend jemand an jenes Monument gedacht hätte. Es ist freylich schon aus einer spätern Zeit, aber man sieht immer noch die Lust und Liebe seine persönliche Gegenwart, mit aller Umgebung und den Zeugnissen von Thätigkeit, sinnlich auf die Nachwelt zu bringen. Hier stehen Eltern und Kinder gegen einander, man schmaust im Familien-Kreise; aber damit der Beschauer auch wisse woher die Wohlhäbigkeit komme, ziehen beladene Saumrosse einher, Gewerb und Handel wird auf mancherley Weise vorgestellt. Denn eigentlich sind es Kriegs-Kommissarien die sich und den ihrigen dies Monument errichteten, zum Zeugniß, daß damals wie jetzt an solcher Stelle genugsamer Wohlstand zu erringen sey.

Man hatte diesen ganzen Spitzbau aus tüchtigen Sandquadern roh über einander gethürmt und alsdann, wie aus einem Felsen, die architektonisch-plastischen Gebilde herausgehauen. Die so manchem Jahrhunderte widerstehende Dauer dieses Monuments mag sich wohl aus einer so gründlichen Anlage herschreiben.

Diesen angenehmen und fruchtbaren Gedanken konnte ich mich nicht lange hingeben: denn ganz nahe dabey, in Grevenmachern, war mir das modernste Schauspiel bereitet. Hier fand ich das Corps Emigrirte, das aus lauter Edelleuten, meist Ludwigsrittern, bestand. Sie hatten weder Diener noch Reitknechte, sondern besorgten sich selbst und ihr Pferd. Gar manchen hab' ich zur Tränke führen, vor der Schmiede halten sehen. Was aber den sonderbarsten Contrast mit diesem demüthigen Beginnen hervorrief, war ein großer mit Kutschen und Reisewagen aller Art überladener Wiesenraum. Sie waren mit Frau und Liebchen, Kindern und Verwandten zu gleicher Zeit eingerückt, als wenn sie den innern Widerspruch ihres gegenwärtigen Zustandes recht wollten zur Schau tragen.

Da ich einige Stunden hier, unter freyem Himmel, auf Postpferde warten mußte, konnt' ich noch eine andere Bemerkung machen. Ich saß vor dem Fenster des Posthauses, unfern von der Stelle wo das Kästchen stand, in dessen Einschnitt man die unfrankirten Briefe zu werfen pflegt. Einen ähnlichen Zudrang hab' ich nie gesehn; zu hunderten wurden sie in die Ritze gesenkt. Das gränzenlose Bestreben wie man mit Leib', Seel' und Geist in sein Vaterland durch die Lücke des durchbrochenen Dammes wieder einzuströmen begehre, war nicht lebhafter und aufdringlicher vorzubilden.

Vor langer Weile, und aus Lust Geheimnisse zu entwickeln oder zu suppliren, dacht' ich mir was in dieser Briefmenge wohl enthalten seyn möchte? Da glaubt' ich denn eine Liebende zu spüren, die mit Leidenschaft und Schmerz die Qual des Entbehrens in solcher Trennung heftigst ausdrückte; einen Freund der von dem Freunde in der äußersten Noth einiges Geld verlangte; ausgetriebene Frauen, mit Kindern und Dienstanhang, deren Kasse bis auf wenige Geldstücke zusammengeschmolzen war; feurige Anhänger der Prinzen, die das Beste hoffend sich einander Lust und Muth zusprachen; andere die schon das Unheil in der Ferne witterten und sich über den bevorstehenden Verlust ihrer Güter jammervoll beschwerten – und ich denke nicht ungeschickt gerathen zu haben.

Ueber manches klärte der Postmeister mich auf, der, um meine Ungeduld nach Pferden zu beschwichtigen, mich vorsätzlich zu unterhalten suchte. Er zeigte mir verschiedene

Briefe mit Stempeln, aus entfernten Gegenden, die nun den Vorgerückten und Vorrückenden nachirren sollten. Frankreich sey an allen seinen Gränzen mit solchen Unglücklichen umlagert, von Antwerpen bis Nizza; dagegen stünden eben so die Französischen Heere zur Vertheidigung und zum Ausfall bereit. Er sagte manches Bedenkliche; ihm schien der Zustand der Dinge wenigstens sehr zweifelhaft.

Da ich mich nicht so wüthend erwies, wie andere die nach Frankreich hineinstürmten, hielt er mich bald für einen Republikaner und zeigte mehr Vertrauen; er ließ mich die Unbilden bedenken, welche die Preußen von Wetter und Weg über Coblenz und Trier erlitten, und machte eine schauderhafte Beschreibung wie ich das Lager in der Gegend von Longwy finden würde; von allem war er gut unterrichtet und schien nicht abgeneigt andere zu unterrichten; zuletzt suchte er mich aufmerksam zu machen wie die Preußen beym Einmarsch ruhige und schuldlose Dörfer geplündert, es sey nun durch die Truppen geschehen, oder durch Packknechte und Nachzügler; zum Scheine habe man's bestraft, aber die Menschen im Innersten gegen sich aufgebracht.

Da mußte mir denn jener General des dreyßigjährigen Kriegs einfallen, welcher, als man sich über das feindselige Betragen seiner Truppen in Freundes Land höchlich beschwerte, die Antwort gab: ich kann meine Armee nicht im Sack transportiren. Ueberhaupt aber konnte ich bemerken, daß unser Rücken nicht sehr gesichert sey.

Longwy, dessen Eroberung mir schon unterwegs triumphirend verkündigt war, ließ ich auf meiner Fahrt, rechts, in einiger Ferne und gelangte den 27. August Nachmittags gegen das Lager von Brocourt. Auf einer Fläche geschlagen war es zu übersehen, aber dort anzulangen nicht ohne Schwierigkeit. Ein feuchter aufgewühlter Boden war Pferden und Wagen hinderlich, daneben fiel es auf, daß man weder Wachen noch

Posten, noch irgend jemand antraf, der sich nach den Pässen erkundigt, und bey dem man dagegen wieder einige Erkundigung hätte einziehen können. Wir fuhren durch eine Zeltwüste, denn alles hatte sich verkrochen um vor dem schrecklichen Wetter kümmerlichen Schutz zu finden. Nur mit Mühe erforschten wir von einigen die Gegend wo wir das Herzogl. Weimarische Regiment finden könnten, erreichten endlich die Stelle, sahen bekannte Gesichter und wurden von Leidensgenossen gar freundlich aufgenommen. Kämmerier Wagner und sein schwarzer Pudel waren die ersten Begrüßenden; beyde erkannten einen vieljährigen Lebensgesellen, der abermals eine bedenkliche Epoche mit durchkämpfen sollte. Zugleich erfuhr ich einen unangenehmen Vorfall. Des Fürsten Leibpferd, der Amaranth, war gestern nach einem gräßlichen Schrey niedergestürzt und todt geblieben.

Nun mußte ich von der Situation des Lagers noch viel Schlimmeres gewahren und vernehmen als der Postmeister mir vorausgesagt. Man denke sich's auf einer Ebene am Fuße eines sanft aufsteigenden Hügels, an welchem ein von Alters her gezogener Graben Wasser von Feldern und Wiesen abhalten sollte; dieser aber wurde so schnell als möglich Behälter alles Unraths, aller Abwürflinge, der Abzug stockte, gewaltige Regengüsse durchbrachen Nachts den Damm und führten das widerwärtigste Unheil unter die Zelte. Da ward nun was die Fleischer an Eingeweiden, Knochen und sonst bey Seite geschafft in die ohnehin feuchten und ängstlichen Schlafstellen getragen.

Mir sollte gleichfalls ein Zelt eingeräumt werden, ich zog aber vor mich des Tags über bey Freunden und Bekannten aufzuhalten und Nachts in dem großen Schlafwagen der Ruhe zu pflegen, dessen Bequemlichkeit von früheren Zeiten her mir schon bekannt war. Seltsam mußte man es jedoch finden, wie er, obgleich nur etwa dreyßig Schritte von den Zelten entfernt, doch dergestalt unzugänglich blieb, daß ich mich Abends mußte hinein, und Morgens wieder heraustragen lassen.

Am 28. August.
So wunderlich tagte mir diesmal mein Geburtsfest. Wir setzten uns zu Pferde und ritten in die eroberte Festung; das wohlgebaute und befestigte Städtchen liegt auf einer Anhöhe. Meine Absicht war große wollene Decken zu kaufen und wir verfügten uns sogleich in einen Kramladen, wo wir Mutter und Töchter hübsch und anmuthig fanden. Wir feilschten nicht viel und zahlten gut, und waren so artig als es Deutschen ohne Tournüre nur möglich ist.

Die Schicksale des Hauses während des Bombardements waren höchst wunderbar. Mehrere Granaten hintereinander fielen in das Familienzimmer, man flüchtete, die Mutter riß ein Kind aus der Wiege und floh, und in dem Augenblick schlug noch eine Granate gerade durch die Kissen wo der Knabe gelegen hatte. Zum Glück war keine der Granaten gesprungen, sie hatten die Möbeln zerschlagen, am Getäfel gesengt und so war alles ohne weiteren Schaden vorübergegangen, in den Laden war keine Kugel gekommen.

Daß der Patriotismus derer von Longwy nicht allzu kräftig seyn mochte, sah man daraus, daß die Bürgerschaft den Commandanten sehr bald genöthigt hatte, die Festung zu übergeben; auch hatten wir kaum einen Schritt aus dem Laden gethan, als der innere Zwiespalt der Bürger sich uns genugsam verdeutlichte. Königisch-Gesinnte, und also unsere Freunde, welche die schnelle Uebergabe bewirkt, bedauerten daß wir in dieses Waarengewölbe zufällig gekommen und dem schlimmsten aller Jakobiner, der mit seiner ganzen Familie nichts tauge, so viel schönes Geld zu lösen gegeben. Gleichermaßen warnte man uns vor einem splendiden Gasthofe, und zwar so bedenklich als wenn den Speisen daselbst nicht ganz zu trauen seyn möchte; zugleich deutete man auf einen geringeren, als zuverlässig, wo wir uns denn auch freundlich aufgenommen und leidlich bewirthet sahen.

Nun saßen wir alte Kriegs- und Garnisons-Kameraden traulich und froh wieder neben- und gegeneinander; es waren die Offiziere des Regiments, vereint mit des Herzogs Hof-, Haus- und Canzleygenossen; man unterhielt sich von dem Nächstvergangenen: wie bedeutend und bewegt es Anfang May's in Aschersleben gewesen, als die Regimenter sich marschfertig zu halten Ordre bekommen, der Herzog von Braunschweig und mehrere hohe Personen daselbst Besuch abgestattet, wobey des Marquis von Bouillie als eines bedeutenden und in die Operationen kräftig eingreifenden Fremden zu erwähnen nicht vergessen wurde. Sobald dem horchenden Gastwirth dieser Name zu Ohren kam, erkundigte er sich eifrigst ob wir den Herren kennten? Die meisten durften es bejahen, wobey er denn viel Respect bewies und große Hoffnung auf die Mitwirkung dieses würdigen, thätigen Mannes aussprach, ja es wollte scheinen, als wenn wir von diesem Augenblicke an besser bedient würden.

Wie wir nun alle hier Versammelten uns mit Leib und Seele einem Fürsten angehörig bekannten, der seit mehreren Regierungsjahren so große Vorzüge entwickelt und sich nunmehr auch im Kriegshandwerk, dem er von Jugend auf zugethan gewesen, das er seit geraumer Zeit getrieben, sich bewähren sollte; so ward auf sein Wohl und seiner Angehörigen nach guter deutscher Weise angestoßen und getrunken; besonders aber auf des Prinzen Bernhards Wohl, bey welchem kurz vor dem Ausmarsch Obristwachtmeister von Weyhrach als Abgeordneter des Regiments Gevatter gestanden hatte.

Nun wußte jeder von dem Marsche selbst gar manches zu erzählen, wie man den Harz links lassend, an Goslar vorbey, nach Nordheim durch Göttingen gekommen; da hörte man denn von trefflichen und schlechten Quartieren, bäuerisch-unfreundlichen, gebildet-mißmuthigen, hypochondrisch-gefälligen Wirthen, von Nonnenklöstern und mancherley Abwechselung des Weges und Wetters. Alsdann war man am östlichen Rand Westphalens her bis Coblenz gezogen, hatte mancher hübschen Frau zu gedenken, von seltsamen Geistlichen, unvermuthet begegnenden Freunden, zerbrochenen Rädern, umgeworfenen Wagen buntschäckigen Bericht zu erstatten.

Von Coblenz aus beklagte man sich über bergige Gegenden, beschwerliche Wege und mancherley Mangel, und rückte sodann, nachdem man sich im Vergangenen kaum zerstreut, dem Wirklichen immer näher; der Einmarsch nach Frankreich in dem schrecklichsten Wetter ward als höchst unerfreulich und als würdiges Vorspiel beschrieben, des Zustandes, den wir nach dem Lager zurückkehrend voraussehen konnten. Jedoch in solcher Gesellschaft ermuthigt sich einer am andern, und ich besonders beruhigte mich beym Anblick der köstlichen wollenen Decken, welche der Reitknecht aufgebunden hatte.

Im Lager fand ich Abends in dem großen Zelte die beste Gesellschaft; sie war dort beysammen geblieben weil man keinen Fuß heraussetzen konnte; alles war gutes Muths und voller Zuversicht. Die schnelle Uebergabe von Longwy bestätigte die Zusage der Emigrirten: man werde überall mit offenen Armen aufgenommen seyn, und es schien sich dem großen Vorhaben nichts als die Witterung entgegen zu setzen. Haß und Verachtung des revolutionairen Frankreichs, durch die Manifeste des Herzogs von Braunschweig ausgesprochen, zeigten sich ohne Ausnahme bey Preußen, Oestreichern und Emigrirten.

Freylich durfte man nur das wahrhaft bekannt gewordene erzählen, so ging daraus hervor, daß ein Volk auf solchen Grad vereinigt, nicht einmal in Parteyen gespalten, sondern im Innersten zerrüttet, in lauter Einzelnheiten getrennt, dem hohen Einheitssinne der edel Verbündeten nicht widerstehen könne.

Auch hatte man schon von Kriegsthaten zu erzählen; gleich nach dem Eintritt in Frankreich stießen beym Recognosciren fünf Eskadronen Husaren von Wolfrat auf tausend Chasseurs, die von Sedan her unser Vorrücken beobachten sollten. Die Unsrigen wohl geführt griffen an, und da die Gegenseitigen sich tapfer wehrten, auch keinen Pardon annehmen wollten, gab es ein greulich Gemetzel, worin wir siegten, Gefangene machten, Pferde, Carabiner und Säbel erbeuteten, durch welches Vorspiel der kriegerische Geist erhöht, Hoffnung und Zutrauen fester gegründet wurden.

Am neun und zwanzigsten August geschah der Aufbruch aus diesen halberstarrten Erd- und Wasserwogen, langsam und nicht ohne Beschwerde: denn wie sollte man Zelten und Gepäck, Monturen und sonstiges nur einigermaßen reinlich halten, da sich keine trockene Stelle fand, wo man irgend etwas hätte zurecht legen und ausbreiten können.

Die Aufmerksamkeit jedoch, welche die höchsten Heerführer diesem Abmarsch zuwendeten, gab uns frisches Vertrauen. Auf das Strengste war alles Fuhrwerk ohne Ausnahme hinter die Colonne beordert, nur jeder Regiments-Chef berechtigt eine Chaise vor seinem Zug hergehen zu lassen; da ich denn das Glück hatte im leichten offenen Wägelchen die Hauptarmee für diesmal anzuführen. Beyde Häupter, der König sowohl als der Herzog von Braunschweig, mit ihrem Gefolge hatten sich da postirt, wo alles an ihnen vorbey mußte. Ich sah sie von weiten und als wir heran kamen, ritten Ihro Majestät an mein Wäglein heran und fragten in Ihro lakonischen

Art: Wem das Fuhrwerk gehöre? Ich antwortete laut: Herzog von Weimar! und wir zogen vorwärts. Nicht leicht ist jemand von einem vornehmern Visitator angehalten worden.

Weiter hin jedoch fanden wir den Weg hie und da etwas besser. In einer wunderlichen Gegend, wo Hügel und Thal mit einander abwechselten, gab es besonders für die zu Pferde noch trockene Räume genug um sich behaglich vorwärts bewegen zu können. Ich warf mich auf das meine und so ging es freyer und lustiger fort; das Regiment hatte den Vortritt bey der Armee, wir konnten also immer voraus seyn und der lästigen Bewegung des Ganzen völlig entgehen.

Der Marsch verließ die Hauptstraße, wir kamen über Arancy, worauf uns denn Chatillon l'Abbaye, als erstes Kennzeichen der Revolution, ein verkauftes Kirchengut, in halb abgebrochenen und zerstörten Mauern zur Seite liegen blieb.

Nun aber sahen wir über Hügel und Thal des Königs Majestät sich eilig zu Pferde bewegend, wie den Kern eines Kometen von einem langen schweifartigen Gefolge begleitet. Kaum war jedoch dieses Phänomen mit Blitzesschnelle vor uns vorbey geschwunden, als ein zweytes, von einer andern Seite, den Hügel krönte oder das Thal erfüllte. Es war der Herzog von Braunschweig, der Elemente gleicher Art an und nach sich zog. Wir nun, obgleich mehr zum Beobachten als zum Beurtheilen geneigt, konnten doch der Betrachtung nicht ausweichen, welche von beyden Gewalten denn eigentlich die obere sey? Welche wohl im zweifelhaften Falle zu entscheiden habe? Unbeantwortete Fragen die uns nur Zweifel und Bedenklichkeiten zurückließen.

Was nun aber hiebey noch ernsteren Stoff zum Nachdenken gab, war, daß man beyde Heerführer so ganz frank und frey in ein Land hineinreiten sah wo nicht unwahrscheinlich in jedem Gebüsch ein aufgeregter Todfeind lauern konnte. Doch mußten wir gestehen, daß gerade das kühne persönliche

Hingeben von jeher den Sieg errang und die Herrschaft behauptete.

Bey wolkigem Himmel schien die Sonne sehr heiß; das Fuhrwerk in grundlosem Boden fand ein schweres Fortkommen. Zerbrochene Räder an Wagen und Kanonen machten gar manchen Aufhalt, hie und da ermattete Füseliere die sich schon nicht mehr fortschleppen konnten.

Man hörte die Kanonade bey Thionville und wünschte jener Seite guten Erfolg.

Abends erquickten wir uns im Lager bey Pillon. Eine liebliche Waldwiese nahm uns auf, der Schatten erfrischte schon, zum Küchfeuer war Gestrüpp genug bereit; ein Bach floß vorbey und bildete zwey klare Bassins die beyde sogleich von Menschen und Thieren sollten getrübt werden. Das eine gab ich frey, vertheidigte das andere mit Heftigkeit und ließ es sogleich mit Pfählen und Stricken umziehen. Ohne Lärm gegen die Zudringlichen ging es nicht ab. Da fragte einer von unsern Reitern den andern, die eben ganz gelassen an ihrem Zeuge putzten: wer ist denn der, der sich so mausig macht? Ich weiß nicht! versetzte der andere, aber er hat Recht.

Also kamen nun Preußen und Oesterreicher und ein Theil von Frankreich auf französischem Boden ihr Kriegshandwerk zu treiben. In wessen Macht und Gewalt thaten sie das? Sie konnten es in eignem Namen thun, der Krieg war ihnen zum Theil erklärt, ihr Bund war kein Geheimniß; aber nun ward noch ein Vorwand erfunden. Sie traten auf im Namen Ludwigs des XVI, sie requirirten nicht, aber sie borgten gewaltsam. Man hatte Bons drucken lassen die der Kommandirende unterzeichnete, derjenige aber der sie in Händen hatte nach Befund beliebig ausfüllte, Ludwig XVI sollte bezahlen. Vielleicht hat nach dem Manifest nichts so sehr das Volk gegen das Königthum aufgehetzt als diese Behandlungsart. Ich war selbst bey einer solchen Scene gegenwärtig, deren ich mich als höchst tragisch erinnere. Mehrere Schäfer mochten ihre Heerden vereinigt haben, um sie in Wäldern oder sonst abgelegenen Orten sicher zu verbergen, von thätigen Patrouillen aber aufgegriffen und zur Armee geführt, sahen sie sich zuerst wohl und freundlich empfangen. Man fragte nach den verschiedenen Besitzern, man sonderte und zählte die einzelnen Heerden. Sorge und Furcht, doch mit einiger Hoffnung, schwebte auf den Gesichtern der tüchtigen Männer. Als sich aber dieses Verfahren dahin auflös'te, daß man die Heerden unter Regimenter und Compagnien vertheilte, den Besitzern hingegen, ganz höflich, auf Ludwig XVI. gestellte Papiere überreichte, indessen ihre wolligen Zöglinge von den ungeduldigen fleischlustigen Soldaten vor ihren Füßen ermordet wurden; so gesteh ich wohl es ist mir nicht leicht eine grausamere Scene und ein tieferer männlicher Schmerz in allen seinen Abstufungen jemals vor Augen und zur Seele gekommen. Die griechischen Tragödien allein haben so einfach tief Ergreifendes.

Den 30. August.

Vom heutigen Tag der uns gegen Verdun bringen sollte versprachen wir uns Abenteuer, und sie blieben nicht aus. Der auf- und abwärtsgehende Weg war schon besser getrocknet, das Fuhrwerk zog ungehinderter dahin, die Reiter bewegten sich leichter und vergnüglich.

Es hatte sich eine muntere Gesellschaft zusammengefunden, die, wohl beritten, so weit vorging, bis sie einen Zug Husaren antraf, der den eigentlichen Vortrab der Hauptarmee machte. Der Rittmeister, ein gesetzter Mann, schon über die mittlern Jahre, schien unsere Ankunft nicht gerne zu sehen. Die strengste Aufmerksamkeit war ihm empfohlen, alles sollte mit Vorsicht geschehen, jede unangenehme Zufälligkeit klüglich beseitigt werden. Er hatte seine Leute kunstmäßig vertheilt, sie ruckten einzeln vor in gewissen Entfernungen, und alles begab sich in der größten Ordnung und Ruhe. Menschenleer war die Gegend, die äußerste Einsamkeit ahnungsvoll. So waren wir, Hügel auf Hügel ab, über Mangienne, Damvillers, Mauwille und Ormont gekommen, als auf einer Höhe, die eine schöne Aussicht gewährte, rechts in den Weinbergen ein Schuß fiel, worauf die Husaren sogleich zufuhren, die nächste Umgebung zu untersuchen. Sie brachten auch wirklich einen schwarzhaarigen bärtigen Mann herbey, der ziemlich wild aussah und bey dem man ein schlechtes Terzerol gefunden hatte. Er sagte trotzig, daß er die Vögel aus seinem Weinberg verscheuche und niemand etwas zu Leide thue. Der Rittmeister schien, bey stiller Ueberlegung, diesen Fall mit seinen gemessenen Ordres zusammen zu halten und entließ den bedrohten Gefangenen mit einigen Hieben, die der Kerl so eilig mit auf den Weg nahm, daß man ihm seinen Huth mit großem Lustgeschrey nachwarf, den er aber aufzunehmen keinen Beruf empfand.

Der Zug ging weiter, wir unterhielten uns über die Vorkommenheiten und über manches was zu erwarten seyn möchte. Nun ist zu bemerken, daß unsere kleine Gesellschaft, wie sie sich den Husaren aufgedrungen hatte, zufällig zusammen gekommen, aus den verschiedensten Elementen bestand; meistens waren es gradsinnige, jeder nach seiner Weise dem Augenblick gewidmete Menschen. Einen jedoch muß ich besonders auszeichnen, einen ernsten, sehr achtbaren Mann, von der Art wie sie zu jener Zeit unter den preußischen Kriegsleuten öfter vorkamen, mehr ästhetisch als philosophisch gebildet, ernst mit einem gewissen hypochondrischen Zuge, still in sich gekehrt und zum Wohlthun mit zarter Leidenschaft aufgelegt.

Als wir so weiter vor uns hinrückten, trafen wir auf eine so seltsame als angenehme Erscheinung, die eine allgemeine Theilnahme erregte. Zwey Husaren brachten ein einspänniges, zweyrädriges Wägelchen den Berg herauf, und als wir uns erkundigten, was unter der übergespannten Leinwand wohl befindlich seyn möchte? so fand sich ein Knabe von etwa zwölf Jahren, der das Pferd lenkte, und ein wunderschönes Mädchen oder Weibchen, das sich aus der Ecke hervorbeugte um die vielen Reiter anzusehen, die ihren zweyrädrigen Schirm umzingelten. Niemand blieb ohne Theilnahme, aber die eigentlich thätige Wirkung für die Schöne mußten wir unserm empfindenden Freund überlassen, der von dem Augenblick an als er das bedürftige Fuhrwerk näher betrachtet, sich zur Rettung unaufhaltsam hingedrängt fühlte. Wir traten in den Hintergrund, er aber fragte genau nach allen Umständen, und es fand sich, daß die junge Person in Samogneux wohnhaft, dem bevorstehenden Bedrängniß seitwärts zu entfernteren Freunden auszuweichen willens, sich eben der Gefahr in den Rachen geflüchtet habe; wie in solchen ängstlichen Fällen der Mensch wähnt, es sey überall besser als da wo er ist. Einstimmig ward ihr nun auf das freundlichste begreiflich gemacht, daß sie zurückkehren müsse. Auch unser Anführer, der Rittmeister, der zuerst eine Spionerey hier wittern wollte, ließ sich endlich durch die herzliche Rhetorik des sittlichen Mannes überreden, der sie denn auch, zwey Husaren an der Seite, bis an ihren Wohnort, einigermaßen getröstet, zurückbrachte, woselbst sie uns, die wir in bester Ordnung und Mannszucht bald nachher durchzogen, auf einem Mäuerchen unter den Ihrigen stehend, freundlich und, weil das erste Abenteuer so gut gelungen war, hoffnungsvoll begrüßte.

Es giebt dergleichen Pausen mitten in den Kriegszügen, wo man durch augenblickliche Mannszucht sich Kredit zu verschaffen sucht und eine Art von gesetzlichem Frieden mitten in der Verwirrung beordert. Diese Momente sind köstlich für

Bürger und Bauern und für jeden, dem das dauernde Kriegsunheil noch nicht allen Glauben an Menschlichkeit geraubt hat.

Ein Lager disseits Verdun wird aufgeschlagen und man zählt auf einige Tage Rast.

Den ein und dreyßigsten Morgens war ich im Schlafwagen, gewiß der trockensten, wärmsten und erfreulichsten Lagerstätte, halb erwacht, als ich etwas an den Ledervorhängen rauschen hörte und bey Eröffnung derselben den Herzog von Weimar erblickte, der mir einen unerwarteten Fremden vorstellte. Ich erkannte sogleich den abentheuerlichen Grothhus, der, seine Parteygänger-Rolle auch hier zu spielen nicht abgeneigt, angelangt war um den bedenklichen Auftrag der Aufforderung Verduns zu übernehmen. In Gefolg dessen war er gekommen unsern fürstlichen Anführer um einen Staabstrompeter zu ersuchen, welcher, einer solchen besondern Auszeichnung sich erfreuend, alsobald zu dem Geschäft beordert wurde. Wir begrüßten uns, alter Wunderlichkeiten eingedenk, auf das heiterste und Grothus eilte zu seinem Geschäft; worüber denn, als es vollbracht war, gar mancher Scherz getrieben wurde. Man erzählte sich wie er, den Trompeter voraus, den Husaren hinterdrein, die Fahrstraße hinabgeritten, die Verduner aber als Sansculotten, das Völkerrecht nicht kennend oder verachtend, auf ihn kanonirt, wie er ein weißes Schnupftuch an die Trompete befestigt und immer heftiger zu blasen befohlen; wie er von einem Commando eingeholt, und mit verbundenen Augen allein in die Festung geführt, alldort schöne Reden gehalten, aber nichts bewirkt und was dergleichen mehr war, wodurch man denn, nach Weltart, den geleisteten Dienst zu verkleinern und dem Unternehmenden die Ehre zu verkümmern wußte.

Als nun die Festung, wie natürlich, auf die erste Foderung sich zu ergeben abgeschlagen, mußte man mit Anstalten zum Bombardement vorschreiten. Der Tag ging hin, indessen besorgt' ich noch ein kleines Geschäft, dessen gute Folgen sich mir bis auf den heutigen Tag erstrecken. In Maynz hatte mich Herr v. Stein mit dem Jägerischen Atlas versorgt, welcher den gegenwärtigen, hoffentlich auch den nächstkünftigen Kriegsschauplatz in mehreren Blättern darstellte. Ich nahm das eine hervor, das achtundvierzigste, in dessen Bezirk ich bey Longwy hereingetreten war, und da unter des Herzogs Leuten sich gerade ein Boßler befand, so ward es zerschnitten und aufgezogen und dient mir noch zur Wiedererinnerung jener für die Welt und mich so bedeutenden Tage.

Nach solchen Vorbereitungen, zum künftigen Nutzen und augenblicklicher Bequemlichkeit, sah ich mich um auf der Wiese wo wir lagerten, und von wo sich die Zelte bis auf die Hügel erstreckten. Auf dem großen grünen ausgebreiteten Teppich zog ein wunderliches Schauspiel meine Aufmerksamkeit an sich: eine Anzahl Soldaten hatten sich in einen Kreis gesetzt und hantirten etwas innerhalb desselben. Bey näherer Untersuchung fand ich sie um einen trichterförmigen Erdfall gelagert, der von dem reinsten Quellwasser gefüllt oben etwa dreyßig Fuß im Durchmesser haben konnte. Nun waren es unzählige kleine Fischchen nach denen die Kriegsleute angelten, wozu sie das Geräth neben ihrem übrigen Gepäcke mitgebracht hatten. Das Wasser war das klarste von der Welt und die Jagd lustig genug anzusehen. Ich hatte jedoch nicht lange diesem Spiele zugeschaut, als ich bemerkte, daß die Fischlein indem sie sich bewegten verschiedene Farben spielten. Im ersten Augenblick hielt ich diese Erscheinung für Wechselfarben der beweglichen Körperchen, doch bald eröffnete sich mir eine willkommene Aufklärung. Eine Scherbe Steingut war in den Trichter gefallen, welche mir aus der Tiefe herauf die schönsten prismatischen Farben gewährte. Heller als der Grund, dem Auge entgegen gehoben, zeigte sie an dem von mir abstehenden Rande die Blau- und Violetfarbe, an dem mir zugekehrten Rande dagegen die rothe und gelbe. Als ich mich darauf um die Quelle ringsum bewegte, folgte mir, wie natürlich bey einem solchen subjectiven Versuche, das Phänomen und die Farben erschienen, bezüglich auf mich, immer dieselbigen.

Leidenschaftlich ohnehin mit diesen Gegenständen beschäftigt, machte mir's die größte Freude dasjenige hier unter freyem Himmel so frisch und natürlich zu sehen, weshalb sich die Lehrer der Physik schon fast hundert Jahre mit ihren Schülern in eine dunkle Kammer einzusperren pflegten. Ich verschaffte mir noch einige Scherbenstücke, die ich hinein warf, und konnte gar wohl bemerken, daß die Erscheinung unter der Oberfläche des Wassers sehr bald anfing, beym Hinabsinken immer zunahm, und zuletzt ein kleiner, weißer Körper, ganz überfärbt, in Gestalt eines Flämmchens am Boden anlangte. Dabey erinnerte ich mich daß Agricola schon dieser Erscheinung gedacht und sie unter die feurigen Phänomene zu rechnen sich bewogen gesehn.

Nach Tische ritten wir auf den Hügel der unseren Zelten die Ansicht von Verdun verbarg; wir fanden die Lage der Stadt, als einer solchen, sehr angenehm von Wiesen, Gärten umgeben, in einer heitern Fläche, von der Maas in mehreren Aesten durchströmt, zwischen näheren und ferneren Hügeln; als Festung freylich einem Bombardement von allen Seiten ausgesetzt. Der Nachmittag ging hin mit Errichtung der Batterien, da die Stadt sich zu ergeben geweigert hatte. Mit guten Ferngläsern beschauten wir indessen die Stadt und konnten ganz genau erkennen was auf dem gegen uns gekehrten Wall vorging, mancherley Volk das sich hin und her bewegte und besonders an einem Fleck sehr thätig zu seyn schien.

Um Mitternacht fing das Bombardement an, sowohl von der Batterie auf unserem rechten Ufer, als von einer andern auf dem linken, welche näher gelegen und mit Brandraketen spielend, die stärkste Wirkung hervorbrachte. Diese geschwänzten Feuermeteore mußte man denn ganz gelassen durch die Luft fahren und bald darauf ein Stadtquartier in Flammen sehen. Unsere Ferngläser, dorthin gerichtet, gestatteten uns auch dieses Unheil im Einzelnen zu betrachten; wir konnten die Menschen erkennen, die sich oben auf den Mauern dem Brande Einhalt zu thun eifrig bemühten, wir konnten die freystehenden, zusammenstürzenden Gesparre bemerken und unterscheiden. Dieses alles geschah in Gesellschaft von Bekannten und Unbekannten, wobey es unsägliche, oft widersprechende Bemerkungen gab und gar verschiedene Gesinnungen geäußert wurden. Ich war in eine Batterie getreten die eben gewaltsam arbeitete, allein der fürchterlich dröhnende Klang abgefeuerter Haubitzen fiel meinem friedlichen Ohr unerträglich, ich mußte mich bald entfernen. Da traf ich auf den Fürsten Reuß den XI., der mir immer ein freundlicher gnädiger Herr gewesen. Wir gingen hinter Weinbergsmauern hin und her, durch sie geschützt vor den Kugeln, welche herauszusenden die Belagerten nicht faul waren. Nach mancherley politischen Gesprächen, die uns denn freylich nur in ein Labyrinth von Hoffnungen und Sorgen verwickelten, fragte mich der Fürst: womit ich mich gegenwärtig beschäftige? und war sehr verwundert als ich, anstatt von Tragödien und Romanen zu vermelden, aufgeregt durch die heutige Refraktions-Erscheinung, von der Farbenlehre mit großer Lebhaftigkeit zu sprechen begann. Denn es ging mir mit diesen Entwicklungen natürlicher Phänomene wie mit Gedichten, ich machte sie nicht, sondern sie machten mich. Das einmal erregte Interesse behauptete sein Recht, die Production ging ihren Gang, ohne sich durch Kanonenkugeln und Feuerballen im mindesten stören zu lassen. Der Fürst verlangte daß ich ihm faßlich machen sollte, wie ich in dieses Feld gerathen?

Hier gereichte mir nun der heutige Fall zu besonderem Nutzen und Frommen.

Bey einem solchen Manne bedurft' es nicht vieler Worte um ihn zu überzeugen daß ein Naturfreund, der sein Leben gewöhnlich im Freyen, es sey nun im Garten, auf der Jagd, reisend oder durch Feldzüge durchführt, Gelegenheit und Muße genug finde die Natur im Großen zu betrachten und sich mit den Phänomenen aller Art bekannt zu machen. Nun bieten aber atmosphärische Luft, Dünste, Regen, Wasser und Erde uns immerfort abwechselnde Farbenerscheinungen, und zwar unter so verschiedenen Bedingungen und Umständen, daß man wünschen müsse solche bestimmter kennen zu lernen, sie zu sondern, unter gewisse Rubriken zu bringen, ihre nähere und fernere Verwandschaft auszuforschen. Hiedurch gewinne man nun in jedem Fach neue Ansichten, unterschieden von der Lehre der Schule und von gedruckten Ueberlieferungen.

Unsere Altväter hätten, begabt mit großer Sinnlichkeit, vortrefflich gesehen, jedoch ihre Beobachtungen nicht fort noch durchgesetzt, am wenigsten sey ihnen gelungen die Phänomene wohl zu ordnen und unter die rechten Rubriken zu bringen.

Dergleichen ward abgehandelt, als wir den feuchten Rasen hin- und hergingen; ich setzte, aufgeregt durch Fragen und Einreden, meine Lehre fort, als die Kälte des einbrechenden Morgens uns an ein Bivouak der Oestreicher trieb, welches, die ganze Nacht unterhalten, einen ungeheuern wohlthätigen Kohlenkreis darbot.

Eingenommen von meiner Sache, mit der ich mich erst seit zwey Jahren beschäftigte, und die also noch in einer frischen unreifen Gährung begriffen war, hätte ich kaum wissen können, ob der Fürst mir auch zugehört, wenn er nicht einsichtige Worte dazwischen gesprochen und zum Schluß meinen

Vortrag wieder aufgenommen und beyfällige Aufmunterung gegönnt hätte.

Wie ich denn immer bemerkt habe, daß mit Geschäfts- und Weltleuten, die sich gar vielerley aus dem Stegreife müssen vortragen lassen und deshalb immer auf ihrer Huth sind, um nicht hintergangen zu werden, viel besser auch in wissenschaftlichen Dingen zu handeln ist, weil sie den Geist frey halten und dem Referenten aufpassen, ohne weiteres Interesse, als eigene Aufklärungen; da Gelehrte hingegen gewöhnlich nichts hören, als was sie gelernt und gelehrt haben und worüber sie mit ihres Gleichen übereingekommen sind. An die Stelle des Gegenstandes setzt sich ein Wort-Credo, bey welchem denn so gut zu verharren ist als bey irgend einem andern.

Der Morgen war frisch aber trocken, wir gingen, theils gebraten theils erstarrt, wieder auf und ab und sahen an den Weinbergsmauern sich auf einmal etwas regen. Es war ein Piket Jäger das die Nacht da zugebracht hatte, nun aber Büchse und Tornister wieder aufnahm, hinab in die niedergebrannten Vorstädte zog, um von da aus die Wälle zu beunruhigen. Einem wahrscheinlichen Tod entgegen gehend sangen sie sehr libertine Lieder, in dieser Lage vielleicht verzeihbar.

Kaum verließen sie die Stätte als ich auf der Mauer, an der sie geruht, ein sehr auffallendes geologisches Phänomen zu bemerken glaubte; ich sah auf dem von Kalkstein errichteten weißen Mäuerchen ein Gesims von hellgrünen Steinen, völlig von der Farbe des Jaspis und war höchlich betroffen wie, mitten in diesen Kalkflözen, eine so merkwürdige Steinart, in solcher Menge sich sollte gefunden haben. Auf die eigenste Weise ward ich jedoch entzaubert als ich, auf das Gespenst losgehend, sogleich bemerkte daß es das Innere von verschimmeltem Brod sey, das, den Jägern ungenießbar, mit gutem Humor ausgeschnitten und zu Verzierung der Mauer ausgebreitet worden.

Hier gab es nun sogleich Gelegenheit von der, seit dem wir in Feindesland eingetreten, immer wieder zur Sprache kommenden Vergiftung zu reden; welche freylich ein kriegendes Heer mit panischem Schrecken erfüllt, indem nicht allein jede vom Wirth angebothene Speise, sondern auch das selbst gebackene Brod verdächtig wird, dessen innerer schnell sich entwickelnder Schimmel ganz natürlichen Ursachen zuzuschreiben ist.

Es war den ersten September früh um acht Uhr als das Bombardement aufhörte, ob man gleich noch immerfort Kugeln hinüber und herüber wechselte. Besonders hatten die Belagerten einen Vierundzwanzig-Pfünder gegen uns gekehrt, dessen sparsame Schüsse sie mehr zum Scherz als Ernst verwendeten.

Auf der freyen Höhe, zur Seite der Weinberge, grad im Angesichte dieses gröbsten Geschützes, waren zwey Husaren zu Pferd aufgestellt, um Stadt und Zwischenraum aufmerksam zu beobachten. Diese blieben die Zeit ihrer Postirung über unangefochten. Weil aber bey der Ablösung sich nicht allein die Zahl der Mannschaft vermehrte, sondern auch manche Zuschauer grad in diesem Augenblick herbeyliefen und ein tüchtiger Klump Menschen zusammen kam, so hielten jene ihre Ladung bereit. Ich stand in diesen Augenblick mit dem Rücken dem ungefähr hundert Schritt entfernten Husaren- und Volks-Trupp zugekehrt, mich mit einem Freund besprechend, als auf einmal der grimmige pfeifend-schmetternde Ton hinter mir hersauste, so daß ich mich auf dem Absatz herumdrehte, ohne sagen zu können ob der Ton, die bewegte Luft, eine innere psychische, sittliche Anregung dieses Umkehren hervorgebracht. Ich sah die Kugel, weit hinter der auseinander gestobenen Menge, noch durch einige Zäune ricochetiren. Mit großem Geschrey lief man ihr nach als sie aufgehört hatte furchtbar zu seyn; niemand war getroffen und die Glücklichen, die sich dieser runden Eisenmasse bemächtigt, trugen sie in Triumph umher.

Gegen Mittag wurde die Stadt zum zweytenmal aufgefordert und erbat sich vier und zwanzig Stunden Bedenkzeit. Diese nutzten auch wir uns etwas bequemer einzurichten, um zu proviantiren, die Gegend umher zu bereiten, wobey ich denn nicht unterließ mehrmals zu der unterrichtenden Quelle zurückzukehren, wo ich meine Beobachtungen ruhiger und besonnener anstellen konnte; denn das Wasser war rein ausgefischt und hatte sich vollkommen klar und ruhig gesetzt, um das Spiel der niedersinkenden Flämmchen nach Lust zu wiederholen, und ich befand mich in der angenehmsten Gemüthsstimmung. Einige Unglücksfälle versetzten jedoch uns wieder bald in Kriegszustand.

Ein Offizier von der Artillerie suchte sein Pferd zu tränken; der Wassermangel in der Gegend war allgemein, meine Quelle an der er vorbeyritt, lag nicht flach genug, er begab sich nach der nahe fließenden Maas, wo er an einem abhängigen Ufer versank, das Pferd hatte sich gerettet, ihn trug man todt vorbey.

Kurz darauf sah und hörte man eine starke Explosion im östreichischen Lager, an dem Hügel zu dem wir hinaufsehen konnten; Knall und Dampf wiederholte sich einigemal. Bey einer Bombenfüllung war, durch Unvorsichtigkeit, Feuer entstanden das höchste Gefahr drohte; es theilte sich schon gefüllten Bomben mit und man hatte zu fürchten der ganze Vorrath möchte in die Luft gehen. Bald aber war die Sorge gestillt durch rühmliche That kaiserlicher Soldaten welche, die bedrohende Gefahr verachtend, Pulver und gefüllte Bomben aus dem Zeltraum eilig hinaustrugen.

So ging auch dieser Tag hin; am andern Morgen ergab sich die Stadt und ward in Besitz genommen; sogleich aber sollte uns ein republikanischer Charakterzug begegnen. Der Commandant Beaurepaire, bedrängt von der bedrängten Bürgerschaft, die bey fortdauerndem Bombardement ihre ganze Stadt verbrannt und zerstört sah, konnte die Uebergabe nicht länger verweigern; als er aber auf dem Rathhaus in voller Sitzung seine Zustimmung gegeben hatte, zog er ein Pistol hervor und erschoß sich, um abermals ein Beyspiel höchster patriotischer Aufopferung darzustellen.

Nach dieser so schnellen Eroberung von Verdun zweifelte niemand mehr, daß wir bald darüber hinausgelangen und in Chalons und Epernay uns von den bisherigen Leiden an gutem Weine bestens erholen sollten. Ich ließ daher ungesäumt die Jägerischen Charten welche den Weg nach Paris bezeichneten zerschneiden und sorgfältig aufziehen, auch auf die Rückseite weißes Papier kleben, wie ich es schon bey der Ersten gethan, um kurze Tagesbemerkungen flüchtig aufzuzeichnen.

Den 3. September.

Früh hatte sich eine Gesellschaft zusammen gefunden nach der Stadt zu reiten, an die ich mich anschloß. Wir fanden, gleich beym Einritt, große frühere Anstalten, die auf einen längeren Widerstand hindeuteten; das Straßenpflaster war in der Mitte durchaus aufgehoben und gegen die Häuser angehäuft, das feuchte Wetter machte deshalb das Umherwandeln nicht erfreulich. Wir besuchten aber sogleich die namentlich gerühmten Läden, wo der beste Liqueur aller Art zu haben war. Wir probirten ihn durch und versorgten uns mit mancherley Sorten. Unter andern war einer Namens Baume humain, welcher weniger süß aber stärker, ganz besonders erquickte. Auch die Dragéen, überzuckerte kleine Gewürz-Körner, in saubern cylindrischen Deuten wurden nicht abgewiesen. Bey so vielem Guten gedachte man nun der lieben Zurückgelassenen, denen dergleichen am friedlichen Ufer der Ilm gar wohl behagen möchte. Kistchen wurden gepackt; gefällige wohlwollende Couriere, das bisherige Kriegsglück in Deuschland zu melden beauftragt, waren geneigt sich mit einigem Gepäck dieser Art zu belasten, wodurch sich denn die Freundinnen zu Hause in höchster Beruhigung überzeugen mochten, daß wir in einem Lande walfahrteten, wo Geist und Süßigkeit niemals ausgehen dürfen.

Als wir nun darauf die theilweis verletzte und verwüstete Stadt beschauten, waren wir veranlaßt die Bemerkung zu wiederholen: daß bey solchem Unglück, welches der Mensch dem Menschen bereitet, wie bey dem was die Natur uns zuschickt, einzelne Fälle vorkommen, die auf eine Schickung, eine günstige Vorsehung hinzudeuten scheinen. Der untere Stock eines Eckhauses auf dem Markte ließ einen von vielen Fenstern wohl erleuchteten Fayance-Laden sehen; man machte uns aufmerksam, daß eine Bombe von dem Platz aufschlagend an den schwachen steinernen Thürpfosten des Ladens gefahren, von demselben aber wieder abgewiesen, andere Richtung genommen habe. Der Thürpfosten war wirklich beschädigt, aber er hatte die Pflicht eines guten Vorfechters gethan: die Glanzfülle des oberflächlichen Porzellans stand in wiederspieglender Herrlichkeit hinter den wasserhellen, wohlgeputzten Fenstern.

Mittags am Wirthstische wurden wir mit guten Schöpsenkeulen und Wein von Bar tractirt, den man, weil er nicht verfahren werden kann, im Lande selbst aussuchen und genießen muß. Nun ist aber an solchen Tischen Sitte, daß man wohl Löffel, jedoch weder Messer noch Gabel erhält, die man daher mitbringen muß. Von dieser Landesart unterrichtet, hatten wir schon solche Bestecke angeschafft, die man dort flach und zierlich gearbeitet zu kaufen findet. Muntere, resolute Mädchen warteten auf, nach derselben Art und Weise wie sie vor einigen Tagen ihrer Garnison noch aufgewartet hatten.

Bey der Besitznehmung von Verdun ereignete sich jedoch ein Fall, der, obgleich nur einzeln, großes Aufsehen erregte und allgemeine Theilnahme heranrief. Die Preußen zogen ein und es fiel aus der französischen Volksmasse ein Flintenschuß, der niemand verletzte, dessen Wagestück aber ein französischer Grenadier nicht verläugnen konnte noch wollte. Auf der Hauptwache, wohin er gebracht wurde, hab' ich ihn selbst gesehn: es war ein sehr schöner, wohlgebildeter junger Mann, festen Blicks und ruhigen Betragens. Bis sein Schicksal entschieden wäre, hielt man ihn läßlich. Zunächst an der Wache war eine Brücke, unter der ein Arm der Maas durchzog; er setzte sich auf's Mäuerchen, blieb eine Zeitlang ruhig, dann überschlug er sich rückwärts in die Tiefe und ward nur todt aus dem Wasser herausgebracht.

Diese zweyte heroische, ahndungsvolle That erregte leidenschaftlichen Haß bey den frisch Eingewanderten, und ich hörte sonst verständige Personen behaupten, man möchte weder diesem noch dem Commandanten ein ehrlich Begräbniß gestatten. Freylich hatte man sich andere Gesinnungen versprochen, und noch sah man nicht die geringste Bewegung unter den fränkischen Truppen, zu uns überzugehen.

Größere Heiterkeit verbreitete jedoch die Erzählung, wie der König in Verdun aufgenommen worden; vierzehn der schönsten, wohlerzogensten Frauenzimmer hatten Ihro Majestät mit angenehmen Reden, Blumen und Früchten bewillkommt. Seine Vertrautesten jedoch riethen ihn ab, vom Genuß Vergiftung befürchtend; aber der großmüthige Monarch verfehlte nicht diese wünschenswerthen Gaben mit galanter Wendung anzunehmen und sie zutraulich zu kosten.

Diese reizenden Kinder schienen auch unseren jungen Officieren einiges Vertrauen eingeflößt zu haben; gewiß diejenigen, die das Glück gehabt dem Ball beyzuwohnen, konnten nicht genug von Liebenswürdigkeit, Anmuth und gutem Betragen sprechen und rühmen.

Aber auch für solidere Genüsse war gesorgt: denn wie man gehofft und vermuthet hatte, fanden sich die besten und reichlichsten Vorräthe in der Festung und man eilte, vielleicht nur zu sehr, sich daran zu erholen. Ich konnte gar wohl bemerken, daß man mit geräuchertem Speck und Fleisch, mit Reiß und Linsen und andern guten und nothwendigen Dingen nicht haushältisch genug verfahre, welches in unserer Lage bedenklich schien.

Lustig dagegen war die Art wie ein Zeughaus, oder Waffensammlung aller Art, ganz gelassen geplündert ward. In ein Kloster hatte man allerley Gewehre, mehr alte als neue, und mancherley seltsame Dinge gebracht, womit der Mensch, der sich zu wehren Lust hat, den Gegner abhält oder wohl gar erlegt.

Mit jener sanften Plünderung aber verhielt es sich folgendermaßen: als, nach eingenommener Stadt, die hohen Militairpersonen sich von den Vorräthen aller Art zu überzeugen gedachten, begaben sie sich ebenfalls in diese Waffensammlung, und indem sie solche für das allgemeine Kriegsbedürfniß in Anspruch nahmen, fanden sie manches Besondere, welches dem Einzelnen zu besitzen nicht unangenehm wäre, und niemand war leicht mit Musterung dieser Waffen beschäftigt, der nicht auch für sich etwas herausgemustert hätte. Dies ging nun durch alle Grade durch bis dieser Schatz zuletzt beynahe ganz ins Freye fiel. Nun gab Jedermann der angestellten Wache ein kleines Trinkgeld um sich diese Sammlung zu besehen, und nahm dabey etwas mit heraus was ihm anstehen mochte. Mein Diener erbeutete auf diese Weise einen flachen, hohen Stock, der, mit Bindfaden stark und geschickt umwunden, dem ersten Anblick nach nichts weiter erwarten ließ; seine

Schwere aber deutete auf einen gefährlichen Inhalt, auch enthielt er eine sehr breite, wohl vier Fuß lange, breite Degenklinge, womit eine kräftige Faust Wunder gethan hätte.

So zwischen Ordnung und Unordnung, zwischen Erhalten und Verderben, zwischen Rauben und Bezahlen lebte man immerhin, und dies mag es wohl seyn was den Krieg für das Gemüth eigentlich verderblich macht. Man spielt den Kühnen, Zerstörenden, dann wieder den Sanften, Belebenden; man gewöhnt sich an Phrasen, mitten in dem verzweifeltsten Zustand Hoffnung zu erregen und zu beleben; hierdurch entsteht nun eine Art von Heucheley, die einen besondern Charakter hat, und sich von der pfäffischen, höfischen, oder wie sie sonst heißen mögen, ganz eigen unterscheidet.

Einer merkwürdigen Person aber muß ich noch gedenken, die ich, zwar nur in der Entfernung, hinter Gefängnißgittern gesehen: es war der Postmeister von St. Menehould, der sich, ungeschickter Weise, von den Preußen hatte fangen lassen. Er scheute keineswegs die Blicke der Neugierigen, und schien bey seinem ungewissen Schicksal ganz ruhig. Die Emigrirten behaupteten er habe tausend Tode verdient, und hetzten deshalb an den obersten Behörden, denen aber zum Ruhme zu rechnen ist, daß sie in diesem wie in andern Fällen, sich mit geziemender hohen Ruhe und anständigem Gleichmuth betragen.

Am 4. September.
Die viele Gesellschaft die ab- und zuging belebte unsere Zelte den ganzen Tag; man hörte vieles erzählen, vieles bereden und beurtheilen, die Lage der Dinge that sich deutlicher auf als bisher. Alle waren einig: daß man so schnell als möglich nach Paris vordringen müsse. Die Festungen Montmedy und Sedan hatte man uneroberrt sich zur Seite gelassen, und schien

von der in dortiger Gegend stehenden Armee wenig zu befürchten.

Lafaytte, auf welchem das Vertrauen des Kriegsvolks beruhte, war genöthigt gewesen aus der Sache zu scheiden; er sah sich gedrängt zum Feinde überzugehen und ward als Feind behandelt. Dumouriez, wenn er auch sonst als Minister Einsicht in Militair-Angelegenheiten bewiesen hatte, war durch keinen Feldzug berühmt, und aus der Canzley zum Oberbefehl der Armee befördert, schien er auch nur jene Inkonsequenz und Verlegenheit des Augenblicks zu beweisen. Von der andern Seite verlauteten die traurigen Vorfälle von der Hälfte des Augusts aus Paris, wo, dem Braunschweigischen Manifest zum Trutze, der König gefangen genommen, abgesetzt und als Missethäter behandelt wurde. Was aber für die nächsten Kriegsoperationen höchst bedenklich sey, ward am umständlichsten besprochen.

Der waldbewachsene Gebirgsriegel, welcher die Aire von Süden nach Norden an ihm herzufließen nöthigt, Forêt d'Argonne genannt, lag unmittelbar vor uns und hielt unsere Bewegung auf. Man sprach viel von den Isletten, dem bedeutenden Paß zwischen Verdun und St. Menehould. Warum er nicht besetzt werde, besetzt worden sey, darüber konnte man sich nicht vereinigen. Die Emigrirten sollten ihn einen Augenblick überrumpelt haben ohne ihn halten zu können. Die abziehende Besatzung von Longwy hatte sich, so viel wußte man, dorthin gezogen; auch Dumouriez schickte, während wir uns auf dem Marsch nach Verdun und mit dem Bombardement der Stadt beschäftigten, Truppen querüber durchs Land, um diesen Posten zu verstärken und den rechten Flügel seiner Position hinter Grandpree zu decken, und so den Preußen, Oestreichern und Emigrirten ein zweytes Thermopylä entgegen zu stellen.

Man gestand sich einander die höchst ungünstige Lage, und

mußte sich in die Anstalten fügen, wornach die Armee, welche unaufhaltsam gerade vorwärts hätte dringen sollen, die Aire hinabziehen sollte, um sich an den verschanzten Bergschluchten auf gut Glück zu versuchen; wobey noch für höchst vortheilhaft galt, daß Clermont den Franzosen entrissen und von Hessen besetzt sey, welche, gegen die Isletten operirend, sie wo nicht wegnehmen doch beunruhigen konnten.

Den 6. September.
In diesem Sinne ward nunmehr das Lager verändert und kam hinter Verdun zu stehen; das Hauptquartier des Königs Glorieux, des Herzogs von Braunschweig Regrets genannt, gab zu wunderlichen Betrachtungen Anlaß. An den ersten Ort gelangt' ich selbst durch einen verdrießlichen Zufall. Des Herzogs von Weimar Regiment sollte bey Jardin Fontaine zu stehen kommen, nahe an der Stadt und der Maas; zum Thore fuhren wir glücklich heraus indem wir uns in den Wagenzug eines unbekannten Regiments einschwärzten, und von ihm fortschleppen ließen, obgleich zu bemerken war, daß man sich zu weit entferne; auch hätten wir nicht einmal bey dem schmalen Wege aus der Reihe weichen können, ohne uns in den Gräben unwiederbringlich zu verfahren. Wir schauten rechts und links ohne zu entdecken, wir fragten eben so und erhielten keinen Bescheid; denn alle waren fremd wie wir und aufs verdrießlichste von dem Zustand angegriffen. Endlich auf eine sanfte Höhe gelangt sah ich links unten in einem Thal, das zu guter Jahrszeit ganz angenehm seyn mochte, einen hübschen Ort mit bedeutenden Schloßgebäuden, wohin glücklicherweise ein sanfter grüner Rain uns bequem hinunter zu bringen versprach. Ich ließ um so eher aus der schrecklichen Fahrleise hinabwärts ausbiegen, als ich unten Offiziere

und Reitknechte hin- und wiedersprengen, Packwagen und Chaisen aufgefahren sah; ich vermuthete eins der Hauptquartiere und so fand sich's: es war Glorieux, der Aufenthalt des Königs. Aber auch da war mein Fragen: wo Jardin Fontaine liege? ganz umsonst. Endlich begegnete ich wie einem Himmelsboten Herrn von Alvensleben, der sich mir früher freundlich erwiesen hatte, dieser gab mir denn Bescheid, ich solle den von allem Fuhrwerk freyen Dorfweg im Thale bis nach der Stadt verfolgen, vor derselben aber links durchzudringen suchen, und ich würde Jardin Fontaine gar bald entdecken.

Beydes gelang mir, und ich fand auch unsere Zelte aufgeschlagen, aber im schrecklichsten Zustande; man sah sich in grundlosen Koth versenkt, die verfaulten Schlingen der Zelttücher zerrissen eine nach der andern und die Leinwand schlug dem über Kopf und Schulter zusammen, der darunter sein Heil zu suchen gedachte. Eine Zeitlang hatte man's ertragen, doch fiel zuletzt der Entschluß dahin aus, das Oertchen selbst zu beziehen. Wir fanden in einem wohl eingerichteten Haus und Hof einen guten neckischen Mann als Besitzer, der ehmals Koch in Deutschland gewesen war; mit Munterkeit nahm er uns auf, im Erdgeschoß fanden sich schöne heitere Zimmer, gutes Kamin und was sonst nur erquicklich seyn konnte.

Das Gefolge des Herzogs von Weimar ward aus der fürstlichen Küche versorgt, unser Wirth verlangte jedoch dringend: ich solle nur ein einzigesmal von seiner Kunst etwas kosten. Er bereitete mir auch wirklich ein höchst wohlschmeckendes Gastmahl, das mir aber sehr übel bekam, so daß ich wohl auch an Gift hätte denken können, wenn mir nicht noch zeitig genug der Knoblauch eingefallen wäre, durch welchen jene Schüsseln erst recht schmackhaft geworden, der auf mich aber, selbst in der geringsten Dosis, höchst gewaltsame Wirkung auszuüben pflegte. Das Uebel war bald vorbey und ich hielt mich nach wie vor desto lieber an die deutsche Küche so lange sie auch nur das Mindeste leisten konnte.

Als es zum Abschied ging überreichte der gutgelaunte Wirth meinem Diener einen vorher versprochenen Brief nach Paris an eine Schwester, die er besonders empfehlen wolle; fügte jedoch nach einigen Hin- und Wiederreden gutmüthig hinzu: du wirst wohl nicht hinkommen.

Den 11. September.
Wir wurden also, nach einigen Tagen gütlicher Pflege, wieder in das schrecklichste Wetter hinaus gestoßen; unser Weg ging auf dem Gebirgsrücken hin, der die Gewässer der Maas und Aire scheidend beyde nach Norden zu fließen nöthigt. Unter großen Leiden gelangten wir nach Malancour, wo wir leere Keller und Küchen wirthlos fanden und schon zufrieden waren unter Dach, auf trockener Bank, eine spärliche mitgebrachte Nahrung zu genießen. Die Einrichtung der Wohnungen selbst gefiel mir, sie zeigte von einem stillen häuslichen Behagen, alles war einfach naturgemäß, dem unmittelbarsten Bedürfniß genügend. Dies hatten wir gestört, dies zerstörten wir; denn aus der Nachbarschaft erscholl ein Angstruf gegen Plünderer, worauf wir denn hinzueilend, nicht ohne Gefahr dem Unfug für den Augenblick steuerten. Auffallend genug dabey war, daß die armen unbekleideten Verbrecher, denen wir Mäntel und Hemden entrissen, uns der härtesten Grausamkeit anklagten, daß wir ihnen nicht vergönnen wollten auf Kosten der Feinde ihre Blöße zu decken.

Aber noch einen eignern Vorwurf sollten wir erleben. In unser erstes Quartier zurückgekehrt fanden wir einen vornehmen, uns sonst schon bekannten Emigrirten. Er ward freundlich begrüßt und verschmähte nicht frugale Bissen; allein man konnte ihm eine innere Bewegung anmerken, er hatte etwas auf dem Herzen, dem er durch Ausrufungen Luft zu machen suchte. Als wir nun, früherer Bekanntschaft gemäß, einiges Vertrauen in ihm zu erwecken suchten, so beschrie er die Graumsamkeit, welche der König von Preußen an den französischen Prinzen ausübe. Erstaunt, fast bestürzt verlangten wir nähere Erklärung. Da erfuhren wir nun: der König habe, beym Ausmarsch von Glorieux, ohnerachtet des schrecklichsten Regens, keinen Ueberrock angezogen, keinen Mantel umgenommen, da denn die Königlichen Prinzen ebenfalls sich dergleichen wetterabwehrende Gewande hätten versagen müssen; unser Marquis aber habe diese allerhöchsten Personen, leicht gekleidet, durch und durch genäßt, träufelnd von abfließender Feuchte, nicht ohne das größte Bejammern anschauen können, ja er hätte, wenn es nütze gewesen wäre, sein Leben daran gewendet sie in einem trockenen Wagen dahin ziehen sehen; sie, auf denen Hoffnung und Glück des ganzen Vaterlandes beruhe, die an eine ganz andere Lebensweise gewöhnt seyen.

Wir hatten freylich darauf nichts zu erwiedern, denn ihm konnte die Betrachtung nicht tröstlich werden, daß der Krieg, als ein Vortod, alle Menschen gleich mache, allen Besitz aufhebe und selbst die höchste Persönlichkeit mit Pein und Gefahr bedrohe.

Den 12. September.

Den andern Morgen aber entschloß ich mich, in Betracht so hoher Beyspiele, meine leichte und doch mit vier requirirten Pferden bespannte Chaise, unter dem Schutz des zuverlässigen Kämmerier Wagner zu lassen, welchem die Equipage und das so nöthige baare Geld nachzubringen aufgetragen war. Ich schwang mich, mit einigen guten Gesellen, zu Pferde und so begaben wir uns auf den Marsch nach Landres. Wir fanden auf Mitte Wegs Wellen und Reisig eines abgeschlagenen Birkenhölzchens, deren innere Trockenheit die äußere Feuchte bald überwand, und uns lohe Flamme und Kohlen, zur Erwärmung wie zum Kochen genugsam, sehr schnell zum Besten gab.

Aber die schöne Anstalt einer Regimentstafel war schon gestört, Tische, Stühle und Bänke sah man nicht nachkommen, man behalf sich stehend, vielleicht angelehnt, so gut es gehen wollte.

Doch war das Lager gegen Abend glücklich erreicht; so kampirten wir unfern Landres, gerade Grandpree gegen über, wußten aber gar wohl wie stark und vortheilhaft der Paß besetzt sey. Es regnete unaufhörlich, nicht ohne Windstoß, die Zeltdecke gewährte wenig Schutz.

Glückselig aber der, dem eine höhere Leidenschaft den Busen füllte; die Farbenerscheinung der Quelle hatte mich dieser Tage her nicht einen Augenblick verlassen, ich überdachte sie hin und wieder um sie zu bequemen Versuchen zu erheben. Da diktirte ich an Vogel, der sich auch hier als treuen Canzleygefährten erwieß, ins gebrochene Concept und zeichnete nachher die Figuren darneben. Diese Papiere besitz ich noch mit allen Merkmalen des Regenwetters, und als Zeugniß eines treuen Forschens auf eingeschlagenem bedenklichen Pfad. Den Vortheil aber hat der Weg zum Wahren, daß man sich unsicherer Schritte, eines Umwegs, ja eines Fehltritts noch immer gern erinnert.

Das Wetter verschlimmerte sich und ward in der Nacht so arg, daß man es für das höchste Glück schätzen mußte sie unter der Decke des Regiments-Wagens zuzubringen. Wie schrecklich war da der Zustand, wenn man bedachte daß man im Angesicht des Feindes gelagert sey, und befürchten mußte, daß er aus seinen Berg- und Wald-Verschanzungen irgend wo hervorzubrechen Lust haben könne.

Vom 12. *bis zum* 17. *September.*
Traf der Kämmerier Wagner, den Pudel mit eingeschlossen, bey guter Zeit mit aller Equipage bey uns ein; er hatte eine schreckliche Nacht verlebt, war nach tausend andern Hindernissen im Finstern von der Armee abgekommen, verführt durch schlaf- und weintrunkene Knechte eines Generals, denen er nachfuhr. Sie gelangten in ein Dorf, und vermutheten die Franzosen ganz nahe. Von allerley Allarm geängstigt, verlassen von Pferden die aus der Schwemme nicht zurückkehrten, wußte er sich denn doch so zu richten und zu schicken, daß er von dem unseligen Dorfe loskam und wir uns zuletzt mit allem mobilen Hab und Gut wieder zusammen fanden.

Endlich gab es eine Art von erschütternder Bewegung und zugleich von Hoffnung, man hörte auf unserm rechten Flügel stark kanoniren und sagte sich: General Clairfait sey aus den Niederlanden angekommen und habe die Franzosen auf ihrer linken Flanke angegriffen. Alles war äußerst gespannt den Erfolg zu vernehmen.

Ich ritt nach dem Hauptquartier um näher zu erfahren was die Kanonade bedeute und was eigentlich zu erwarten sey? Man wußte daselbst noch nichts genau, als daß General Clairfait mit den Franzosen handgemein seyn müsse. Ich traf auf den Major von Weyhrach, der sich, aus Ungeduld und langer Weile, so eben zu Pferde setzte und an die Vorposten reiten wollte; ich begleitete ihn und wir gelangten bald auf eine Höhe wo man sich weit genug umsehen konnte. Wir trafen auf einen Husarenposten und sprachen mit dem Offizier, einem jungen hübschen Manne. Die Kanonade war weit über Grandpree hinaus und er hatte Ordre nicht vorwärts zu gehen, um nicht ohne Noth eine Bewegung zu verursachen. Wir hatten uns nicht lange besprochen, als Prinz Louis Ferdinand mit einigem Gefolge ankam, nach kurzer Begrüßung und Hin-

und Wiederreden von dem Offizier verlangte daß er vorwärts gehen solle. Dieser that dringende Vorstellungen, worauf der Prinz aber nicht achtete, sondern vorwärts ritt, dem wir denn alle folgen mußten. Wir waren nicht weit gekommen, als ein französischer Jäger sich von ferne sehen ließ, an uns bis auf Büchsenschußweite heransprengte und sodann umkehrend eben so schnell wieder verschwand. Ihm folgte der zweyte, dann der dritte welche ebenfalls wieder verschwanden. Der vierte aber, wahrscheinlich der erste, schoß die Büchse ganz ernstlich auf uns ab, man konnte die Kugel deutlich pfeifen hören. Der Prinz ließ sich nicht irren und jene trieben auch ihr Handwerk, so daß mehrere Schüße fielen, indem wir unsern Weg verfolgten. Ich hatte den Offizier manchmal angesehen, der zwischen seiner Pflicht und zwischen dem Respect, vor einem Königl. Prinzen in der größten Verlegenheit schwankte. Er glaubte wohl in meinen Blicken etwas Theilnehmendes zu lesen, ritt auf mich zu und sagte: wenn Sie irgend etwas auf den Prinzen vermögen, so ersuchen Sie ihn zurückzugehen, er setzt mich der größten Verantwortung aus; ich habe den strengsten Befehl meinen angewiesenen Posten nicht zu verlassen, und es ist nichts vernünftiger als daß wir den Feind nicht reizen, der hinter Grandpree in einer festen Stellung gelagert ist. Kehrt der Prinz nicht um, so ist in Kurzem die ganze Vorpostenkette allarmirt, man weiß im Hauptquartier nicht was es heißen soll und der erste Verdruß ergeht über mich ganz ohne meine Schuld. Ich ritt an den Prinzen heran und sagte: man erzeigt mir so eben die Ehre mir einigen Einfluß auf Ihro Hoheit zuzutrauen, deshalb ich um geneigtes Gehör bitte. Ich brachte ihm darauf die Sache mit Klarheit vor, welches kaum nöthig gewesen wäre, denn er sah selbst alles vor sich und war freundlich genug mit einigen guten Worten sogleich umzukehren, worauf denn auch die Jäger verschwanden und zu schießen aufhörten. Der Offizier dankte mir aufs verbindlichste, und man sieht hieraus daß ein Vermittler überall willkommen ist.

Nach und nach klärte sich's auf. Die Stellung Dumouriez bey Grandpree war höchst fest und vortheilhaft; daß er auf seinem rechten Flügel nicht anzugreifen sey, wußte man wohl; auf seiner linken waren zwey bedeutende Pässe: le Croix aux Bois und le Chesne le Populeux, beyde wohl verhauen und für unzugänglich gehalten; allein der letzte war einem Offizier anvertraut, einem dergleichen Auftrag nicht gewachsenen oder nachlässigen. Die Oestreicher griffen an: bey der ersten Attake blieb Prinz von Ligne, der Sohn, sodann aber gelang es, man überwältigte den Posten und der große Plan Dumouriez war zerstört: er mußte seine Stellung verlassen und sich die Aisne hinaufwärts ziehen, und preußische Husaren konnten durch den Paß dringen und jenseits des Argonner Waldes nachsetzen. Sie verbreiteten einen solchen panischen Schrekken über das französische Heer daß zehntausend Mann vor fünf hundert flohen und nur mit Mühe konnten zum Stehen gebracht und wieder gesammelt werden; wobey sich das Regiment Chamborand besonders hervorthat und den unsrigen ein weiteres Vordringen verwehrte, welche, ohnehin nur gewissermaßen auf Recognosciren ausgeschickt, siegreich mit Freuden zurückkehrten und nicht läugneten einige Wagen gute Beute gemacht zu haben. In das unmittelbar Brauchbare, Geld und Kleidung, hatten sie sich getheilt, mir aber als einem Canzleymann kamen die Papiere zu gut, worunter ich einige ältere Befehle Lafayettes und mehrere höchst sauber geschriebene Listen fand. Was mich aber am meisten überraschte war ein ziemlich neuer Moniteur. Dieser Druck, dieses Format, mit dem man seit einigen Jahren ununterbrochen bekannt gewesen und die man nun seit mehreren Wochen nicht gesehen, begrüßten mich auf eine etwas unfreundliche Weise, indem ein lakonischer Artikel vom dritten September mir drohend zurief: Les Prussiens pourront venir à Paris, mais ils n'en sortiront pas. Also hielt man denn doch in Paris für möglich, wir könnten hingelangen; daß wir wieder zurückkehrten dafür mochten die oberen Gewalten sorgen.

Die schreckliche Lage in der man sich zwischen Erde und Himmel befand, war einigermaßen erleichtert, als man die Armee zurücken und eine Abtheilung der Avantgarde nach der andern vorwärts ziehen sah. Endlich kam die Reihe auch an uns, wir gelangten über Hügel, durch Thäler, Weinberge vorbey, an denen man sich auch wohl erquickte. Man kam sodann zu aufgehellter Stunde in eine freyere Gegend und sah in einem freundlichen Thal der Aire, das Schloß von Grandpree auf einer Höhe sehr wohl gelegen, eben an dem Puncte wo genannter Fluß sich westwärts zwischen die Hügel drängt um auf der Gegenseite des Gebirgs sich mit der Aisne zu verbinden, deren Gewässer immer dem Sonnenuntergang zu, durch Vermittlung der Oise, endlich in die Seine gelangen; woraus denn ersichtlich daß der Gebirgsrücken der uns von der Maas trennte, zwar nicht von bedeutender Höhe, doch von entschiedenem Einfluß auf den Wasserlauf, uns in eine andere Flußregion zu nöthigen geeignet war.

Auf diesem Zuge gelangte ich zufällig in das Gefolge des Königs, dann des Herzogs von Braunschweig; ich unterhielt mich mit Fürst Reuß und andern diplomatisch-militairischen Bekannten. Diese Reitermassen machten zu der angenehmen Landschaft eine reiche Staffage, man hätte einen van der Meulen gewünscht um solchen Zug zu verewigen; alles war heiter, munter, voller Zuversicht und heldenhaft. Einige Dörfer brannten zwar vor uns auf, allein der Rauch thut in einem Kriegsbilde auch nicht übel. Man hatte, so hieß es, aus den Häusern auf den Vortrab geschossen und dieser, nach Kriegsrecht, sogleich die Selbstrache geübt. Es ward getadelt, war aber nicht zu ändern; dagegen nahm man die Weinberge in

Schutz, von denen sich die Besitzer doch keine große Lese versprechen durften, und so ging es zwischen freund- und feindseligem Betragen immer vorwärts.

Wir gelangten, Grandpree hinter uns lassend, an und über die Aisne und lagerten bey Vaux les Mourons; hier waren wir nun in der verrufenen Champagne, es sah aber so übel noch nicht aus. Ueber dem Wasser an der Sonnenseite erstreckten sich wohlgehaltene Weinberge, und wo man Dörfer und Scheunen visitirte, fanden sich Nahrungsmittel genug für Menschen und Thiere, nur leider der Weitzen nicht ausgedroschen, noch weniger genugsame Mühlen ihn zu mahlen; Oefen zum Backen waren auch selten und so fing es wirklich an sich einem tantalischen Zustande zu nähern.

Am 18. September.

Dergleichen Betrachtungen anzustellen versammelte sich eine große Gesellschaft, die überhaupt wo es Halt gab, sich immer mit einigem Zutrauen, besonders beym Nachmittags-Kaffe, zusammenfügte; sie bestand aus wunderlichen Elementen, Deutschen und Franzosen, Kriegern und Diplomaten, alles bedeutende Personen, erfahren, klug, geistreich, aufgeregt durch die Wichtigkeit des Augenblicks, Männer sämtlich von Werth und Würde, aber doch eigentlich nicht in den innern Rath gezogen und also desto mehr bemüht auszusinnen was beschloßen seyn, was geschehen könnte?

Dumouriez als er den Paß von Grandpree nicht länger halten konnte, hatte sich die Aisne hinauf gezogen, und da ihm der Rücken durch die Isletten gesichert war, sich auf die Höhen von St. Menehould, die Fronte gegen Frankreich gestellt. Wir waren durch den engen Paß hereingedrungen, hatten uneroberte Festen, Sedan, Montmedy, Stenay im Rücken und an der Seite, die uns jede Zufuhr nach Belieben erschweren konnten. Wir betraten beym schlimmsten Wetter ein seltsames Land, dessen undankbarer Kalkboden nur kümmerlich ausgestreute Ortschaften ernähren konnte.

Freylich lag Rheims, Chalons und ihre gesegneten Umgebungen nicht fern, man konnte hoffen sich vorwärts zu erholen; die Gesellschaft überzeugte sich daher beynahe einstimmig, daß man auf Rheims marschiren und sich Chalons bemächtigen müsse; Dumouriez könne sich in seiner vortheilhaften Stellung alsdann nicht ruhig verhalten, eine Schlacht wäre unvermeidlich wo es auch sey, man glaubte sie schon gewonnen zu haben.

Den 19. September.

Manches Bedenken gab es daher als wir den neunzehnten beordert wurden auf Massige unsern Zug zu richten, die Aisne aufwärts zu verfolgen und dieses Wasser sowohl als das Waldgebirg, näher oder ferner, linker Hand zu behalten.

Nun erholte man sich unterwegs von solchen nachdenklichen Betrachtungen, indem man mancherley Zufälligkeiten und Ereignissen eine heitere Theilnahme schenkte; ein wundersames Phänomen zog meine ganze Aufmerksamkeit auf sich. Man hatte, um mehrere Colonnen neben einander fortzuschieben, die eine querfeldein, über flache Hügel geführt, zuletzt aber, als man wieder ins Thal sollte, einen steilen Abhang gefunden; dieser ward nun alsbald, so gut es gehen wollte, abgeböscht, doch blieb er immer noch schroff genug. Nun trat eben zu Mittag ein Sonnenblick hervor und spiegelte sich in allen Gewehren. Ich hielt auf einer Höhe und sah jenen blinkenden Waffenfluß glänzend heranziehen; überraschend aber war es als die Colonne an den steilen Abhang gelangte, wo sich die bisher geschlossenen Glieder sprungweise trennten und jeder Einzelne, so gut er konnte, in die Tiefe zu gelangen suchte. Diese Unordnung gab völlig den Begriff eines Wasserfalls, eine Unzahl durch einander hin- und wiederblinkender Bajonette bezeichneten die lebhafteste Bewegung. Und als nun unten am Fuße sich alles wieder gleich in Reih und Glied ordnete und so wie sie oben angekommen, nun wieder im Thale fortzogen, ward die Vorstellung eines Flusses immer lebhafter; auch war diese Erscheinung um so angenehmer als ihre lange Dauer fort und fort durch Sonnenblicke begünstigt wurde, deren Werth man in solchen zweifelhaften Stunden nach langer Entbehrung erst recht schätzen lernte.

Nachmittag gelangten wir endlich nach Massige nur noch wenige Stunden vom Feind, das Lager war abgesteckt und wir bezogen den für uns bestimmten Raum. Schon waren Pfähle geschlagen, die Pferde drangebunden, Feuer angezündet und der Küchwagen that sich auf. Ganz unerwartet kam daher das Gerücht das Lager solle nicht Statt haben, denn es sey die Nachricht angekommen, das französische Heer ziehe sich von St. Menehould auf Chalons, der König wolle sie nicht entwischen lassen und habe daher Befehl zum Aufbruch gegeben. Ich suchte an der rechten Schmiede hierüber Gewißheit und vernahm das was ich schon gehört hatte, nur mit dem Zusatze: auf diese unsichere und unwahrscheinliche Nachricht sey der Herzog von Weimar und der General Heymann, mit eben den Husaren welche die Unruhe erregt, vorgegangen. Nach einiger Zeit kamen diese Generale zurück und versicherten: es sey nicht die geringste Bewegung zu bemerken, auch mußten jene Patrouillen gestehen, daß sie das Gemeldete mehr geschlossen als gesehen hätten.

Die Anregung aber war einmal gegeben, und der Befehl lautete: die Armee solle vorrücken, jedoch ohne das mindeste Gepäck: alles Fuhrwerk sollte bis Maison Champagne zurückkehren, dort eine Wagenburg bilden und den, wie man voraussetzte, glücklichen Ausgang einer Schlacht abwarten.

Nicht einen Augenblick zweifelhaft was zu thun sey, überließ ich Wagen, Gepäck und Pferde meinem entschlossenen, sorgfältigen Bedienten und setzte mich mit den Kriegsgenossen alsobald zu Pferde. Es war schon früher mehrmals zur Sprache gekommen, daß wer sich in einen Kriegszug einlasse, durchaus bey den regulirten Truppen, welche Abtheilung es auch sey an die er sich angeschlossen, fest bleiben und keine Gefahr scheuen solle: denn was uns auch da betreffe sey immer ehrenvoll; dahingegen bey der Bagage, beym Troß oder sonst zu verweilen, zugleich gefährlich und schmählich. Und so hatte ich auch mit den Offizieren des Regiments abgeredet, daß ich mich immer an sie und wo möglich an die Leib-Schwadron anschließen wolle, weil ja dadurch ein so schönes und gutes Verhältniß nur immer besser befestigt werden könne.

Der Weg war das kleine Wasser die Tourbe hinauf vorgezeichnet, durch das traurigste Thal von der Welt, zwischen niedrigen Hügeln, ohne Baum und Busch; es war befohlen und eingeschärft in aller Stille zu marschiren, als wenn wir den Feind überfallen wollten, der doch in seiner Stellung das Heranrücken einer Masse von funfzigtausend Mann wohl mochte erfahren haben. Die Nacht brach ein, weder Mond noch Sterne leuchteten am Himmel, es pfiff ein wüster Wind, die stille Bewegung einer so großen Menschen-Reihe, in tiefer Finsterniß, war ein höchst Eigenes.

Indem man neben der Colonne herritt begegnete man mehreren bekannten Offizieren die hin- und wiedersprengten um die Bewegung des Marsches bald zu beschleunigen bald zu retardiren. Man besprach sich, man hielt stille, man versammelte sich.

So hatte sich ein Kreis von vielleicht zwölf Bekannten und Unbekannten zusammen gefunden, man fragte, klagte, wunderte sich, schalt und raisonnirte: das gestörte Mittagessen konnte man dem Heerführer nicht verzeihen. Ein munterer Gast wünschte sich Bratwurst und Brod, ein anderer sprang gleich mit seinen Wünschen zum Rehbraten und Sardellensalat; da das alles aber unentgeldlich geschah, fehlte es auch nicht an Pasteten und sonstigen Leckerbissen, nicht an den köstlichsten Weinen, und ein so vollkommnes Gastmahl war beysammen, daß endlich einer, dessen Appetit übermäßig rege geworden, die ganze Gesellschaft verwünschte und die Pein einer aufgeregten Einbildungskraft im Gegensatze des größten Mangels ganz unerträglich schalt. Man verlor sich aus einander und der Einzelne war nicht besser dran als alle zusammen.

Den 19. September Nachts.
So gelangten wir bis Somme-Tourbe wo man Halt machte; der König war in einem Gasthofe abgetreten, vor dessen Thüre der Herzog von Braunschweig, in einer Art Laube, Hauptquartier und Canzley errichtete. Der Platz war groß, es brannten mehrere Feuer, durch große Bündel Weinpfähle gar lebhaft unterhalten. Der Fürst Feldmarschall tadelte einigemal persönlich daß man die Flamme allzu stark auflodern lasse; wir besprachen uns darüber und niemand wollte glauben daß unsere Nähe den Franzosen ein Geheimniß geblieben sey.

Ich war zu spät angekommen und mochte mich in der Nähe umsehen wie ich wollte, alles war schon, wo nicht verzehrt, doch in Besitz genommen. Indem ich so umher forsche, gaben mir die Emigrirten ein kluges Küchenschauspiel; sie saßen um einen großen, runden, flachen, abglimmenden Aschenhaufen in den sich mancher Weinstab knisternd mochte aufgelös't haben; klüglich und schnell hatten sie sich aller Eyer des Dorfes bemächtigt, und es sah wirklich appetitlich aus wie die Eyer in dem Aschenhaufen neben-

einander aufrecht standen und eins nach dem andern, zu
rechter Zeit schlurfbar herausgehoben wurde. Ich kannte niemand von den edlen Küchengesellen, unbekannt mocht' ich
sie nicht ansprechen; als mir aber so eben ein lieber Bekannter begegnete, der so gut wie ich an Hunger und Durst litt,
fiel mir eine Kriegslist ein, nach einer Bemerkung die ich auf
meiner kurzen militairischen Laufbahn anzustellen Gelegenheit gehabt. Ich hatte nämlich bemerkt daß man beym Fouragiren um die Dörfer und in denselben tölpisch geradezu
verfahre; die ersten Andringenden fielen ein, nahmen weg,
verdarben, zerstörten, die Folgenden fanden immer weniger
und was verloren ging kam niemand zu gute. Ich hatte schon
gedacht daß man bey dieser Gelegenheit strategisch verfahren, und wenn die Menge von vornen hereindringe, sich von
der Gegenseite nach einigem Bedürfniß umsehen müsse. Dies
konnte nun hier kaum der Fall seyn, denn alles war überschwemmt, aber das Dorf zog sich sehr in die Länge und zwar
seitwärts der Straße wo wir hereingekommen. Ich forderte
meinen Freund auf die lange Gasse mit hinunter zu gehen.
Aus dem vorletzten Hause kam ein Soldat fluchend heraus,
daß schon alles aufgezehrt und nirgends nichts mehr zu haben
sey. Wir sahen durch die Fenster, da saßen ein paar Jäger ganz
ruhig, wir gingen hinein, um wenigstens auf einer Bank unter
Dach zu sitzen, wir begrüßten sie als Kameraden und klagten
freylich über den allgemeinen Mangel. Nach einigem Hin-
und Wiederreden verlangten sie wir sollten ihnen Verschwiegenheit geloben, worauf wir die Hand gaben. Nun eröffneten
sie uns daß sie in dem Hause einen schönen, wohlbestellten
Keller gefunden, dessen Eingang sie zwar selbst secretirt, uns
jedoch von dem Vorrath einen Antheil nicht versagen wollten. Einer zog einen Schlüssel hervor und nach verschiedenen weggeräumten Hindernissen fand sich eine Kellerthüre
zu eröffnen. Hinabgestiegen fanden wir nun mehrere, etwa

zweyeimrige Fässer auf dem Lager, was uns aber mehr interessirte, verschiedene Abtheilungen in Sand gelegter gefüllter Flaschen, wo der gutmüthige Kamerad, der sie schon durchprobirt hatte, an die beste Sorte wies. Ich nahm zwischen die ausgespreitzten Finger jeder Hand zwey Flaschen, zog sie unter den Mantel, mein Freund desgleichen, und so schritten wir, in Hoffnung baldiger Erquickung, die Straße wieder hinaufwärts.

Unmittelbar am großen Wachfeuer gewahrte ich eine schwere starke Egge, setzte mich darauf und schob unter dem Mantel meine Flaschen zwischen die Zacken herein. Nach einiger Zeit bracht' ich eine Flasche hervor, wegen der mich meine Nachbarn beriefen, denen ich sogleich den Mitgenuß anbot. Sie thaten gute Züge, der letzte bescheiden, da er wohl merkte er lasse mir nur wenig zurück; ich verbarg die Flasche neben mir und brachte bald darauf die zweyte hervor, trank den Freunden zu, die sich's abermals wohl schmecken ließen, anfangs das Wunder nicht bemerkten, bey der dritten Flasche jedoch laut über den Hexenmeister aufschrieen; und es war, in dieser traurigen Lage, ein auf alle Weise willkommener Scherz.

Unter den vielen Personen, deren Gestalt und Gesicht im Kreise vom Feuer erleuchtet war, erblickt' ich einen ältlichen Mann, den ich zu kennen glaubte. Nach Erkundigung und Annäherung war er nicht wenig verwundert mich hier zu sehen. Es war Marquis von Bombelles, dem ich vor zwey Jahren in Venedig, der Herzogin Amalie folgend, aufgewartet hatte, wo er als französischer Gesandter residirend sich höchst angelegen seyn ließ dieser trefflichen Fürstin den dortigen Aufenthalt so angenehm als möglich zu machen. Wechselseitiger Verwunderungsausruf, Freude des Wiedersehns und Erinnerung erheiterten diesen ernsten Augenblick. Zur Sprache kam seine prächtige Wohnung am großen Kanal, es ward gerühmt wie wir daselbst in Gondeln anfahrend, ehrenvoll empfangen und freundlich bewirthet worden; wie er durch kleine Feste, gerade im Geschmack und Sinn dieser, Natur und Kunst, Heiterkeit und Anstand in Verbindung liebenden Dame, sie und die ihrigen auf vielfache Weise erfreute, auch sie durch seinen Einfluß manches andere, für Fremde sonst verschloßene Gute genießen lassen.

Wie sehr war ich aber verwundert, da ich ihn, den ich durch eine wahrhafte Lobrede zu ergötzen gedachte, mit Wehmuth ausrufen hörte: schweigen wir von diesen Dingen, jene Zeit liegt nur gar zu weit hinter mir, und schon damals als ich meine edlen Gäste mit scheinbarer Heiterkeit unterhielt, nagte mir der Wurm am Herzen, ich sah die Folgen voraus dessen was in meinem Vaterlande vorging. Ich bewunderte Ihre Sorglosigkeit, in der Sie die auch Ihnen bevorstehende Gefahr nicht ahndeten; ich bereitete mich im Stillen zu Veränderung meines Zustandes. Bald nachher mußt' ich meinen ehrenvollen Posten und das werthe Venedig verlassen und eine Irrfahrt antreten, die mich endlich auch hierher geführt hat.

Das Geheimnißvolle das man diesem offenbaren Heranzuge von Zeit zu Zeit hatte geben wollen, ließ uns vermuthen man werde noch in dieser Nacht aufbrechen und vorwärts gehen; allein schon dämmerte der Tag und mit demselben strich ein Sprühregen daher, es war schon völlig hell als wir uns in Bewegung setzten. Da des Herzogs von Weimar Regiment den Vortrab hatte, gab man der Leib-Schwadron, als der vordersten der ganzen Colonne, Husaren mit, die den Weg unserer Bestimmung kennen sollten. Nun ging es, mitunter im scharfen Trab, über Felder und Hügel ohne Busch und Baum; nur in der Entfernung links sah man die Argonner Waldgegend; der Sprühregen schlug uns heftiger ins Gesicht; bald aber erblickten wir eine Pappelallee die, sehr schön gewachsen und wohl unterhalten, unsere Richtung quer durchschnitt. Es war die Chaussee von Chalons auf Sainte Menehould, der Weg von Paris nach Deutschland; man führte uns drüber weg und in's Graue hinein.

Schon früher hatten wir den Feind vor der waldigten Gegend gelagert und aufmarschirt gesehen, nicht weniger ließ sich bemerken daß neue Truppen ankamen; es war Kellermann, der sich so eben mit Dumouriez vereinigte, um dessen linken Flügel zu bilden. Die Unsrigen brannten vor Begierde auf die Franzosen loszugehen, Offiziere wie Gemeine hegten den glühenden Wunsch, der Feldherr möge in diesem Augenblicke angreifen; auch unser heftiges Vordringen schien darauf hinzudeuten. Aber Kellermann hatte sich zu vortheilhaft gestellt und nun begann die Kanonade von der man viel erzählt, deren augenblickliche Gewaltsamkeit jedoch man nicht beschreiben, nicht einmal in der Einbildungskraft zurückrufen kann.

Schon lag die Chaussee weit hinter uns, wir stürmten immerfort gegen Westen zu, als auf einmal ein Adjutant gesprengt kam, der uns zurück beorderte, man hatte uns zu weit geführt, und nun erhielten wir den Befehl, wieder über die Chaussee zurückzukehren und unmittelbar an ihre linke Seite den rechten Flügel zu lehnen. Es geschah, und so machten wir Fronte gegen das Vorwerk la Lune, welches auf der Höhe, etwa eine Viertelstunde vor uns, an der Chaussee zu sehen war. Unser Befehlshaber kam uns entgegen; er hatte so eben eine halbe reitende Batterie hinaufgebracht, wir erhielten Ordre im Schutz derselben vorwärts zu gehen und fanden unterwegs einen alten Schirrmeister, ausgestreckt, als das erste Opfer des Tags, auf dem Acker liegen. Wir ritten ganz getrost weiter, wir sahen das Vorwerk näher, die dabey aufgestellte Batterie feuerte tüchtig.

Bald aber fanden wir uns in einer seltsamen Lage, Kanonenkugeln flogen wild auf uns ein, ohne daß wir begriffen wo sie herkommen konnten; wir avancirten ja hinter einer befreundeten Batterie und das feindliche Geschütz auf den entgegengesetzten Hügeln, war viel zu weit entfernt als daß es uns hätte erreichen sollen. Ich hielt seitwärts vor der Fronte, und hatte den wunderbarsten Anblick; die Kugeln schlugen Dutzendweise vor der Eskadron nieder, zum Glück nicht ricochetirend, in den weichen Boden hineingewühlt; Koth aber und Schmutz bespritzte Mann und Roß; die schwarzen Pferde, von tüchtigen Reitern möglichst zusammengehalten, schnauften und tos'ten; die ganze Masse war, ohne sich zu trennen oder zu verwirren, in flutender Bewegung.

Ein sonderbarer Anblick erinnerte mich an andere Zeiten. In dem ersten Gliede der Eskadron schwankte die Standarte in den Händen eines schönen Knaben hin und wieder; er hielt sie fest, ward aber vom aufgeregten Pferde widerwärtig geschaukelt, sein anmuthiges Gesicht brachte mir, seltsam genug aber natürlich, in diesem schauerlichen Augenblick, die noch anmuthigere Mutter vor die Augen, und ich mußte an die ihr zur Seite verbrachten friedlichen Momente gedenken.

Endlich kam der Befehl zurück und hinab zu gehen; es geschah von den sämmtlichen Kavallerie-Regimentern mit großer Ordnung und Gelassenheit, nur ein einziges Pferd von Lottum ward getödtet, da wir übrigen, besonders auf dem äußersten rechten Flügel, eigentlich alle hätten umkommen müssen.

Nachdem wir uns denn aus dem unbegreiflichen Feuer zurückgezogen, von Ueberraschung und Erstaunen uns erholt hatten, löste sich das Räthsel; wir fanden die halbe Batterie, unter deren Schutz wir vorwärts zu gehen geglaubt, ganz unten in einer Vertiefung, dergleichen das Terrain zufällig in dieser Gegend gar manche bildete. Sie war von oben vertrieben worden, und an der andern Seite der Chaussee in einer Schlucht herunter gegangen, so daß wir ihren Rückzug nicht bemerken konnten, feindliches Geschütz trat an die Stelle, und was uns hätte bewahren sollen wäre beynahe verderblich geworden. Auf unseren Tadel lachten die Bursche nur und versicherten scherzend: hier unten im Schauer sey es doch besser.

Wenn man aber nachher mit Augen sah, wie eine solche reitende Batterie sich durch die schreckbaren schlammigen Hügel qualvoll durchzerren mußte, so hatte man abermals den bedenklichen Zustand zu überlegen, in den wir uns eingelassen hatten.

Indessen dauerte die Kanonade immer fort; Kellermann hatte einen gefährlichen Posten bey der Mühle von Valmy, dem eigentlich das Feuern galt; dort ging ein Pulverwagen in die Luft und man freute sich des Unheils das er unter den Feinden angerichtet haben mochte. Und so blieb alles eigentlich nur Zuschauer und Zuhörer, was im Feuer stand und nicht. Wir hielten auf der Chaussee von Chalons an einem Wegweiser der nach Paris deutete.

Diese Hauptstadt also hatten wir im Rücken, das französische Heer aber zwischen uns und dem Vaterland. Stärkere Riegel waren vielleicht nie vorgeschoben, demjenigen höchst apprehensiv, der eine genaue Charte des Kriegstheaters nun seit vier Wochen unablässig studierte.

Doch das augenblickliche Bedürfniß behauptet sein Recht selbst gegen das Nächstkünftige. Unsere Husaren hatten mehrere Brodkarren, die von Chalons nach der Armee sollten, glücklich aufgefangen und brachten sie den Hochweg daher. Wie es uns nun fremd vorkommen mußte zwischen Paris und Sainte Menehould postirt zu seyn, so konnten die zu Chalons des Feindes Armee keineswegs auf dem Wege zu der ihrigen vermuthen. Gegen einiges Trinkgeld ließen die Husaren von dem Brod etwas ab, es war das schönste weiße; der Franzos erschrickt vor jeder schwarzen Krume. Ich theilte mehr als einen Laib unter die zunächst angehörigen, mit der

Bedingung mir für die folgenden Tage einen Antheil daran zu verwahren.

Auch noch zu einer andern Vorsicht fand ich Gelegenheit; ein Jäger aus dem Gefolge hatte gleichfalls diesen Husaren eine tüchtige wollene Decke abgehandelt, ich bot ihm die Uebereinkunft an mir sie auf drey Nächte, jede Nacht für acht Groschen, zu überlassen, wogegen er sie am Tage verwahren sollte. Er hielt dieses Bedingniß für sehr vortheilhaft; die Decke hatte ihm einen Gulden gekostet und nach kurzer Zeit erhielt er sie mit Profit ja wieder. Ich aber konnte auch zufrieden seyn; meine köstlichen wollenen Hüllen von Longwy waren mit der Bagage zurückgeblieben und nun hatte ich doch bey allem Mangel von Dach und Fach außer meinem Mantel noch einen zweyten Schutz gewonnen.

Alles dieses ging unter anhaltender Begleitung des Kanonendonners vor. Von jeder Seite wurden an diesem Tage zehntausend Schüsse verschwendet, wobey auf unserer Seite nur zwölfhundert Mann und auch diese ganz unnütz fielen. Von der ungeheuren Erschütterung klärte sich der Himmel auf: denn man schoß mit Kanonen völlig als wär' es Pelotonfeuer, zwar ungleich, bald abnehmend bald zunehmend. Nachmittags ein Uhr, nach einiger Pause, war es am gewaltsamsten, die Erde bebte im ganz eigentlichsten Sinne, und doch sah man in den Stellungen nicht die mindeste Veränderung. Niemand wußte was daraus werden sollte.

Ich hatte soviel vom Kanonenfieber gehört und wünschte zu wissen wie es eigentlich damit beschaffen sey. Lange Weile und ein Geist den jede Gefahr zur Kühnheit, ja zur Verwegenheit aufruft, verleitete mich ganz gelassen nach dem Vorwerk la Lune hinaufzureiten. Dieses war wieder von den unsrigen besetzt, gewährte jedoch einen gar wilden Anblick. Die zerschossenen Dächer, die herumgestreuten Weitzenbündel, die darauf hie und da ausgestreckten tödtlich Verwundeten und dazwischen noch manchmal eine Kanonenkugel, die sich herüberverirrend in den Ueberresten der Ziegeldächer klapperte.

Ganz allein, mir selbstgelassen, ritt ich links auf den Höhen weg und konnte deutlich die glückliche Stellung der Franzosen überschauen; sie standen amphitheatralisch in größter Ruh und Sicherheit, Kellermann jedoch auf dem linken Flügel eher zu erreichen.

Mir begegnete gute Gesellschaft, es waren bekannte Offiziere vom Generalstabe und vom Regimente, höchst verwundert mich hier zu finden. Sie wollten mich wieder mit sich zurücknehmen, ich sprach ihnen aber von besondern Absichten und sie überließen mich ohne Weiteres meinem bekannten, wunderlichen Eigensinn.

Ich war nun vollkommen in die Region gelangt wo die Kugeln herüber spielten; der Ton ist wundersam genug, als wär' er zusammengesetzt aus dem Brummen des Kreisels, dem Butteln des Wassers und dem Pfeifen eines Vogels. Sie waren weniger gefährlich wegen des feuchten Erdbodens; wo eine hinschlug blieb sie stecken, und so ward mein thörichter Versuchsritt wenigstens vor der Gefahr des Ricochetirens gesichert.

Unter diesen Umständen konnt' ich jedoch bald bemerken daß etwas Ungewöhnliches in mir vorgehe; ich achtete genau darauf und doch würde sich die Empfindung nur gleichnißweise mittheilen lassen. Es schien als wäre man an einem sehr heißen Orte, und zugleich von derselben Hitze völlig durchdrungen, so daß man sich mit demselben Element, in welchem man sich befindet, vollkommen gleich fühlt. Die Augen verlieren nichts an ihrer Stärke, noch Deutlichkeit; aber es ist doch als wenn die Welt einen gewissen braunröthlichen Ton hätte, der den Zustand so wie die Gegenstände noch apprehensiver macht. Von Bewegung des Blutes habe ich nichts bemerken können, sondern mir schien vielmehr alles in jener

Glut verschlungen zu seyn. Hieraus erhellet nun in welchem Sinne man diesen Zustand ein Fieber nennen könne. Bemerkenswerth bleibt es indessen, daß jenes gräßlich Bängliche nur durch die Ohren zu uns gebracht wird; denn der Canonen Donner, das Heulen, Pfeiffen, Schmettern der Kugeln durch die Luft ist doch eigentlich Ursache an diesen Empfindungen.

Als ich zurückgeritten und völlig in Sicherheit war, fand ich bemerkenswerth daß alle jene Gluth sogleich erloschen und nicht das Mindeste von einer fieberhaften Bewegung übrig geblieben sey. Es gehört übrigens dieser Zustand unter die am wenigsten wünschenswerthen; wie ich denn auch unter meinen lieben und edlen Kriegs-Kameraden kaum einen gefunden habe der einen eigentlich leidenschaftlichen Trieb hiernach geäußert hatte.

So war der Tag hingegangen; unbeweglich standen die Franzosen, Kellermann hatte auch einen bequemern Platz genommen; unsere Leute zog man aus dem Feuer zurück, und es war eben als wenn nichts gewesen wäre. Die größte Bestürzung verbreitete sich über die Armee. Noch am Morgen hatte man nicht anders gedacht als die sämmtlichen Franzosen anzuspießen und aufzuspeisen, ja mich selbst hatte das unbedingte Vertrauen auf ein solches Heer, auf den Herzog von Braunschweig zur Theilnahme an dieser gefährlichen Expedition gelockt; nun aber ging jeder vor sich hin, man sah sich nicht an, oder wenn es geschah so war es um zu fluchen, oder zu verwünschen. Wir hatten, eben als es Nacht werden wollte, zufällig einen Kreis geschlossen in dessen Mitte nicht einmal wie gewöhnlich ein Feuer konnte angezündet werden, die meisten schwiegen, einige sprachen, und es fehlte doch eigentlich einem jeden Besinnung und Urtheil. Endlich rief man mich auf, was ich dazu denke? denn ich hatte die Schaar gewöhnlich mit kurzen Sprüchen erheitert und erquickt; diesmal sagte ich: von hier und heute geht eine neue Epoche der Weltgeschichte aus, und ihr könnt sagen, ihr seyd dabey gewesen.

In diesen Augenblicken wo niemand nichts zu essen hatte, reclamirte ich einen Bissen Brodt von dem heute früh erworbenen, auch war von dem gestern reichlich verspendeten Weine noch der Inhalt eines Brandtweinfläschchens übrig geblieben, und ich mußte daher auf die gestern am Feuer so kühn gespielte Rolle des willkommenen Wunderthäters völlig Verzicht thun.

Die Kanonade hatte kaum aufgehört als Regen und Sturm schon wieder eindrangen und einen Zustand unter freyem Himmel, auf zähem Lehmboden höchst unerfreulich machten. Und doch kam, nach so langem Wachen, Gemüths- und Leibesbewegung, der Schlaf sich anmeldend als die Nacht hereindüsterte. Wir hatten uns hinter einer Erhöhung die den schneidenden Wind abhielt nothdürftig gelagert, als es jemanden einfiel, man solle sich für diese Nacht in die Erde graben und mit dem Mantel zudecken. Hiezu machte man gleich Anstalt und es wurden mehrere Gräber ausgehauen, wozu die reitende Artillerie Geräthschaften hergab. Der Herzog von Weimar selbst verschmähte nicht eine solche voreilige Bestattung.

Hier verlangt ich nun gegen Erlegung von acht Groschen die bewußte Decke, wickelte mich darein und breitete den Mantel noch oben drüber, ohne von dessen Feuchtigkeit viel zu empfinden. Ulyß kann unter seinem, auf ähnliche Weise erworbenen Mantel nicht mit mehr Behaglichkeit und Selbstgenügen geruht haben.

Alle diese Bereitungen waren wider den Willen des Obersten geschehen, welcher uns bemerken machte daß auf einem Hügel gegenüber hinter einem Busche die Franzosen eine Batterie stehen hatten, mit der sie uns im Ernste begraben und nach Belieben vernichten konnten. Allein wir mochten den windstillen Ort und unsere weislich ersonnene Bequemlichkeit nicht aufgeben, und es war dies nicht das letztemal wo ich bemerkte daß man, um der Unbequemlichkeit auszuweichen, die Gefahr nicht scheue.

Den 21. September.

Waren die wechselseitigen Grüße der Erwachenden keineswegs heiter und froh, denn man ward sich in einer beschämenden, hoffnungslosen Lage gewahr. Am Rand eines ungeheuern Amphitheaters fanden wir uns aufgestellt, wo jenseits auf Höhen, deren Fuß durch Flüsse, Teiche, Bäche, Moräste gesichert war, der Feind einen kaum übersehbaren Halbzirkel bildete. Disseits standen wir völlig wie gestern, um zehentausend Kanonenkugeln leichter, aber eben so wenig situirt zum Angriff; man blickte in eine weit ausgebreitete Arena hinunter, wo sich zwischen Dorfhütten und Gärten die beyderseitigen Husaren herumtrieben und mit Spiegelgefecht bald vor- bald rückwärts, eine Stunde nach der andern, die Aufmerksamkeit der Zuschauer zu fesseln wußten. Aber aus all dem Hin- und Hersprengen, dem Hin- und Wiederpuffen ergab sich zuletzt kein Resultat als daß einer der unsrigen, der sich zu kühn zwischen die Hecken gewagt hatte, umzingelt und, da er sich keineswegs ergeben wollte, erschossen wurde.

Dies war das einzige Opfer der Waffen an diesem Tage; aber die eingerissene Krankheit machte den unbequemen, drückenden, hülflosen Zustand trauriger und fürchterlicher.

So schlaglustig und fertig man gestern auch gewesen, gestand man doch daß ein Waffenstillstand wünschenswerth sey, da selbst der Muthigste, Leidenschaftlichste, nach weniger Ueberlegung sagen mußte: ein Angriff würde das verwegenste Unternehmen von der Welt seyn. Noch schwankten die Meinungen den Tag über, wo man Ehrenthalben dieselbe Stellung behauptete, wie beym Augenblick der Kanonade; gegen Abend jedoch veränderte man sie einigermaßen, zuletzt war das Hauptquartier nach Hans gelegt und die Bagage herbey gekommen. Nun hatten wir zu vernehmen die Angst, die Gefahr, den nahen Untergang unserer Dienerschaft und Habseligkeiten.

Das Waldgebirg Argonne, von Sainte Menehould bis Grandpree, war von Franzosen besetzt; von dort aus führten ihre Husaren den kühnsten, muthwilligsten kleinen Krieg. Wir hatten gestern vernommen daß ein Secretair des Herzogs von Braunschweig und einige andere Personen der fürstlichen Umgebung zwischen der Armee und der Wagenburg waren gefangen worden. Diese verdiente aber keineswegs den Namen einer Burg, denn sie war schlecht aufgestellt, nicht geschlossen, nicht genugsam eskortirt. Nun beängstete sie ein blinder Lärm nach dem andern und zugleich die Kanonade in geringer Entfernung. Späterhin trug man sich mit der Fabel oder Wahrheit: die französischen Truppen seyen schon den Gebirgswald herab, auf dem Wege gewesen sich der sämmtlichen Equipage zu bemächtigen; da gab sich denn der von ihnen gefangene und wieder losgelassene Läufer des General Kalkreuth ein großes Ansehn, indem er versicherte: er habe durch glückliche Lügen von starker Bedeckung, von reitenden Batterien und dergleichen einen feindlichen Anfall abgewendet. Wohl möglich! Wer hat nicht in solchen bedeutenden Augenblicken zu thun, oder gethan.

Nun waren die Zelte da, Wagen und Pferde; aber Nahrung für kein Lebendiges. Mitten im Regen ermangelten wir sogar des Wassers und einige Teiche waren schon durch eingesunkene Pferde verunreinigt; das alles zusammen bildete den schrecklichsten Zustand. Ich wußte nicht was es heißen sollte, als ich meinen treuen Zögling, Diener und Gefährten Paul

Götze von dem Leder des Reisewagens das zusammengeflossene Regenwasser sehr emsig schöpfen sah; er bekannte daß es zur Chocolade bestimmt sey, davon er glücklicher Weise einen Vorrath mitgebracht hatte; ja was mehr ist, ich habe aus den Fußtapfen der Pferde schöpfen sehen um einen unerträglichen Durst zu stillen. Man kaufte das Brod von alten Soldaten, die, an Entbehrung gewöhnt, etwas zusammen sparten um sich am Brandtwein zu erquicken wenn derselbe wieder zu haben wäre.

Am 22. September.
Hörte man die Generale Mannstein und Heymann seyen nach Dampiere, in das Hauptquartier von Kellermann, wo sich auch Dumouriez einfinden sollte. Es war von Auswechseln der Gefangnen, von Versorgung der Kranken und Blessirten zum Schein die Rede; im Ganzen hoffte man aber mitten im Unglück eine Umkehr der Dinge zu bewirken. Seit dem zehnten August war der König von Frankreich gefangen, gränzenlose Mordthaten waren im September geschehen. Man wußte daß Dumouriez für den König und die Constitution gesinnt gewesen, er mußte also, seines eignen Heils, seiner Sicherheit willen, die gegenwärtigen Zustände bekämpfen und eine große Begebenheit wäre es geworden, wenn er sich mit den Alliirten alliirt und so auf Paris losgegangen wäre.

Seit der Ankunft der Equipage fand sich die Umgebung des Herzogs von Weimar um vieles gebessert, denn man mußte dem Kämmerier, dem Koch und andern Hausbeamten das Zeugniß geben, daß sie niemals ohne Vorrath gewesen und selbst in dem größten Mangel immer für etwas warme Speise gesorgt. Hierdurch erquickt ritt ich umher mich mit der Gegend nur einigermaßen bekannt zu machen, ganz ohne Frucht; diese flachen Hügel hatten keinen Charakter, kein

Gegenstand zeichnete sich vor andern aus. Mich doch zu orientiren forscht' ich nach der langen und hochaufgewachsenen Pappelallee, die gestern so auffallend gewesen war, und da ich sie nicht entdecken konnte glaubt' ich mich weit verirrt, allein bey näherer Aufmerksamkeit fand ich daß sie niedergehauen, weggeschleppt und wohl schon verbrannt sey.

An den Stellen wo die Kanonade hingewirkt, erblickte man großen Jammer: die Menschen lagen unbegraben, und die schwer verwundeten Thiere konnten nicht ersterben. Ich sah ein Pferd das sich in seinen eigenen, aus dem verwundeten Leibe herausgefallenen Eingeweiden, mit den Vorderfüßen verfangen hatte und so unselig dahin hinkte.

Im nach Hause Reiten traf ich den Prinzen Louis Ferdinand, im freyen Felde, auf einem hölzernen Stuhle sitzen, den man aus einem untern Dorfe heraufgeschafft; zugleich schleppten einige seiner Leute einen schweren, verschlossenen Küchschrank herbey, sie versicherten es klappere darin, sie hoften einen guten Fang gethan zu haben. Man erbrach ihn begierig, fand aber nur ein stark beleibtes Kochbuch und nun, indessen der gespaltene Schrank im Feuer auflohderte, las man die köstlichsten Küchenrecepte vor, und so ward abermals Hunger und Begierde durch eine aufgeregte Einbildungskraft bis zur Verzweiflung gesteigert.

Den 24. September.

Erheitert einigermaßen wurde das schlimmste Wetter von der Welt durch die Nachricht daß ein Stillstand geschlossen sey und daß man also wenigstens die Aussicht habe mit einiger Gemüthsruhe leiden und darben zu können; aber auch dieses gedieh nur zum halben Trost, da man bald vernahm, es sey eigentlich nur eine Uebereinkunft daß die Vorposten Friede halten sollten, wobey nicht unbenommen bleibe die Kriegsoperationen außer dieser Berührung nach Gutdünken fortzusetzen. Dieses war eigentlich zu Gunsten der Franzosen bedingt, welche rings umher ihre Stellung verändern und uns besser einschließen konnten, wir aber in der Mitte mußten still halten und in unserem stockenden Zustand verweilen. Die Vorposten aber ergriffen diese Erlaubniß mit Vergnügen; zuerst kamen sie überein, daß, welchem von beyden Theilen Wind und Wetter ins Gesicht schlage, der solle das Recht haben sich umzukehren und, in seinen Mantel gewickelt, von dem Gegentheil nichts befürchten. Es kam weiter; die Franzosen hatten immer noch etwas weniges zur Nahrung, indeß den Deutschen alles abging; jene theilten daher einiges mit und man ward immer kameradlicher. Endlich wurden sogar, mit Freundlichkeit, von französischer Seite Druckblätter ausgetheilt, wodurch den guten Deutschen das Heil der Freyheit und Gleichheit in zwey Sprachen verkündigt war; die Franzosen ahmten das Manifest des Herzogs von Braunschweig in umgekehrtem Sinne nach, entboten guten Willen und Gastfreundschaft, und ob sich schon bey ihnen mehr Volk als sie von oben herein regieren konnten auf die Beine gemacht hatte, so geschah dieser Aufruf, wenigstens in diesem Augenblick, mehr um den Gegentheil zu schwächen, als sich selbst zu stärken.

Zum 24. September.

Als Leidensgenossen bedauerte ich auch in dieser Zeit zwey hübsche Knaben, von vierzehn bis funfzehn Jahren. Sie hatten, als Requirirte, mit vier schwachen Pferden, meine leichte Chaise bis hierher kaum durchgeschleppt, und litten still, mehr für ihre Thiere als für sich, doch war ihnen so wenig als uns allen zu helfen. Da sie um meinetwillen jedes Unheil ausstanden, fühlte ich mich zu irgend einer Pietät gedrungen und wollte jenes erhandelte Commißbrod redlich mit ihnen theilen; allein sie lehnten es ab und versicherten dergleichen könnten sie nicht essen, und als ich fragte was sie denn gewöhnlich genössen? versetzten sie: du bon pain, de la bonne soupe, de la bonne viande, de la bonne bière. Da nun bey ihnen alles gut und bey uns alles schlimm war, verzieh ich ihnen gern daß sie mit Zurücklassung ihrer Pferde sich bald darauf davon machten. Sie hatten übrigens manches Unheil ausgestanden, ich glaube aber daß eigentlich das dargebotene Commißbrod sie zu dem letzten entscheidenden Schritt, als ein furchtbares Gespenst, bewogen habe. Weiß und schwarz Brod ist eigentlich das Schibolet, das Feldgeschrey zwischen Deutschen und Franzosen.

Eine Bemerkung darf ich hier nicht unberührt lassen: wir kamen freylich zur ungünstigsten Jahrszeit in ein von der Natur nicht gesegnetes Land, das aber denn doch seine wenigen, arbeitsamen, ordnungsliebenden, genügsamen Einwohner allenfalls ernährt. Reichere und vornehmere Gegenden mögen eine solche freylich geringschätzig behandeln; ich aber habe keineswegs Ungeziefer und Bettelherbergen dort getroffen. Von Mauerwerk gebaut, mit Ziegeln gedeckt sind die Häuser und überall hinreichende Thätigkeit. Auch ist die eigentlich schlimme Landstrecke höchstens vier bis sechs Stunden breit und hat, sowohl an dem Argonner Waldgebirge her, als gegen Rheims und Chalons zu, schon wieder günstigere Gelegenheit. Kinder, die man in dem ersten besten Dorfe aufgegriffen hatte, sprachen mit Zufriedenheit von ihrer Nahrung, und ich durfte mich nur des Kellers zu Somme Tourbe und des weißen Brodes, das uns ganz frisch von Chalons her in die Hände gefallen war, erinnern, so schien es doch als ob in Friedenszeiten hier nicht gerade Hunger und Ungeziefer zu Hause seyn müsse.

Campagne in Frankreich 1792

Den 25. September.
Daß während des Stillstandes die Franzosen von ihrer Seite thätig seyn würden, konnte man vermuthen und erfahren. Sie suchten die verlorne Communication mit Chalons wieder herzustellen und die Emigrirten in unserm Rücken zu verdrängen, oder vielmehr an uns heranzudrängen; doch augenblicklich ward für uns das Schädlichste, daß sie, sowohl vom Argonner Waldgebirge, als von Sedan und Montmedy her, uns die Zufuhr erschweren, wo nicht völlig vernichten konnten.

Den 26. September.
Da man mich als auf mancherley aufmerksam kannte, so brachte man alles was irgend sonderbar scheinen mochte herbey; unter andern legte man mir eine Kanonenkugel vor, ohngefähr vierpfündig zu achten, doch war das Wunderliche daran sie auf ihrer ganzen Oberfläche in krystallisirten Pyramiden endigen zu sehen. Kugeln waren jenes Tags genug verschossen worden, das sich eine gar wohl hierüber konnte verloren haben. Ich erdachte mir allerley Hypothesen wie das Metall beym Gusse, oder nachher sich zu dieser Gestalt bestimmt hätte; durch einen Zufall ward ich hierüber aufgeklärt.

Nach einer kurzen Abwesenheit wieder in mein Zelt zurückkehrend fragte ich nach der Kugel, sie wollte sich nicht finden. Als ich darauf bestand beichtete man: sie sey, nachdem man allerley an ihr probirt, zersprungen. Ich forderte die Stücke und fand, zu meiner großen Verwunderung, eine Krystallisation die von der Mitte ausgehend sich strahlig gegen die Oberfläche erweiterte. Es war Schwefelkies, der sich in einer freyen Lage ringsum mußte gebildet haben. Diese Entdeckung führte weiter, dergleichen Schwefelkiese fanden sich mehr, obschon kleiner in Kugel- und Nierenform, auch in andern weniger regelmäßigen Gestalten, durchaus aber darin gleich, daß sie nirgends angesessen hatten und daß ihre Krystallisation sich immer auf eine gewisse Mitte bezog; auch waren sie nicht abgerundet, sondern völlig frisch und deutlich krystallinisch abgeschlossen. Sollten sie sich wohl in dem Boden selbst erzeugt haben, und findet man dergleichen mehr auf Ackerfeldern?

Aber ich nicht allein war auf die Mineralien der Gegend aufmerksam; die schöne Kreide die sich überall vorfand, schien durchaus von einigem Werth. Es ist wahr der Soldat durfte nur ein Kochloch aufhauen, so traf er auf die klarste weiße Kreide, die er zu seinem blanken und glatten Putz sonst so nöthig hatte. Da ging wirklich ein Armee-Befehl aus: der Soldat solle sich mit dieser, hier umsonst zu habenden, nothwendigen Waare soviel als möglich versehen. Dies gab nun freylich zu einigem Spott Gelegenheit; mitten in den furchtbarsten Koth versenkt, sollte man sich mit Reinlichkeits- und Putzmitteln beladen; wo man nach Brod seufzte, sich mit Staub zufrieden stellen.

Auch stutzten die Offiziere nicht wenig als sie im Hauptquartier übel angelassen wurden, weil sie nicht so reinlich, so zierlich wie auf der Parade zu Berlin oder Potsdam erschienen. Die Oberen konnten nicht helfen, so sollten sie, meynte man, auch nicht schelten.

Den 27. September.
Eine etwas wunderliche Vorsichtsmaßregel dem dringenden Hunger zu begegnen, ward gleichfalls bey der Armee publicirt: man solle die vorhandenen Gerstengarben so gut als möglich ausklopfen, die gewonnenen Körner in heißem Wasser so lange sieden bis sie aufplatzen und durch diese Speise die Befriedigung des Hungers versuchen.

Unserer nächsten Umgebung war jedoch eine bessere Beyhülfe zugedacht. Man sah in der Ferne zwey Wagen festgefahren, denen man, weil sie Proviant und andere Bedürfnisse geladen hatten, gern zu Hülfe kam. Stallmeister von Seebach schickte sogleich Pferde dorthin, man brachte sie los, führte sie aber auch sogleich des Herzogs Regiment zu; sie protestirten dagegen, als zur östreichischen Armee bestimmt, wohin auch wirklich ihre Pässe lauteten. Allein man hatte sich einmal ihrer angenommen; um den Zudrang zu verhüthen und sie zugleich festzuhalten, gab man ihnen Wache, und da sie auch von uns bezahlt erhielten was sie forderten, so mußten sie auch bey uns ihre eigentliche Bestimmung finden.

Eilig drängten sich zu allererst die Haushofmeister, Köche und ihre Gehülfen herbey, nahmen von der Butter in Fäßchen, von Schinken und andern guten Dingen Besitz. Der Zulauf vermehrte sich, die größere Menge schrie nach Taback, der denn auch um theuren Preis häufig ausgegeben wurde. Die Wagen aber waren so umringt daß sich zuletzt niemand mehr nähern konnte, deswegen mich unsere Leute und Reiter anriefen und auf das dringendste baten ihnen zu diesem nothwendigsten aller Bedürfnisse zu verhelfen.

Ich ließ mir durch Soldaten Platz machen und erstieg sogleich, um mich nicht im Gedränge zu verwirren, den nächsten Wagen, dort bepackte ich mich für gutes Geld mit Taback was nur meine Taschen fassen wollten und ward, als ich wieder herab und spendend ins Freye gelangte, für den größten Wohlthäter gepriesen, der sich jemals der leidenden Menschheit erbarmt hatte. Auch Branntwein war angelangt, man versah sich damit und bezahlte die Bouteille gern mit einem Laubthaler.

Den 27. September.

Sowohl im Hauptquartiere selbst, wohin man zuweilen gelangte, als bey allen denen die von dort herkamen erkundigte man sich nach der Lage der Dinge, sie konnte nicht bedenklicher seyn. Von dem Unheil das in Paris vorgegangen verlautete immer mehr und mehr, und was man anfangs für Fabeln gehalten, erschien zuletzt als Wahrheit überschwänglich furchtbar. König und Familie waren gefangen, die Absetzung dessen schon zur Sprache gekommen, der Haß des Königthums überhaupt gewann immer mehr Breite, ja schon konnte man erwarten daß gegen den unglücklichen Monarchen ein Proceß würde eingeleitet werden. Unsere unmittelbaren kriegrischen Gegner hatten sich eine Communication mit Chalons wieder eröffnet, dort befand sich Luckner, der die von Paris anströmenden Freywilligen zu Kriegshaufen bilden sollte; aber diese, in den gräßlichen ersten Septembertagen, durch die reißend fließenden Blutströme, aus der Hauptstadt ausgewandert, brachten Lust zum Morden und Rauben mehr als zu einem rechtlichen Kriege mit. Nach dem Beyspiel des Pariser Greuel-Volks ersahen sie sich willkührliche Schlachtopfer, um ihnen, wie sich's fände, Autorität, Besitz, oder wohl gar das Leben zu rauben. Man durfte sie nur undisciplinirt loslassen, so machten sie uns den Garaus.

Die Emigrirten waren an uns heran gedrückt worden, und man erzählte noch von gar manchem Unheil das im Rücken und von der Seite bedrohte. In der Gegend von Rheims sollten sich zwanzigtausend Bauern zusammen gerottet haben, mit Feldgeräth und wildergriffenen Naturwaffen versehen; die Sorge war groß auch diese möchten auf uns losbrechen.

Von solchen Dingen ward am Abend in des Herzogs Zelt, in Gegenwart von bedeutenden Kriegsobristen gesprochen; jeder brachte seine Nachricht, seine Vermuthung, seine Sorge als Beytrag in diesen rathlosen Rath, denn es schien durchaus nur ein Wunder uns retten zu können.

Ich aber dachte in diesem Augenblick, daß wir gewöhnlich in mißlichen Zuständen uns gern mit hohen Personen vergleichen, besonders mit solchen denen es noch schlimmer gegangen; da fühlt' ich mich getrieben, wo nicht zur Erheiterung doch zur Ableitung, aus der Geschichte Ludwigs des Heiligen die drangvollsten Begebenheiten zu erzählen. Der König, auf seinem Kreuzzuge, will zuerst den Sultan von Egypten demüthigen, denn von diesem hängt gegenwärtig das gelobte Land ab. Damiette fällt ohne Belagerung den Christen in die Hände. Angefeuert von seinem Bruder Graf Artois, unternimmt der König einen Zug das rechte Nilufer hinauf, nach Babylon-Cairo. Es glückt einen Graben auszufüllen, der Wasser vom Nil empfängt. Die Armee zieht hinüber. Aber nun findet sie sich geklemmt zwischen dem Nil, dessen Haupt- und Nebenkanälen; dagegen die Saracenen auf beyden Ufern des Flusses glücklich postirt sind. Ueber die größeren Wasserleitungen zu setzen wird schwierig. Man baut Blockhäuser gegen die Blockhäuser der Feinde; diese aber haben den Vortheil des griechischen Feuers. Sie beschädigen damit die hölzernen Bollwerke, Bauten und Menschen. Was hilft den Christen ihre entschiedene Schlachtordnung, immerfort von den Saracenen gereizt, geneckt, angegriffen, theilweise in Scharmützel verwickelt. Einzelne Wagnisse, Faustkämpfe, sind bedeutend, herzerhebend, aber die Helden, der König selbst wird abgeschnitten. Zwar brechen die Tapfersten durch, aber die Verwirrung wächst. Der Graf von Artois ist in Gefahr, zu dessen Rettung wagt der König alles. Der Bruder ist schon todt, das Unheil steigt auf's Aeußerste. An diesem heißen Tage kommt alles darauf an, eine Brücke über ein Seitenwasser zu vertheidigen, um die Saracenen vom Rücken des Hauptgefechtes abzuhalten. Den wenigen da postirten Kriegsleuten wird auf alle Weise zugesetzt, mit Geschütz von den Soldaten, mit Steinen und Koth durch Troßbuben. Mitten in diesem Unheil spricht der Graf von Soissons zum Ritter Joinville scherzend: Senechal! laßt das Hundepack bellen und blöcken; bey Gottesthron! (so pflegte er zu schwören) von diesem Tage sprechen wir noch im Zimmer vor den Damen.

Man lächelte, nahm das Omen gut auf, besprach sich über mögliche Fälle, besonders hob man die Ursachen hervor warum die Franzosen uns eher schonen als verderben müßten: der lange ungetrübte Stillstand, das bisherige zuückhaltende Betragen gaben einige Hoffnung.

Diese zu beleben wagte ich noch einen historischen Vortrag und erinnerte mit Vorzeigung der Specialcharten, daß zwey Meilen von uns nach Westen das berüchtigte Teufelsfeld gelegen sey, bis wohin Attila König der Hunnen mit seinen ungeheuren Heerhaufen, im Jahr Vierhundert zwey und funfzig, gelangte, dort aber von den burgundischen Fürsten unter Beystand des römischen Feldherrn Aetius geschlagen worden; daß, hätten sie ihren Sieg verfolgt, er in Person und mit allen seinen Leuten umgekommen und vertilgt worden wäre. Der römische General aber, der die burgunder Fürsten nicht von aller Furcht vor diesem gewaltigen Feind zu befreyen gedachte, weil er sie alsdann sogleich gegen die Römer gewendet gesehen hätte, beredete einen nach dem andern nach Hause zu ziehen; und so entkam denn auch der Hunnenkönig mit den Ueberresten eines unzählbaren Volkes.

In eben dem Augenblick ward die Nachricht gebracht, der erwartete Brodtransport von Grandpree sey angekommen; auch dies belebte doppelt und dreyfach die Geister; man schied getrösteter von einander und ich konnte dem Herzog bis gegen Morgen in einem unterhaltenden französischen Buche vorlesen, das auf die wunderlichste Weise in meine Hände gekommen. Bey den verwegenen frevelhaften Scherzen, welche mitten in dem bedrängtesten Zustand noch Lachen erregten, erinnerte ich mich der leichtfertigen Jäger vor Verdun, welche Schelmlieder singend in den Todt gingen. Freylich wenn man dessen Bitterkeit vertreiben will, muß man es mit den Mitteln so genau nicht nehmen.

Den 28. September.
Das Brod war angekommen, nicht ohne Mühseligkeit und Verlust; auf den schlimmsten Wegen von Grandpree, wo die Bäckerey lag, bis zu uns heran waren mehrere Wagen stecken geblieben, andere dem Feind in die Hände gefallen und selbst ein Theil des Transports ungenießbar: denn im wässrigen zu schnell gebackenen Brode trennte sich Krume von Rinde und in den Zwischenräumen erzeugte sich Schimmel. Abermals in Angst vor Gift brachte man mir dergleichen Laibe, diesmal in ihren inneren Hohlungen hochpomeranzenfarbig anzusehen, auf Arsenik und Schwefel hindeutend, wie jenes vor Verdun auf Grünspan. War es aber auch nicht vergiftet, so erregte doch der Anblick Abscheu und Ekel, getäuschte Befriedigung schärfte den Hunger, Krankheit, Elend, Mißmuth lagen schwer auf einer so großen Masse guter Menschen.

In solchen Bedrängnissen wurden wir noch gar durch eine unglaubliche Nachricht überrascht und betrübt, es hieß: der Herzog von Braunschweig habe sein früheres Manifest an Dumouriez geschickt, welcher darüber ganz verwundert und entrüstet sogleich den Stillstand aufgekündigt und den Anfang der Feindseligkeiten befohlen habe. So groß das Unheil war in welchem wir staken und noch größeres bevorsahen, konnten wir doch nicht unterlassen zu scherzen und zu spotten, wir sagten: da sähe man was für Unheil die Autorschaft nach sich ziehe! Jeder Dichter und sonstige Schriftsteller trage gern seine Arbeiten einem jedem vor, ohne daß er frage ob es die rechte Zeit und Stunde sey; nun ergehe es dem Herzog von Braunschweig eben so, der die Freuden der Autorschaft genießend sein unglückliches Manifest ganz zur unrechten Zeit wieder producire.

Wir erwarteten nun die Vorposten abermals puffen zu hören, man schaute sich nach allen Hügeln um, ob nicht irgend ein Feind erscheinen möchte? aber es war alles so still und ruhig als wäre nichts vorgegangen. Indessen lebte man in der peinlichsten Ungewißheit und Unsicherheit, denn jeder sah wohl ein daß wir strategisch verloren waren, wenn es dem Feind im mindesten einfallen sollte uns zu beunruhigen und zu drängen. Doch deutete schon manches in dieser Ungewißheit auf Uebereinkunft und mildere Gesinnung; so hatte man zum Beyspiel den Postmeister von Sainte Menehould gegen die am zwanzigsten, zwischen der Wagenburg und Armee, weggefangenen Personen der Königlichen Suite frey und ledig gegeben.

Den 29. September.
Gegen Abend setzte sich, der ertheilten Ordre gemäß, die Equipage in Bewegung; unter Geleit Regiments Herzog von Braunschweig sollte sie voran gehen, um Mitternacht die Armee folgen. Alles regte sich, aber mißmuthig und langsam; denn selbst der beste Wille gleitete auf dem durchweichten Boden und versank eh er sich's versah. Auch diese Stunden gingen vorüber: Zeit und Stunde rennt durch den rauhsten Tag!

Es war Nacht geworden, auch diese sollte man schlaflos zubringen, der Himmel war nicht ungünstig, der Vollmond leuchtete, aber hatte nichts zu beleuchten. Zelte waren verschwunden, Gepäck, Wagen und Pferde alles hinweg und unsere kleine Gesellschaft besonders in einer seltsamen Lage. An

dem bestimmten Orte wo wir uns befanden sollten die Pferde
uns aufsuchen, sie waren ausgeblieben. So weit wir bey falbem Licht umhersahen, schien alles öd' und leer; wir horchten
vergebens, weder Gestalt noch Ton war zu vernehmen. Unsere Zweifel wogten hin und her; wir wollten den bezeichneten Platz lieber nicht verlassen, als die unsrigen in gleiche
Verlegenheit setzen und sie gänzlich verfehlen. Doch war es
grauerlich, in Feindesland, nach solchen Ereignissen vereinzelt, aufgegeben, wo nicht zu seyn doch für den Augenblick
zu scheinen.

Wir paßten auf ob nicht vielleicht eine feindliche Demonstration vorkomme, aber es rührte und regte sich weder Günstiges noch Ungünstiges.

Wir trugen nach und nach alles hinterlassene Zeltstroh in
der Umgegend zusammen und verbrannten es, nicht ohne Sorgen. Gelockt durch die Flamme, zog sich eine alte Marketenderin zu uns heran; sie mochte sich beym Rückweg in den fernen Orten nicht ohne Thätigkeit verspätet haben, denn sie
trug ziemliche Bündel unter den Armen. Nach Gruß und Erwärmung, hob sie zuvörderst Friedrich den Großen in den
Himmel und pries den siebenjährigen Krieg, dem sie als Kind
wollte beygewohnt haben; schalt grimmig auf die gegenwärtigen Fürsten und Heerführer, die so große Mannschaft in ein
Land brächten, wo die Marketenderin ihr Handwerk nicht
treiben könne, worauf es denn doch eigentlich abgesehen sey.
Man konnte sich an ihrer Art die Sachen zu betrachten gar
wohl erlustigen und sich für einen Augenblick zerstreuen,
doch waren uns endlich die Pferde höchst willkommen; da
wir denn auch mit dem Regimente Weimar den ahnungsvollen
Rückzug antraten.

Vorsichts-Maaßregeln, bedeutende Befehle ließen fürchten
daß die Feinde unserm Abmarsch nicht gelassen zusehen würden. Mit Bangigkeit hatte man noch am Tage das sämmtliche

Fuhrwerk, am bänglichsten aber die Artillerie, in den durchweichten Boden einschneidend, sich stockend bewegen sehen; was mochte nun zu Nacht alles vorfallen? Mit Bedauern sah man gestürzte, geborstene Bagagewagen im Bachwasser liegen, mit Bejammern ließ man zurückbleibende Kranke hülflos. Wo man sich auch umsah, einigermaßen vertraut mit der Gegend, gestand man, hier sey gar keine Rettung, sobald es dem Feinde, den wir links, rechts und im Rücken wußten, belieben möchte uns anzugreifen; da dies aber in den ersten Stunden nicht geschah, so stellte sich das hoffnungsbedürftige Gemüth schnell wieder her und der Menschengeist, der allem was geschieht Verstand und Vernunft unterlegen möchte, sagte sich getrost die Verhandlungen zwischen den Hauptquartieren Hans und Sainte Menehould seyen glücklich und zu unseren Gunsten abgeschlossen worden. Von Stunde zu Stunde vermehrte sich der Glaube; und als ich Haltmachen, die sämmtlichen Wagen über dem Dorfe St. Jean ordnungsgemäß auffahren sah, war ich schon völlig gewiß wir würden nach Hause gelangen und in guter Gesellschaft (devant les Dames) von unseren ausgestandenen Qualen sprechen und erzählen dürfen. Auch diesmal theilt' ich Freunden und Bekannten meine Ueberzeugung mit und wir ertrugen die gegenwärtige Noth schon mit Heiterkeit.

Kein Lager ward bezogen, aber die unsrigen schlugen ein großes Zelt auf, inwendig und auswendig umher die reichsten herrlichsten Weitzengarben zur Schlafstätte gebreitet. Der Mond schien hell durch die beruhigte Luft, nur ein sanfter Zug leichter Wolken war bemerklich, die ganze Umgebung sichtbar und deutlich, fast wie am Tage. Beschienen waren die schlafenden Menschen, die Pferde vom Futterbedürfniß wach gehalten, darunter viele weiße, die das Licht kräftig wiedergaben; weiße Wagenbedeckungen, selbst die zur Nachtruhe gewidmeten, weißen Garben, alles verbreitete Helle und Heiterkeit über diese bedeutende Scene. Fürwahr der größte Maler hätte sich glücklich geschätzt einem solchen Bilde gewachsen zu seyn.

Erst spät legt' ich mich ins Zelt und hoffte des tiefsten Schlafes zu genießen; aber die Natur hat manches Unbequeme zwischen ihre schönsten Gaben ausgestreut, und so gehört zu den ungeselligsten Unarten des Menschen daß er schlafend, eben wenn er selbst am tiefsten ruht, den Gesellen durch unbändiges Schnarchen wach zu halten pflegt. Kopf an Kopf, ich innerhalb, er außerhalb des Zeltes, lag ich mit einem Manne, der mir durch ein gräßlich Stöhnen die so nöthige Ruhe unwiederbringlich verkümmerte. Ich löste den Strang vom Zeltpflock, um meinen Widersacher kennen zu lernen; es war ein braver, tüchtiger Mann von der Dienerschaft, er lag vom Mond beschienen in so tiefem Schlaf als wenn er Endymion selbst gewesen wäre.

Die Unmöglichkeit in solcher Nachbarschaft Ruhe zu erlangen, regte den schalkischen Geist in mir auf; ich nahm eine Weizenähre und ließ die schwankende Last über Stirn und Nase des Schlafenden schweben. In seiner tiefen Ruhe gestört, fuhr er mit der Hand mehrmals übers Gesicht, und sobald er wieder in Schlaf versank wiederholt' ich mein Spiel, ohne daß er hätte begreifen mögen woher in dieser Jahrszeit eine Bremse kommen könne. Endlich bracht ich es dahin, daß er völlig ermuntert aufzustehen beschloß. Indessen war auch mir alle Schlaflust vergangen, ich trat vor das Zelt und bewunderte in dem wenig veränderten Bilde die unendliche Ruhe am Rande der größten, immer noch denkbaren Gefahr; und wie in solchen Augenblicken Angst und Hoffnung, Kümmerniß und Beruhigung wechselsweise auf und ab gaukeln, so erschrack ich wieder, bedenkend: daß wenn der Feind uns in diesem Augenblick überfallen wollte, weder eine Radspeiche noch ein Menschengebein davon kommen würde.

Der anbrechende Tag wirkte sodann wieder zerstreuend, denn da zeigte sich manches wunderliche. Zwey alte Marketenderinnen hatten mehrere seidene Weiberröcke buntschäckig um Hüfte und Brust übereinander gebunden, den obersten aber um den Hals und oben darüber noch ein Halbmäntelchen. In diesem Ornat stolzirten sie gar komisch einher und behaupteten durch Kauf und Tausch sich diese Maskerade gewonnen zu haben.

Den 30. September.
So früh sich auch mit Tages-Anbruch das sämmtliche Fuhrwerk in Bewegung setzte, so legten wir doch nur einen kurzen Weg zurück, denn schon um neun Uhr hielten wir zwischen Laval und Varge-Moulin. Menschen und Thiere suchten sich zu erquicken, kein Lager ward aufgeschlagen. Nun kam auch die Armee heran und postirte sich auf einer Anhöhe; durchaus herrschte die größte Stille und Ordnung.

Zwar konnte man an verschiedenen Vorsichtsmaaßregeln gar wohl bemerken, daß noch nicht alle Gefahr überstanden sey; man recognoscirte, man unterhielt sich heimlich mit unbekannten Personen, man rüstete sich zum abermaligen Aufbruch.

Den 1. October.
Der Herzog von Weimar führte die Avantgarde und deckte zugleich den Rückzug der Bagage. Ordnung und Stille herrschten diese Nacht und man beruhigte sich in dieser Ruhe, als um zwölf Uhr aufzubrechen befohlen ward. Nun ging aber aus allem hervor daß dieser Marsch nicht ganz sicher sey, wegen Streifpartien welche vom Argonner Wald herunter zu befürchten waren. Denn wäre auch mit Dumouriez und den

höchsten Gewalten Uebereinkunft getroffen gewesen, welches nicht einmal als ganz gewiß angenommen werden konnte; so gehorchte doch damals nicht leicht jemand dem andern, und die Mannschaft im Waldgebirge durfte sich nur für selbstständig erklären, einen Versuch machen zu unserm Verderben, welches niemand damals hätte mißbilligen dürfen.

Auch der heutige Marsch ging nicht weit: es war die Absicht Equipage und Armee zusammen sollten auch gleichen Schritt mit den Oestreichern und Emigrirten halten, die, uns zur linken Seite, parallel gleichfalls auf dem Rückzug begriffen waren.

Gegen acht Uhr hielten wir schon, bald nachdem wir Rouvroy hinter uns gelassen hatten; einige Zelte wurden aufgeschlagen, der Tag war schön und die Ruhe nicht gestört.

Und so will ich denn hier auch noch anführen, daß ich in diesem Elend das neckische Gelübde gethan: man solle, wenn ich uns erlös't und mich wieder zu Hause sähe, von mir niemals wieder einen Klagelaut vernehmen über den meine freyere Zimmeraussicht beschränkenden Nachbargiebel, den ich vielmehr jetzt recht sehnlich zu erblicken wünsche; ferner wollt' ich mich über Mißbehagen und Langeweile im deutschen Theater nie wieder beklagen, wo man doch immer Gott danken könne unter Dach zu seyn, was auch auf der Bühne vorgehe. Und so gelobt' ich noch ein Drittes, das mir aber entfallen ist.

Es war noch immer genug daß jeder für sich selbst in dem Grade sorgte, und Roß und Wagen, Mann und Pferd nach ihren Abtheilungen regelmäßig zusammenblieben; und so auch wir, sobald stille gehalten, oder ein Lager aufgeschlagen ward, immer wieder gedeckte Tafeln und Bänke und Stühle fanden. Doch wollte uns bedünken daß wir gar zu schmal abgefunden würden, ob wir uns gleich bey dem bekannten allgemeinen Mangel bescheiden darein ergaben.

Indessen schenkte mir das Glück Gelegenheit einem bessern Gastmahl beyzuwohnen. Es war zeitig Nacht geworden, jederman hatte sich sogleich auf die zubereitete Streue gelegt, auch ich war eingeschlafen, doch weckte mich ein lebhafter, angenehmer Traum: denn mir schien als röch ich, als genöß ich die besten Bissen und als ich darüber aufwachte, mich aufrichtete, war mein Zelt voll des herrlichsten Geruchs gebratenen und versengten Schweinefettes, der mich sehr lüstern machte. Unmittelbar an der Natur mußte es uns verziehen seyn den Schweinehirten für göttlich und Schweinebraten für unschätzbar zu halten. Ich stand auf und erblickte in ziemlicher Ferne ein Feuer, glücklicherweise ober dem Winde, von daher kam mir die Fülle des guten Dunstes. Unbedenklich ging ich dem Scheine nach und fand die sämmtliche Dienerschaft um ein großes, bald zu Kohlen verbranntes Feuer beschäftigt, den Rücken des Schweins schon beynahe gar, das Uebrige zerstückt, zum Einpacken bereit, einen jeden aber thätig und handreichend um die Würste bald zu vollenden. Unfern des Feuers lagen ein paar große Baustämme; nach Begrüßung der Gesellschaft setzt' ich mich darauf, und ohne ein Wort zu sagen, sah ich einer solchen Thätigkeit mit Vergnügen zu.

Theils wollten mir die guten Leute wohl, theils konnten sie den unerwarteten Gast schicklicherweise nicht ausschließen, und wirklich, da es zum Austheilen kam, reichten sie mir ein kostbares Stück; auch war Brod zu haben und ein Schluck Branntwein dazu; es fehlte eben an keinem Guten.

Nicht weniger ward mir ein tüchtiges Stück Wurst gereicht als wir uns noch bey Nacht und Nebel zu Pferde setzten; ich steckte es in meine Pistolenhalfter und so war mir die Begünstigung des Nachtwindes gut zu Statten gekommen.

Den 2. October.
Wenn man sich auch mit einigem Essen und Trinken gestärkt und den Geist durch sittliche Trostgründe beschwichtigt hatte, so wechselten doch immer Hoffnung und Sorge, Verdruß und Schaam in der schwankenden Seele; man freute sich noch am Leben zu seyn, unter solchen Bedingungen zu leben verwünschte man. Nachts um zwey Uhr brachen wir auf, zogen mit Vorsicht an einem Walde vorbey, kamen bey Vaux über die Stelle unseres vor kurzem verlassenen Lagers und bald an die Aisne. Hier fanden wir zwey Brücken geschlagen, die uns aufs rechte Ufer hinüber leiteten. Da verweilten wir nun zwischen beyden, die wir zugleich übersehen konnten, auf einem Sand- und Weidenwerder, das lebhafteste Küchenfeuer sogleich besorgend. Die zartesten Linsen die ich jemals genossen, lange, rothe, schmackhafte Kartoffeln waren bald bereitet. Als aber zuletzt jene, von den Oestreichischen Fuhrleuten aufgebrachten, bisher streng verheimlichten Schinken gar geworden, konnte man sich genugsam wieder herstellen.

Die Equipage war schon herüber; aber bald eröffnete sich ein so prächtiger als trauriger Anblick. Die Armee zog über die Brücken, Fußvolk und Artillerie, die Reiterey durch einen Furth, alle Gesichter düster, jeder Mund verschlossen, eine gräßliche Empfindung mittheilend. Kamen Regimenter heran unter denen man Bekannte, Befreundete wußte, so eilte man hin, man umarmte, man besprach sich, aber unter welchen Fragen! welchem Jammer! welcher Beschämung! nicht ohne Thränen.

Indessen freuten wir uns so marketenderhaft eingerichtet zu seyn, um Hohe wie Niedere erquicken zu können. Erst war die Trommel eines allda postirten Piquets die Tafel, dann holte man aus benachbarten Orten Stühle, Tische und machte sich's und den verschiedenartigsten Gästen so bequem als möglich. Der Kronprinz und Prinz Louis ließen sich die Linsen schmecken, mancher General der von weiten den Rauch sah zog sich darnach. Freylich, wie auch unser Vorrath seyn mochte, was sollte das unter so viele? Man mußte zum zweiten- und drittenmale ansetzen und unsere Reserve verminderte sich.

Wie nun unser Fürst gern alles mittheilte so hielten's auch seine Leute, und es wäre schwer einzeln zu erzählen wie viel der unglücklichen vorbeyziehenden einzelnen Kranken durch Kämmerier und Koch erquickt wurden.

So ging es nun den ganzen Tag! und so ward mir der Rückzug nicht etwa nur durch Beyspiel und Gleichniß, nein, in seiner völligen Wirklichkeit dargestellt und der Schmerz durch jede neue Uniform erneuert und vervielfältigt. Ein so grauenvolles Schauspiel sollte denn auch seiner würdig schließen; der König und sein Generalstab ritt von weiten her, hielt an der Brücke eine Zeitlang stille, als wenn er sich's noch einmal übersehen und überdenken wollte; zog dann aber am Ende den Weg aller der Seinen. Eben so erschien der Herzog von Braunschweig an der andern Brücke, zauderte und ritt herüber.

Die Nacht brach ein, windig aber trocken, und ward auf dem traurigen Weidenkies meist schlaflos zugebracht.

Den 3. October.

Morgens um sechs Uhr verließen wir diesen Platz, zogen über eine Anhöhe nach Grandpree zu und trafen daselbst die Armee gelagert. Dort gab es neues Uebel und neue Sorgen; das Schloß war zum Krankenhause umgebildet und schon mit mehrern hundert Unglücklichen belegt, denen man nicht helfen, sie nicht erquicken konnte. Man zog mit Scheu vorüber und mußte sie der Menschlichkeit des Feindes überlassen.

Hier überfiel uns abermals ein grimmiger Regen und lähmte jede Bewegung.

Den 4. October.
Die Schwierigkeit vom Platze zu kommen wuchs mehr und mehr; um den unfahrbaren Hauptwegen zu entgehen suchte man sich Bahn über Feld. Der Acker, von röthlicher Farbe, noch zäher als der bisherige Kreideboden, hinderte jede Bewegung. Die vier kleinen Pferde konnten meine Halbchaise kaum erziehen, ich dachte sie wenigstens um das Gewicht meiner Person zu erleichtern. Die Reitpferde waren nicht zu erblicken; der große Küchwagen mit sechs tüchtigen bespannt kam an mir vorbey. Ich bestieg ihn; von Victualien war er nicht ganz leer, die Küchmagd aber stack sehr verdrießlich in der Ecke. Ich überließ mich meinen Studien. Den dritten Band von Fischers physikalischem Lexicon hatte ich aus dem Koffer genommen; in solchen Fällen ist ein Wörterbuch die willkommenste Begleitung, wo jeden Augenblick eine Unterbrechung vorfällt, und dann gewährt es wieder die beste Zerstreuung indem es uns von einem zum andern führt.

Man hatte sich auf den zähen, hie und da quelligen rothen Thon-Feldern notgedrungen unvorsichtig eingelassen; in einer solchen Falge mußte zuletzt auch dem tüchtigen Küchengespann die Kraft ausgehen. Ich schien mir in meinem Wagen wie eine Parodie von Pharao im rothen Meere, denn auch um mich her wollten Reiter und Fußvolk in gleicher Farbe gleicher Weise versinken. Sehnsüchtig schaut' ich nach allen umgebenden Hügelhöhen, da erblickt' ich endlich die Reitpferde, darunter den mir bestimmten Schimmel; ich winkte sie mit Heftigkeit herbey, und nachdem ich meine Physik der armen krankverdrießlichen Küchmagd übergeben und ihrer Sorgfalt empfohlen, schwang ich mich aufs Pferd, mit dem festen Vorsatz mich sobald nicht wieder auf eine Fahrt einzulassen. Hier ging es nun freylich selbstständiger, aber nicht besser, noch schneller.

Grandpree, das nun als ein Ort der Pest und des Todes

geschildert war, ließen wir gern hinter uns. Mehrere befreundete Kriegsgenossen trafen zusammen und traten im Kreise, hinter sich am Zügel die Pferde haltend, um ein Feuer. Sie sagen dies sey das einzige Mal gewesen wo ich ein verdrießlich Gesicht gemacht und sie weder durch Ernst gestärkt, noch durch Scherz erheitert habe.

Den 4. October.

Der Weg den das Heer eingeschlagen hatte führte gegen Busanscy, weil man oberhalb Dun über die Maas gehen wollte. Wir schlugen unser Lager unmittelbar bey Sivry, in dessen Umgegend wir noch nicht alles verzehrt fanden. Der Soldat stürzte in die ersten Gärten und verdarb was andere hätten genießen können. Ich ermunterte unseren Koch und seine Leute zu einer strategischen Fourragirung, wir zogen ums ganze Dorf und fanden noch völlig unangetastete Gärten und eine reiche, unbestrittene Erndte. Hier war von Kohl und Zwiebeln, von Wurzeln und andern guten Vegetabilien die Fülle; wir nahmen deshalb nicht mehr als wir brauchten, mit Bescheidenheit und Schonung. Der Garten war nicht groß, aber sauber gehalten, und ehe wir zu dem Zaun wieder hinauskrochen, stellt' ich Betrachtungen an wie es zugehe, daß in einem Hausgarten doch auch keine Spur von einer Thüre ins anstoßende Gebäude zu entdecken sey.

Als wir mit Küchenbeute wohl beschwert wieder zurückkamen hörten wir großen Lärm vor dem Regimente. Einem Reiter war sein, vor zwanzig Tagen etwa, in dieser Gegend requirirtes Pferd davon gelaufen, es hatte den Pfahl, an dem es gebunden gewesen, mit fortgenommen, der Cavallerist wurde sehr übel angesehen, bedroht und befehligt das Pferd wieder zu schaffen.

Da es beschlossen war den fünften in der Gegend zu rasten,

so wurden wir in Sivry einquartirt und fanden, nach soviel Unbilden, die Häuslichkeit gar erfreulich, und konnten den französisch-ländlichen, idyllisch-homerischen Zustand, zu unserer Unterhaltung und Zerstreuung abermals genauer bemerken. Man trat nicht unmittelbar von der Straße in das Haus, sondern fand sich erst in einem kleinen, offenen, viereckten Raum, wie die Thüre selbst das Quadrat angab; von da gelangte man, durch die eigentliche Hausthüre, in ein geräumiges, hohes, dem Familienleben bestimmtes Zimmer; es war mit Ziegelsteinen gepflastert, links, an der langen Wand, ein Feuerheerd, unmittelbar an Mauer und Erde; die Esse die den Rauch abzog schwebte darüber. Nach Begrüßung der Wirthsleute zog man sich gern dahin, wo man eine entschieden bleibende Rangordnung für die Umsitzenden gewahrte. Rechts am Feuer stand ein hohes Klapp-Kästchen, das auch zum Stuhl diente; es enthielt das Salz welches, in Vorrath angeschafft, an einem trocknen Platze verwahrt werden mußte. Hier war der Ehrensitz, der sogleich dem vornehmsten Fremden angewiesen wurde; auf mehrere hölzerne Stühle setzten sich die übrigen Ankömmlinge mit den Hausgenossen. Die landsittliche Kochvorrichtung, pot au feu, konnt' ich hier zum erstenmal genau betrachten. Ein großer eiserner Kessel hing an einem Haken, den man durch Verzahnungen erhöhen und erniedrigen konnte, über dem Feuer; darin befand sich schon ein gutes Stück Rindfleisch mit Wasser und Salz, zugleich aber auch mit weißen und gelben Rüben, Porree, Kraut, und andern vegetabilischen Ingredienzien.

Indessen wir uns freundlich mit den guten Menschen besprachen, bemerkt' ich erst wie architektonisch klug Anrichte, Gossenstein, Topf- und Tellerbretter angebracht seyen. Diese nahmen sämmtlich den länglichen Raum ein, den jenes Viereck des offenen Vorhauses inwendig zur Seite ließ. Nett und alles der Ordnung gemäß war das Geräthe zusammengestellt;

eine Magd, oder Schwester des Hauses, besorgte alles aufs zierlichste. Die Hausfrau saß am Feuer, ein Knabe stand an ihren Knieen, zwey Töchterchen drängten sich an sie heran. Der Tisch war gedeckt, ein großer irdener Napf aufgestellt, schönes weißes Brod in Scheibchen hineingeschnitten, die heiße Brühe drüber gegossen und guter Appetit empfohlen. Hier hätten jene Knaben, die mein Comißbrod verschmähten, mich auf das Muster von bon pain und bonne soupe verweisen können. Hierauf folgte das zu gleicher Zeit gargewordene Zugemüse, so wie das Fleisch, und jederman hätte sich an dieser einfachen Kochkunst begnügen können.

Wir fragten theilnehmend nach ihren Zuständen; sie hatten schon das vorigemal, als wir so lange bey Landres gestanden, sehr viel gelitten und fürchteten, kaum hergestellt, von einer feindlichen zurückziehenden Armee nunmehr den völligen Untergang. Wir bezeigten uns theilnehmend und freundlich, trösteten sie daß es nicht lange dauern werde, da wir außer der Arriere-Garde, die letzten seyen, und gaben ihnen Rath und Regel wie sie sich gegen Nachzügler zu verhalten hätten.

Bey immer wechselnden Sturm und Regengüssen brachten wir den Tag meist unter Dach und am Feuer zu; das Vergangene in Gedanken zurückrufend, das Nächstbevorstehende nicht ohne Sorge bedenkend. Seit Grandpree hatte ich weder Wagen noch Koffer noch Bedienten wieder gesehen, Hoffnung und Sorge wechselten deshalb augenblicklich ab. Die Nacht war herangekommen, die Kinder sollten zu Bette gehen; sie näherten sich Vater und Mutter ehrfurchtsvoll, verneigten sich, küßten ihnen die Hand und sagten bon soir Papa, bon soir Maman, mit wünschenswerther Anmuth. Bald darauf erfuhren wir, daß der Prinz von Braunschweig in unserer Nachbarschaft gefährlich krank liege und erkundigten uns nach ihm. Besuch lehnte man ab und versicherte zugleich, daß es mit ihm viel besser geworden, so daß er morgen früh unverzüglich aufzubrechen gedenke.

Kaum hatten wir uns vor dem schrecklichen Regen wieder ans Kamin geflüchtet als ein junger Mann hereintrat, den wir als den jüngeren Bruder unseres Wirths wegen entschiedener Aehnlichkeit erkennen mußten; und so erklärte sich's auch. In die Tracht des französischen Landvolks gekleidet, einen starken Stab in der Hand trat er auf, ein schöner junger Mann. Sehr ernst, ja verdrießlich wild saß er bey uns am Feuer ohne zu sprechen, doch hatte er sich kaum erwärmt als er mit seinem Bruder auf und ab, sodann in das nächste Zimmer trat. Sie sprachen sehr lebhaft und vertraulich zusammen. Er ging in den grimmigen Regen hinaus, ohne daß ihn unsere Wirthsleute zu halten suchten.

Aber auch wir wurden durch ein Angst- und Zetergeschrey in die stürmische Nacht hinausgerufen. Unsere Soldaten hatten, unter dem Vorwand Fourrage auf den Böden zu suchen, zu plündern angefangen und zwar ganz ungeschickter Weise, indem sie einem Weber sein Werkzeug wegnahmen, eigentlich für sie ganz unbrauchbar. Mit Ernst und einigen guten Worten brachten wir die Sache wieder ins Gleiche: denn es waren nur wenige die sich solcher That unterfingen. Wie leicht konnte das ansteckend werden und alles drunter und drüber gehn.

Da sich mehrere Personen zusammen gefunden hatten, so trat ein Weimarischer Husar zu mir, seines Handwerks ein Fleischer; und vertraute daß er in einem benachbarten Haus ein gemästetes Schwein entdeckt habe, er feilsche darum, könne es aber von dem Besitzer nicht erhalten, wir möchten mit Ernst dazu thun: denn es würde in den nächsten Tagen an allem fehlen. Es war wunderbar genug daß wir, die so eben der Plünderung Einhalt gethan, zu einem ähnlichen Unternehmen aufgefordert werden sollten. Indessen, da der Hunger kein Gesetz anerkennt, gingen wir mit dem Husar in das bezeichnete Haus, fanden gleichfalls ein großes Caminfeuer, begrüßten die Leute und setzten uns zu ihnen. Es hatte sich noch ein anderer Weimarischer Husar Namens Liseur zu uns gefunden, dessen Gewandtheit wir die Sache vertrauten. Er begann in geläufigem Französisch von den Tugenden regulirter Truppen zu sprechen, und rühmte die Personen welche nur für baares Geld die nothwendigsten Victualien anzuschaffen verlangten, dahingegen schalt er die Nachzügler, Packknechte und Marketender, die mit Ungestüm und Gewalt auch die letzte Klaue sich zuzueignen gewohnt seyen. Er wolle daher einem jeden den wohlmeinenden Rath geben auf den Verkauf zu sinnen, weil Geld noch immer leichter zu verbergen sey als Thiere, die man wohl auswittere. Seine Argumente jedoch schienen keinen großen Eindruck zu machen, als seine Unterhandlung seltsam genug unterbrochen wurde.

An der fest verschlossenen Hausthüre entstand auf einmal ein heftiges Pochen, man achtete nicht darauf, weil man keine Lust hatte noch mehr Gäste einzulassen; es pochte fort, die kläglichste Stimme rief dazwischen, eine Weiberstimme, die auf gut deutsch, flehentlich um Eröffnung der Thüre bat. Endlich erweicht schloß man auf, es drang eine alte Marketenderin herein, etwas in ein Tuch gewickelt auf dem Arme tragend; hinter ihr eine junge Person, nicht häßlich, aber blaß und entkräftet, sie hielt sich kaum auf den Füßen. Mit wenigen aber rüstigen Worten erklärte die Alte den Zustand, indem sie ein nacktes Kind vorwies, von dem jene Frau auf der Flucht entbunden worden. Dadurch versäumt waren sie, mißhandelt von Bauern, in dieser Nacht endlich an unsere Pforte gekommen. Die Mutter hatte, weil ihr die Milch verschwunden, dem Kinde seitdem es Athem holte noch keine Nahrung reichen können. Jetzt forderte die Alte mit Ungestüm Mehl, Milch, Tiegel, auch Leinwand das Kind hineinzuwickeln. Da sie kein Französisch konnte, mußten wir in ihrem Namen fordern, aber ihr herrisches Wesen, ihre Heftigkeit gab unseren Reden genug pantomimisches Gewicht und Nachdruck: man konnte das Verlangte nicht geschwind genug herbeyschaffen und das Herbeygeschaffte war ihr nicht gut genug. Dagegen war auch sehenswerth wie behend sie verfuhr. Uns hatte sie bald vom Feuer verdrängt, der beste Sitz war sogleich für die Wöchnerin eingenommen, sie aber machte sich auf ihrem Schemmel so breit als wenn sie im Hause allein wäre. In einem Nu war das Kind gereinigt und gewickelt, der Brey gekocht; sie fütterte das kleine Geschöpf, dann die Mutter, an sich selbst dachte sie kaum. Nun verlangte sie frische Kleider für die Wöchnerin, indeß die alten trockneten. Wir betrachteten sie mit Verwunderung; sie verstand sich auf's Requiriren.

Der Regen ließ nach, wir suchten unser voriges Quartier und kurz darauf brachten die Husaren das Schwein. Wir zahlten ein Billiges; nun sollte es geschlachtet werden, es geschah, und als im Nebenzimmer am Trage-Balken ein Kloben eingeschraubt zu sehen war, hing das Schwein sogleich dort um kunstmäßig zerstückt und bereitet zu werden.

Daß unsere Hausleute bey dieser Gelegenheit sich nicht verdrießlich, vielmehr behülflich und zuthätig erwiesen, schien uns einigermaßen wunderbar, da sie wohl Ursache gehabt hätten unser Betragen roh und rücksichtslos zu finden. In demselbigen Zimmer, wo wir die Operation vornahmen, lagen die Kinder in reinlichen Betten, und aufgeweckt durch unser Getöse, schauten sie artig furchtsam unter den Decken hervor. Nahe an einem großen zweyschläfrigen Ehebett mit grünem Rasch sorgfältig umschlossen, hing das Schwein, so daß die Vorhänge einen malerischen Hintergrund zu dem erleuchteten Körper machten. Es war ein Nachtstück ohne Gleichen. Aber solchen Betrachtungen konnten sich die Einwohner nicht hingeben, wir merkten vielmehr daß sie jenem

Hause, dem man das Schwein abgewonnen, nicht sonderlich befreundet seyen und also eine gewisse Schadenfreude hierbey obwalte. Früher hatten wir auch gutmüthig einiges von Fleisch und Wurst versprochen, das alles kam der Function zu statten, die in wenig Stunden vollendet seyn sollte. Unser Husar aber bewies sich in seinem Fache so thätig und behend wie die Zigeunerin drüben in dem ihrigen, und wir freuten uns schon auf die guten Würste und Braten, die uns von dieser Halbbeute zu Theil werden sollten. In Erwartung dessen legten wir uns in der Schmiede-Werkstatt unseres Wirthes auf die schönsten Weitzengarben und schliefen geruhig bis an den Tag. Indessen hatte unser Husar sein Geschäft im Innern des Hauses vollendet, ein Frühstück fand sich bereit und das übrige war schon eingepackt, nachdem vorher den Wirthsleuten gleichfalls ihr Theil gespendet worden, nicht ohne Verdruß unserer Leute, welche behaupteten: bey diesem Volk sey Gutmüthigkeit übel angewendet, sie hätten gewiß noch Fleisch und andere gute Dinge verborgen, die wir auszuwittern noch nicht recht gelernt hätten.

Als ich mich in dem innern Zimmer umsah fand ich zuletzt eine Thüre verriegelt, die ihrer Stellung nach in einen Garten gehen mußte. Durch ein kleines Fenster an der Seite konnt' ich bemerken daß ich nicht irre geschlossen hatte; der Garten lag etwas höher als das Haus, und ich erkannt' ihn ganz deutlich für denselben wo wir uns früh mit Küchenwaaren versehen hatten. Die Thüre war verrammelt und von außen so geschickt verschüttet und bedeckt, daß ich nun wohl begriff, warum ich sie heute früh vergebens gesucht hatte. Und so stand es in den Sternen geschrieben, daß wir, ohngeachtet aller Vorsicht, doch in das Haus gelangen sollten.

Den 6. October früh.
Bey solchen Umgebungen darf man sich nicht einen Augenblick Ruhe, nicht das kürzeste Verharren irgend eines Zustandes erwarten. Mit Tages-Anbruch war der ganze Ort auf einmal in großer Bewegung; die Geschichte des entflohenen Pferdes kam wieder zur Sprache. Der geängstigte Reiter der es herbeyschaffen, oder Strafe leiden und zu Fuße gehen sollte, war auf den nächsten Dörfern herumgerannt, wo man ihm denn, um die Plackerey selbst los zu werden, zuletzt versicherte: es müsse in Sivry stecken; dort habe man vor soviel Wochen einen Rappen ausgehoben wie er ihn beschreibe, unmittelbar vor Sivry habe nun das Pferd sich losgemacht, und was sonst noch die Wahrscheinlichkeit vermehren mochte. Nun kam er begleitet von einem ernsten Unteroffizier der, durch Bedrohung des ganzen Ortes, endlich die Auflösung des Räthsels fand. Das Pferd war wirklich hinein nach Sivry zu seinem vorigen Herrn gelaufen, die Freude den vermißten Haus- und Stallgenossen wieder zu sehen, sagen sie, sey in der Familie gränzenlos gewesen, allgemein die Theilnahme der Nachbarn. Künstlich genug hatte man das Pferd auf einen Oberboden gebracht und hinter Heu versteckt; jederman bewahrte das Geheimniß. Nun aber ward es, unter Klagen und Jammern, wieder hervorgezogen, und Betrübniß ergriff die ganze Gemeinde als der Reiter sich darauf schwang und dem Wachtmeister folgte. Niemand gedachte weder eigener Lasten noch des keineswegs aufgeklärten allgemeinen Geschickes, das Pferd, und der zum zweitenmal getäuschte Besitzer waren der Gegenstand der zusammengelaufenen Menge.

Eine augenblickliche Hoffnung that sich hervor; der Kronprinz von Preußen kam geritten, und indem er sich erkundigen wollte was die Menge zusammengebracht, wendeten sich die guten Leute an ihn mit Flehen er möge ihnen das Pferd wieder zurückgeben. Es stand nicht in seiner Macht, denn die Kriegsläufte sind mächtiger als die Könige, er ließ sie trostlos indem er sich stillschweigend entfernte.

Nun besprachen wir wiederholt mit unsern guten Hausleuten das Manöver gegen die Nachzügler; denn schon spückte das Geschmeiß hin und wieder. Wir riethen: Mann und Frau, Magd und Geselle sollten in der Thüre innerhalb des kleinen Vorraums sich halten und allenfalls ein Stück Brod, einen Schluck Wein, wenn es gefordert würde, auswendig reichen, den eindringenden Ungestüm aber standhaft abwehren. Mit Gewalt erstürmten dergleichen Leute nicht leicht ein Haus, einmal eingelassen aber werde man ihrer nicht wieder Herr. Die guten Menschen baten uns noch länger zu bleiben, allein wir hatten an uns selber zu denken; das Regiment des Herzogs war schon vorwärts und der Kronprinz abgeritten; dies war genug unseren Abschied zu bestimmen.

Wie klüglich dies gewesen, wurde uns noch deutlicher, als wir, bey der Colonne angelangt, zu hören hatten daß der Vortrab der französischen Prinzen gestern, als er eben den Paß Chesne le populeux und die Aisne hinter sich gelassen, zwischen les Grandes et Petites Armoires von Bauern angegriffen worden; einem Offizier solle das Pferd unterm Leib getödtet, dem Bedienten des Commandirenden eine Kugel durch den Huth gegangen seyn. Nun fiel mir's aufs Herz daß in vergangner Nacht, als der bärbeißige Schwager ins Haus trat, ich einer solchen Ahnung mich nicht erwehren konnte.

Zum 6. October.
Aus der gefährlichsten Klemme waren wir nun heraus, unser Rückzug jedoch noch immer beschwerlich und bedenklich; der Transport unseres Haushaltes von Tag zu Tage lästiger,

denn freylich führten wir ein complettes Mobiliar mit uns; außer dem Küchengeräth noch Tisch und Bänke, Kisten, Kasten und Stühle, ja ein paar Blechofen. Wie wollte man die mehreren Wagen fortbringen, da der Pferde täglich weniger wurden; einige fielen, die überbliebenen zeigten sich kraftlos. Es blieb nichts übrig als einen Wagen stehen zu lassen um die andern fortzubringen. Nun ward gerathschlagt was wohl das Entbehrlichste sey, und so mußte man einen mit allerley Geräth wohlbepackten Wagen im Stiche lassen um nicht alles zu entbehren. Diese Operation wiederholte sich einigemal, unser Zug ward um vieles compendioser, und doch wurden wir aufs Neue an eine solche Reduction gemahnt, da wir uns an den niedrigen Ufern der Maas mit größter Unbequemlichkeit fortschleppten.

Was mich aber in diesen Stunden am meisten druckte und besorgt machte, war daß ich meinen Wagen schon einige Tage vermißte. Nun konnt' ich mir's nicht anders denken als mein sonst so resoluter Diener sey in Verlegenheit gerathen, habe seine Pferde verloren und andere zu requiriren nicht vermocht. Da sah ich denn in trauriger Einbildungskraft meine werthe böhmische Halbchaise, ein Geschenk meines Fürsten, die mich schon so weit in der Welt herumgetragen, im Koth versunken, vielleicht auch über Bord geworfen und somit, wie ich da zu Pferde saß, trug ich nun alles bey mir. Der Koffer mit Kleidungsstücken, Manuscripten jeder Art und manches durch Gewohnheit sonst noch werthe Besitzthum, alles schien mir verloren und schon in die Welt zerstreut.

Was war aus der Brieftasche mit Geld und bedeutenden Papieren geworden? aus sonstigen Kleinigkeiten die man an sich herumsteckt? Hatte ich das alles nun recht umständlich und peinlich durchgedacht; so stellte sich der Geist aus dem unerträglichen Zustande bald wieder her. Das Vertrauen auf meinen Diener fing wieder an zu wachsen und wie ich vorher umständlich den Verlust gedacht, so dacht' ich nunmehr alles durch seine Thätigkeit erhalten, und freute mich dessen als läg' es mir schon vor Augen.

Den 7. October.
Als wir eben auf dem linken Ufer der Maas aufwärts zogen, um an die Stelle zu gelangen wo wir übersetzen und die gebahnte Hauptstraße jenseits erreichen sollten, gerade auf dem sumpfigsten Wiesenfleck, hieß es: der Herzog von Braunschweig komme hinter uns her. Wir hielten an und begrüßten ihn ehrerbietig; er hielt auch ganz nahe vor uns stille und sagte zu mir: »Es thut mir zwar Leid daß ich Sie in dieser unangenehmen Lage sehe, jedoch darf es mir in dem Sinne erwünscht seyn daß ich einen einsichtigen, glaubwürdigen Mann mehr weiß, der bezeugen kann daß wir nicht vom Feinde, sondern von den Elementen überwunden worden.«

Er hatte mich in dem Hauptquartier zu Hans vorbeygehend gesehen, und wußte überhaupt daß ich bey dem ganzen traurigen Zug gegenwärtig gewesen. Ich antwortete ihm etwas Schickliches und bedauerte noch zuletzt daß er, nach soviel Leiden und Anstrengung, noch durch die Krankheit seines fürstlichen Sohnes sey in Sorgen gesetzt worden; woran wir vorige Nacht in Sivry großen Antheil empfunden. Er nahm es wohl auf, denn dieser Prinz war sein Liebling, zeigte sodann auf ihn, der in der Nähe hielt, wir verneigten uns auch vor ihm. Der Herzog wünschte uns allen Geduld und Ausdauer, und ich ihm dagegen eine ungestörte Gesundheit, weil ihm sonst nichts abgehe uns und die gute Sache zu retten. Er hatte mich eigentlich niemals geliebt, das mußte ich mir gefallen lassen, er gab es zu erkennen, das konnt' ich ihm verzeihen; nun aber war das Unglück eine milde Vermittlerin geworden, die uns auf eine theilnehmende Weise zusammenbrachte.

Den 7. und 8. October.

Wir hatten über die Maas gesetzt und den Weg eingeschlagen der aus den Niederlanden nach Verdun führt; das Wetter war furchtbarer als je, wir lagerten bey Consenvoy. Die Unbequemlichkeit, ja das Unheil stiegen aufs Höchste, die Zelte durchnäßt, sonst kein Schirm kein Obdach; man wußte nicht wohin man sich wenden sollte, noch immer fehlte mein Wagen und ich entbehrte das Nothwendigste. Konnte man sich auch unter einem Zelte bergen, so war doch an keine Ruhestelle zu denken. Wie sehnte man sich nicht nach Stroh, ja nach irgend einem Bretstück, und zuletzt blieb doch nichts übrig als sich auf den kalten feuchten Boden niederzulegen.

Nun hatte ich aber schon in vorigen gleichen Fällen mir ein praktisches Hülfsmittel ersonnen wie solche Noth zu überdauern sey; ich stand nämlich so lange auf den Füßen bis die Knie zusammen brachen, dann setzt' ich mich auf einen Feldstuhl wo ich hartnäckig verweilte bis ich niederzusinken glaubte, da denn jede Stelle wo man sich horizontal ausstrecken konnte, höchst willkommen war. Wie also Hunger das beste Gewürz bleibt, so wird Müdigkeit der herrlichste Schlaftrunk seyn.

Zwey Tage und zwey Nächte hatten wir auf diese Weise verlebt als der traurige Zustand einiger Kranken auch Gesunden zu Gute kommen sollte. Des Herzogs Kammerdiener war von dem allgemeinen Uebel befallen, einen Junker vom Regiment hatte der Fürst aus dem Lazareth von Grandpree gerettet; nun beschloß er die beyden in das, etwa zwey Meilen entfernte Verdun zu schicken. Kämmerier Wagner wurde ihnen zur Pflege mit gegeben und ich säumte nicht, auf gnädigste vorsorgliche Anmahnung, den vierten Platz einzunehmen. Mit Empfehlungsschreiben an den Commandanten wurden wir entlassen, und als beym Einsitzen der Pudel nicht zurück bleiben durfte, so ward aus dem sonst so beliebten Schlafwagen ein halbes Lazareth und etwas Menagerieartiges.

Zur Eskorte, zum Quartier- und Proviantmeister erhielten wir jenen Husaren der, Namens Liseur, aus Luxemburg gebürtig, der Gegend kundig, Geschick, Gewandheit und Kühnheit eines Freybeuters vereinigte; mit Behagen ritt er vorauf und machte dem mit sechs starken Schimmeln bespannten Wagen und sich selbst ein gutes Ansehen.

Zwischen ansteckende Kranke gepackt wußt' ich von keiner Apprehension. Der Mensch, wenn er sich getreu bleibt, findet zu jedem Zustande eine hülfreiche Maxime; mir stellte sich, sobald die Gefahr groß ward, der blindeste Fatalismus zur Hand und ich habe bemerkt daß Menschen die ein durchaus gefährlich Metier treiben, sich durch denselben Glauben gestählt und gestärkt fühlen. Die Mahomedanische Religion giebt hievon den besten Beweis.

Den 9. October.
Unsere traurige Lazarethfahrt zog nun langsam dahin und gab zu ernsten Betrachtungen Anlaß, da wir in dieselbe Heerstraße fielen, auf der wir mit soviel Muth und Hoffnung ins Land eingetreten waren. Hier berührten wir nun wieder dieselbe Gegend wo der erste Schuß aus den Weinbergen fiel, denselben Hochweg wo uns die hübsche Frau in die Hände lief und zurückgeführt worden; kamen an dem Mäuerchen vorbey von wo sie uns mit den ihrigen freundlich und zur Hoffnung aufgeregt begrüßte. Wie sah das alles jetzt anders

aus! und wie doppelt unerfreulich erschienen die Folgen eines fruchtlosen Feldzugs durch den trüben Schleyer eines anhaltenden Regenwetters!

Doch mitten in diesen Trübnissen sollte mir gerade das Erwünschteste begegnen. Wir holten ein Fuhrwerk ein das mit vier kleinen unansehnlichen Pferden vor uns herzog; hier aber gab es einen Lust- und Erkennungsauftritt, denn es war mein Wagen, mein Diener. – Paul! rief ich aus, Teufelsjunge, bist du's! Wie kommst du hierher? – Der Koffer stand geruhig aufgepackt an seiner alten Stelle; welch' erfreulicher Anblick! und als ich mich nach Portefeuille und anderem hastig erkundigte, sprangen zwey Freunde aus dem Wagen, geheime Secretair Weiland und Hauptmann Vent. Das war eine gar frohe Scene des Wiederfindens und ich erfuhr nun wie es bisher zugegangen.

Seit der Flucht jener Bauerknaben hatte mein Diener die vier Pferde durchzubringen gewußt, und sich nicht allein von Hans bis Grandpree sondern auch von da, als er mir aus den Augen gekommen, über die Aisne geschleppt und immer sofort verlangt, begehrt, fourragirt, requirirt bis wir zuletzt glücklich wieder zusammentrafen und nun, alle vereint und höchst vergnügt, nach Verdun zogen, wo wir genugsame Ruhe und Erquickung zu finden hofften.

Hiezu hatte denn auch der Husar weislich und klüglich die besten Voranstalten getroffen; er war voraus in die Stadt geritten und hatte sich, bey der Fülle des Dranges, gar bald überzeugt daß hier, ordnungsgemäß, durch Wirksamkeit und guten Willen eines Quartieramts nichts zu hoffen sey; glücklicherweise aber sah er in dem Hof eines schönen Hauses Anstalten zu einer herannahenden Abreise, er sprengte zurück, bedeutete uns wie wir fahren sollten und eilte nun, sobald jene Partey heraus war, das Hofthor zu besetzen, dessen Schließen zu verhindern und uns gar erwünscht zu empfangen. Wir fuhren ein, wir stiegen aus, unter Protestation einer alten Haushälterin, welche, so eben von einer Einquartierung befreyt, keine neue, besonders ohne Billet aufzunehmen Lust empfand. Indessen waren die Pferde schon ausgespannt und im Stalle, wir aber hatten uns in die oberen Zimmer getheilt; der Hausherr, ältlich, Edelmann, Ludwigsritter, ließ es geschehen; weder er noch Familie wollten von Gästen weiter wissen, am wenigsten diesmal von Preußen auf dem Rückzuge.

Den 10. October.
Ein Knabe der uns in der verwilderten Stadt herumführte, fragte mit Bedeutung: ob wir denn von den unvergleichlichen Verduner Pastetchen noch nicht gekostet hätten? Er führte uns darauf zu dem berühmtesten Meister dieser Art. Wir traten in einen weiten Hausraum, in welchem groß und kleine Oefen ringsherum angebracht waren, zugleich auch in der Mitte Tisch und Bänke zum frischen Genuß des augenblicklich Gebacknen. Der Künstler trat vor, sprach aber seine Verzweiflung höchst lebhaft aus, daß es ihm nicht möglich sey uns zu bedienen, da es ganz und gar an Butter fehle. Er zeigte die schönsten Vorräthe des feinsten Weitzenmehls; aber wozu nützten ihm diese ohne Milch und Butter! Er rühmte sein Talent, den Beyfall der Einwohner, der Durchreisenden, und bejammerte nur daß er gerade jetzt, wo er sich vor solchen Fremden zu zeigen und seinen Ruf auszubreiten Gelegenheit finde, gerade des Nothwendigsten ermangeln müßte. Er beschwor uns daher Butter herbeyzuschaffen und gab zu verstehen, wenn wir nur ein wenig Ernst zeigen wollten, so sollte sich dergleichen schon irgend wo finden. Doch ließ er sich für den Augenblick zufrieden stellen, als wir versprachen bey längerem Aufenthalt von Jardin Fontaine dergleichen herbeyzuholen.

Unsern jungen Führer, der uns weiter durch die Stadt begleitete und sich eben sowohl auf hübsche Kinder als auf Pastetchen zu verstehen schien, befragten wir nach einem wunderschönen Frauenzimmer, das sich eben aus dem Fenster eines wohlgebauten Hauses herausbog. Ja, rief er, nachdem er ihren Namen genannt, das hübsche Köpfchen mag sich fest auf den Schultern halten; es ist auch Eine von denen die dem König von Preußen Blumen und Früchte überreicht haben. Ihr Haus und Familie dachten schon sie wären wieder oben drauf, das Blatt aber hat sich gewendet, jetzt tausch' ich nicht mit ihr. Er sprach hierüber mit besonderer Gelassenheit, als wäre es ganz naturgemäß und könne und werde nicht anders seyn.

Mein Diener war von Jardin Fontaine zurückgekommen, wohin er, unsern alten Wirth zu begrüßen und den Brief an die Schwester zu Paris wiederzubringen, gegangen war. Der neckische Mann empfing ihn gutmüthig genug, bewirthete ihn aufs Beste und lud die Herrschaft ein, die er gleichfalls zu traktiren versprach.

So wohl sollt' es uns aber nicht werden; denn kaum hatten wir den Kessel über's Feuer gehängt, mit herkömmlichen Ingredienzien und Ceremonien, als eine Ordonnanz hereintrat und im Namen des Commandanten Herrn von Corbiere freundlich andeutete, wir möchten uns einrichten morgen früh um acht Uhr aus Verdun zu fahren. Höchst betroffen daß wir Dach, Fach und Heerd, ohne uns nur einigermaßen herstellen zu können, eiligst verlassen und uns wieder in die wüste schmutzige Welt hinausgestoßen sehen sollten, beriefen wir uns auf die Krankheit des Junkers und Kammerdieners, worauf er denn meinte wir sollten diese bald möglichst fortzubringen suchen, weil in der Nacht die Lazarethe geleert und nur die völlig intransportablen Kranken zurückgelassen würden.

Uns überfiel Schrecken und Entsetzen, denn bisher zweifelte Niemand, daß von Seiten der Alliirten man Verdun und Longwy erhalten, wo nicht gar noch einige Festungen erobern und sichere Winterquartiere bereiten müsse. Von diesen Hoffnungen konnten wir nicht auf einmal Abschied nehmen; daher schien es uns man wolle nur die Festung von den unzähligen Kranken und dem unglaublichen Troß befreyen, um sie alsdann mit der nothwendigen Garnison besetzen zu können. Kämmerier Wagner jedoch, der das Schreiben des Herzogs dem Commandanten überbracht hatte, glaubte das allerbedenklichste in diesen Maaßregeln zu sehen. Was es aber auch im Ganzen für einen Ausgang nähme, mußten wir uns diesmal in unser Schicksal ergeben und speisten geruhig den einfachen Topf in verschiedenen Absätzen und Trachten; als eine andere Ordonnanz abermals hereintrat und uns beschied wir möchten ja ohne Zaudern und Aufenthalt morgen früh um drei Uhr aus Verdun zu kommen suchen. Kämmerier Wagner, der den Inhalt jenes Briefs an den Commandanten zu wissen glaubte, sah hierin ein entschiedenes Bekenntniß daß die Festung den Franzosen sogleich wieder würde übergeben werden. Dabey gedachten wir der Drohung des Knaben, gedachten der schönen geputzten Frauenzimmer, der Früchte und Blumen und betrübten uns zum erstenmal recht herzlich und gründlich über eine so entschieden mißlungene große Unternehmung.

Ob ich schon unter dem diplomatischen Corps ächte und verehrungswürdige Freunde gefunden, so konnt' ich doch, so oft ich sie mitten unter diesen großen Bewegungen fand, mich gewißer neckischen Einfälle nicht enthalten; sie kamen mir vor wie Schauspieldirectoren, welche die Stücke wählen, Rollen austheilen und in unscheinbarer Gestalt einhergehen, indessen die Truppe so gut sie kann, aufs beste herausgestutzt das Resultat ihrer Bemühungen dem Glück und der Laune des Publicums überlassen muß.

Baron Breteuil wohnte gegen uns über; seit der Halsbandsgeschichte war er mir nicht aus den Gedanken gekommen. Sein Haß gegen den Cardinal von Rohan verleitete ihn zu der furchtbarsten Uebereilung; die durch jenen Prozeß entstandene Erschütterung ergriff die Grundfesten des Staates, vernichtete die Achtung gegen die Königin und gegen die obern Stände überhaupt: denn leider alles was zur Sprache kam machte nur das greuliche Verderben deutlich, worin der Hof und die Vornehmeren befangen lagen.

Diesmal glaubte man, er habe den auffallenden Vergleich gestiftet, der uns zum Rückzug verpflichtete, zu dessen Entschuldigung man höchst günstige Bedingungen voraussetzte; man versicherte König, Königin und Familie sollten frey gegeben und sonst noch manches wünschenswerthe erfüllt werden. Die Frage aber wie diese großen diplomatischen Vortheile mit allem übrigen was uns doch auch bekannt war, übereinstimmen sollten? ließ einen Zweifel nach dem andern aufkeimen.

Die Zimmer die wir bewohnten waren anständig meublirt; mir fiel ein Wandschrank auf, durch dessen Glasthüren ich viele regelmäßig beschnittene gleiche Hefte in Quart erblickte. Zu meiner Verwunderung ersah ich daraus, daß unser Wirth als einer der Notabeln im Jahre 1787 zu Paris gewesen; in diesen Heften war seine Instruction abgedruckt. Die Mäßigkeit der damaligen Forderungen, die Bescheidenheit womit sie abgefaßt, contrastirten völlig mit den gegenwärtigen Zuständen von Gewaltsamkeit, Uebermuth und Verzweiflung. Ich las diese Blätter mit wahrhafter Rührung und nahm einige Exemplare zu mir.

Den 11. October.
Ohne die Nacht geschlafen zu haben, waren wir früh um drey Uhr eben im Begriff unsern gegen das Hofthor gerichteten Wagen zu besteigen, als wir ein unüberwindliches Hinderniß gewahr wurden; denn es zog schon eine ununterbrochene Colonne Krankenwagen, zwischen den zur Seite aufgehäuften Pflastersteinen, durch die zum Sumpf gefahrene Stadt. Als wir nun so standen abzuwarten was erreicht werden könnte, drängte sich unser Wirth, der Ludwigsritter, ohne zu grüßen an uns vorbey. Unsere Verwunderung über sein frühes und unfreundliches Erscheinen ward aber bald in Mitleid verkehrt, denn sein Bedienter, hinter ihm drein, trug ein Bündelchen auf dem Stocke, und so ward es nur allzu deutlich daß er, nachdem er vier Wochen vorher Haus und Hof wieder gesehen hatte, es nun abermals, wie wir unsre Eroberungen, verlassen mußte.

Sodann ward aber meine Aufmerksamkeit auf die bessern Pferde vor meiner Chaise gelenkt; da gestand denn die liebe Dienerschaft: daß sie die bisherigen schwachen, unbrauchbaren, gegen Zucker und Kaffee, vertauscht, sogleich aber in Requisition anderer glücklich gewesen sey. Die Thätigkeit des gewandten Liseur's war hiebey nicht zu verkennen; auch durch ihn kamen wir diesmal vom Flecke, denn er sprengte in eine Lücke der Wagenreihe und hielt das folgende Gespann so lange zurück bis wir sechs und vierspännig eingeschaltet waren; da ich mich denn frischer Luft in meinem leichten Wägelchen abermals erfreuen konnte.

Nun bewegten wir uns mit Leichenschritt, aber bewegten uns doch; der Tag brach an, wir befanden uns vor der Stadt in dem größt-möglichen Gewirr und Gewimmel. Alle Arten von Wagen, wenig Reiter, unzählige Fußgänger durchkreuzten sich auf dem großen Platze vor dem Thor. Wir zogen mit unserer Colonne rechts gegen Estain, auf einem beschränkten Fahrweg mit Graben zu beyden Seiten. Die Selbsterhaltung in einem so ungeheuren Drange kannte schon kein Mitleiden, keine Rücksicht mehr; nicht weit vor uns fiel ein Pferd vor einem Rüstwagen, man schnitt die Stränge entzwey und ließ es liegen. Als nun aber die drey übrigen die Last nicht weiter bringen konnten, schnitt man auch sie los, warf das schwerbepackte Fuhrwerk in den Graben und mit dem geringsten Aufhalte fuhren wir weiter und zugleich über das Pferd weg das sich eben erholen wollte, und ich sah ganz deutlich wie dessen Gebeine unter den Rädern knirschten und schlotterten.

Reiter und Fußgänger suchten sich von der schmalen unwegsamen Fahrstraße auf die Wiesen zu retten; aber auch diese waren zu Grunde geregnet, von ausgetretenen Gräben überschwemmt, die Verbindung der Fußpfade überall unterbrochen. Vier ansehnliche, schöne, sauber gekleidete französische Soldaten wadeten eine Zeitlang neben unseren Wagen her, durchaus nett und reinlich, und wußten so gut hin und her zu treten, daß ihr Fußwerk nur bis an die Knorren von der schmutzigen Walfahrt zeugte welche die guten Leute bestanden.

Daß man unter solchen Umständen in Gräben, auf Wiesen, Feldern und Angern todte Pferde genug erblickte, war natürliche Folge des Zustands; bald aber fand man sie auch abgedeckt, die fleischigen Theile sogar ausgeschnitten, trauriges Zeichen des allgemeinen Mangels.

So zogen wir fort, jeden Augenblick in Gefahr bey der geringsten eigenen Stockung selbst über Bord geworfen zu werden; unter welchen Umständen freylich die Sorgfalt unseres Geleitsmanns nicht genug zu rühmen und zu preisen war. Dieselbe bethätigte sich denn auch zu Estain, wo wir gegen Mittag anlangten und in dem schönen wohlgebauten Städtchen, durch Straßen und auf Plätzen, ein sinneverwirrendes

Gewimmel um und neben uns erblickten; die Masse wogte hin und her, und indem alles vorwärts drang ward jeder dem andern hinderlich.

Unvermuthet ließ unser Führer die Wagen vor einem wohlgebauten Hause des Marktes halten, wir traten ein, Hausherr und Frau begrüßten uns in ehrerbietiger Entfernung.

Man führte uns in ein getäfeltes Zimmer auf gleicher Erde, wo im schwarz-marmornen Kamin behägliches Feuer brannte. In dem großen Spiegel darüber beschauten wir uns ungern, denn ich hatte noch immer nicht die Entschließung gefaßt meine langen Haare kurz schneiden zu lassen, die jetzt wie ein verworrener Hanfrocken umherquollen; der Bart strauchig vermehrte das wilde Ansehen unserer Gegenwart.

Nun aber konnten wir aus den niedrigen Fenstern den ganzen Markt überschauend, unmittelbar das gränzenlose Getümmel beynahe mit Händen greifen. Aller Art Fußgänger, Uniformirte marode, gesunde aber trauernde Bürgerliche, Weiber und Kinder drängten und quetschten sich zwischen Fuhrwerk aller Gestalt; Rüst- und Leiterwagen, Ein- und Mehrspänner, hunderterley eigenes und requirirtes Gepferde, weichend, anstoßend hinderte sich rechts und links. Auch Hornvieh zog damit weg, wahrscheinlich geforderte weggenommene Heerden. Reiter sah man wenig, auffallend aber waren die eleganten Wagen der Emigrirten, vielfarbig lackirt, verguldet und versilbert, die ich wohl schon in Grevenmachern mochte bewundert haben. Die größte Noth entstand aber da wo die den Markt füllende Menge in eine, zwar gerade und wohlgebaute, doch verhältnißmäßig viel zu enge Straße ihren Weg einschlagen sollte. Ich habe in meinem Leben nichts ähnliches gesehn; vergleichen aber ließ sich der Anblick mit einem, erst über Wiesen und Anger ausgetretenen Strome, der sich nun wieder durch enge Brückenbogen durchdrängen und im beschränkten Bette weiter fließen soll.

Die lange, aus unsern Fenstern übersehbare Straße hinab schwoll unaufhaltsam die seltsamste Woge; ein hoher zweysitziger Reisewagen ragte über der Fluth empor. Er ließ uns an die schöne Französinnen denken, sie waren es aber nicht, sondern Graf Haugwitz den ich mit einiger Schadenfreude Schritt vor Schritt dahin wackeln sah.

Zum 11. October.
Ein gutes Essen war uns bereitet, die köstlichste Schöpsenkeule besonders willkommen; an gutem Wein und Brod fehlte es nicht, und so waren wir, neben dem größten Getümmel, in der schönsten Beruhigung: wie man auch wohl der stürmenden See, am Fuße eines Leuchtthurms, auf dem Steindamm sitzend, der wilden Wellenbewegung zusieht und dort und da ein Schiff ihrer Willkühr preis gegeben. Aber uns erwartete in diesem gastlichen Hause eine wahrhaft herzergreifende Familienscene.

Der Sohn, ein schöner junger Mann, hatte schon einige Zeit, hingerissen von den allgemeinen Gesinnungen, in Paris unter den Nationaltruppen gedient und sich dort hervorgethan. Als nun aber die Preußen eingedrungen, die Emigrirten mit der stolzen Hoffnung eines gewissen Sieges herangelangt waren, verlangten die nun auch zuversichtlichen Eltern dringend und wieder dringend der Sohn solle seine dortige Lage, die er nunmehr verabscheuen müsse, eiligst aufgeben, zurückkehren und disseits für die gute Sache fechten. Der Sohn, wider Willen, aus Pietät, kommt zurück, eben in dem Moment da Preußen, Oestreicher und Emigrirte retiriren; er eilt verzweiflungsvoll durch das Gedränge zu seinem Väterhause. Was soll er nun anfangen? und wie sollen sie ihn empfangen? Freude ihn wieder zu sehen, Schmerz ihn in dem Augenblick wieder zu verlieren; Verwirrung ob Haus und Hof in diesem

Sturm werde zu erhalten seyn. Als junger Mann dem neuen Systeme günstig kehrt er genöthigt zu einer Partey zurück die er verabscheut, und eben als er sich in dies Schicksal ergiebt sieht er diese Partey zu Grunde gehen. Aus Paris entwichen weiß er sich schon in das Sünden- und Todesregister geschrieben; und nun im Augenblick soll er aus seinem Vaterlande verbannt, aus seines Vaters Hause gestoßen werden. Die Eltern die sich gern an ihm letzen möchten, müssen ihn selbst wegtreiben und er, in Schmerzens-Wonne des Wiedersehens, weiß nicht wie er sich losreißen soll; die Umarmungen sind Vorwürfe und das Scheiden, das vor unsern Augen geschieht, schrecklich.

Unmittelbar vor unserer Stubenthüre ereignete sich das alles auf der Hausflur. Kaum war es still geworden und die Eltern hatten sich weinend entfernt, als eine Scene, fast noch wunderbarer, auffallender uns selbst ansprach, ja in Verlegenheit setzte und, obgleich herzergreifend genug, uns doch zuletzt ein Lächeln abnöthigte. Einige Bauersleute, Männer, Frauen und Kinder drangen in unsere Zimmer und warfen sich heulend und schreyend mir zu Füßen. Mit der vollen Beredsamkeit des Schmerzes und des Jammers klagten sie daß man ihr schönes Rindvieh wegtreibe, sie schienen Pächter eines ansehnlichen Gutes; ich solle nur zum Fenster hinaussehen eben treibe man sie vorbey, es hätten Preußen sich derselben bemächtigt, ich solle befehlen, solle Hülfe schaffen. Hierauf trat ich, um mich zu besinnen, ans Fenster, der leichtfertige Husar stellte sich hinter mich und sagte: verzeihen Sie! ich habe Sie für den Schwager des Königs von Preußen ausgegeben um gute Aufnahme und Bewirthung zu finden. Die Bauern hätten freylich nicht hereinkommen sollen; aber mit einem guten Wort weisen Sie die Leute an mich und scheinen überzeugt von meinen Vorschlägen.

Was war zu thun? überrascht und unwillig nahm ich mich

zusammen und schien über die Umstände nachzudenken. Wird doch, sagt ich zu mir selbst, List und Verschlagenheit im Kriege gerühmt! Wer sich durch Schelme bedienen läßt kommt in Gefahr von ihnen irre geführt zu werden. Ein Skandal unnütz und beschämend ist hier zu vermeiden. Und wie der Arzt in verzweifelten Fällen wohl noch ein Hoffnungsrecept verschreibt, entließ ich die guten Menschen mehr pantomimisch als mit Worten; dann sagt' ich mir zu meiner Beruhigung: hatte doch bey Sivry der ächte Thronfolger den bedrängten Leuten ihr Pferd nicht zusprechen können, so dürfte sich der untergeschobene Schwager des Königs wohl verzeihen, wenn er die Hülfsbedürftigen mit irgend einer klugen eingeflüsterten Wendung abzulehnen suchte.

Wir aber gelangten in finsterer Nacht nach Sebincourt, alle Fenster waren helle, zum Zeichen daß alle Zimmer besetzt seyen. An jeder Hausthüre ward protestirt, von den Einwohnern die keine neuen Gäste, von den Einquartirten die keine Genossen aufnehmen wollten. Ohne viel Umstände aber drang unser Husar ins Haus, und als er einige französische Soldaten in der Halle am Feuer fand, ersuchte er sie zudringlich vornehmen Herrn die er geleite, einen Platz am Kamin einzuräumen. Wir traten zugleich herein, sie waren freundlich und rückten zusammen, setzten sich aber bald wieder in die wunderliche Positur ihre aufgehobenen Füße gegen das Feuer zu strecken. Sie liefen auch wohl einmal im Saale hin und wieder und kehrten bald in ihre vorige Lage zurück, und nun konnt' ich bemerken, daß es ihr eigentliches Geschäft sey den untern Theil ihrer Gamaschen zu trocknen.

Gar bald aber erschienen sie mir als bekannt; es waren eben dieselbigen die heute früh neben unserm Wagen im Schlamme so zierlich einhertraten. Nun, früher als wir angelangt, hatten sie schon am Brunnen die untersten Theile gewaschen und gebürstet, trockneten sie nunmehr um morgen früh neuem

Schmutz und Unrath galant entgegen zu gehen. Ein musterhaftes Betragen, an das man sich in manchen Fällen des Lebens wohl wieder zu erinnern hat. Auch dacht' ich dabey meiner lieben Kriegskameraden, die den Befehl zur Reinlichkeit murrend aufgenommen hatten.

Doch uns dergestalt untergebracht zu haben, war dem klugen dienstfertigen Liseur nicht genug; die Fiction des Mittags, die sich so glücklich erwiesen hatte, ward kühnlich wiederholt, die hohe Generals-Person, der Schwager des Königs, wirkte mächtig und vertrieb eine ganze Masse guter Emigrirten aus einem Zimmer mit zwey Betten. Zwey Offiziere von Köhler nahmen wir dagegen in denselben Raum auf, ich aber begab mich vor die Hausthüre, zu dem alten erprobten Schlafwagen, dessen Deichsel, diesmal nach Deutschland gekehrt, mir ganz eigene Gedanken hervorrief, die jedoch durch ein schnelles Einschlummern gar bald abgeschnitten wurden.

Den 12. October.

Der heutige Weg erschien noch trauriger als der gestrige; ermattete Pferde waren öfter gefallen und lagen mit umgestürzten Wagen häufiger neben der Hochstraße auf den Wiesen. Aus den geborstenen Decken der Rüstwagen fielen gar niedliche Mantelsäcke, einem Emigrirten-Corps gehörig, hervor; das bunte zierliche Ansehn dieses herrenlosen aufgegebenen Gutes lockte die Besitzlust der Vorbeywandernden, und mancher bepackte sich mit einer Last, die er zunächst auch wieder abwerfen sollte. Daraus mag denn wohl die Rede entstanden seyn, auf dem Rückzuge seyen Emigrirte von Preußen geplündert worden.

Von ähnlichen Vorfällen erzählte man auch manches Scherzhafte; ein schwer beladener Emigrantenwagen war ebenermaßen an einer Anhöhe stecken geblieben und verlassen worden. Nachfolgende Truppen untersuchen den Inhalt, finden Kästchen von mäßiger Größe, auffallend schwer, belästigen sich gemeinschaftlich damit und schleppen sie mit unsäglicher Mühe auf die nächste Höhe. Hier wollen sie nun in die Beute und in die Last sich theilen; aber welch' ein Anblick! Aus jedem zerschlagenen Kasten fällt eine Unzahl Kartenspiele hervor und die Goldlustigen trösten sich im wechselseitigen Spott durch Lachen und Possen.

Wir aber zogen durch Longuion nach Longwy; und hier muß man, indem die Bilder bedeutender Freudenscenen aus dem Gedächtniß verschwinden, sich glücklich schätzen daß auch widerwärtige Greuelbilder sich vor der Einbildungskraft abstumpfen. Was soll ich also wiederholen, daß die Wege nicht besser wurden, daß man nach wie vor, zwischen umgestürzten Wagen, abgedeckte und frischausgeschnittene Pferde aber und abermals rechts und links verabscheute. Von Büschen schlecht bedeckte, geplünderte und ausgezogene Menschen konnte man oft genug bemerken, und endlich lagen auch die vor dem offenen Blick neben der Straße.

Uns sollte jedoch auf einem Seitenwege abermals Erquickung und Erholung werden, dagegen aber auch traurige Betrachtungen über den Zustand des wohlhabenden gutmüthigen Bürgers in schrecklichem, diesmal ganz unerwartetem Kriegs-Unheil.

Den 13. October.

Unser Führer wollte nicht freventlich seine braven, wohlhabenden Verwandten in dieser Gegend gerühmt haben; er ließ uns deshalb einen Umweg machen über Arlon, wo wir in einem schönen Städtchen, bey ansehnlichen und wackern Leuten, in einem wohlgebauten und gut eingerichteten Hause, von ihm angemeldet, gar freundlich aufgenommen wurden. Die guten Personen freuten sich selbst ihres Vettern, glaubten gewisse Besserung und nächste Beförderung schon in dem Auftrage zu sehn daß er uns, mit zwey Wagen, soviel Pferden und, wie er ihnen glauben gemacht hatte, mit vielem Geld und Kostbarkeiten, aus dem gefährlichsten Gewirre herauszuführen beehrt worden. Auch wir konnten seiner bisherigen Leitung das beste Zeugniß geben und, ob wir gleich an die Bekehrung dieses verlohrnen Sohnes nicht sonderlich glauben konnten, so waren wir ihm doch diesmal so viel schuldig geworden daß wir auch seinem künftigen Betragen einiges Zutrauen nicht ganz verweigern durften. Der Schelm verfehlte nicht mit schmeichelhaftem Wesen das Seinige zu thun und erhielt wirklich, in der Stille, von den braven Leuten ein artiges Geschenk in Gold. Wir erquickten uns dagegen an gutem kalten Frühstück und dem trefflichsten Wein und beantworteten die Fragen der, freylich auch sehr erstaunten, wackern Leute, wegen der wahrscheinlichen nächsten Zukunft, so schonend als möglich.

Vor dem Hause hatten wir ein paar sonderbare Wagen bemerkt, länger und theilweise höher als gewöhnliche Rüstwagen, auch an der Seite mit wunderlichen Ansätzen geformt; mit rege gewordener Neugier fragte ich nach diesem seltsamen Fuhrwerke, man antwortete mir zutraulich, aber mit Vorsicht: es sey darin die Assignaten-Fabrik der Emigrirten enthalten, und bemerkte dabey was für ein gränzenloses Unglück dadurch über die Gegend gebracht worden. Denn, da man sich seit einiger Zeit der ächten Assignate kaum erwehren könne, so habe man nun auch, seit dem Einmarsch der Alliirten, diese falschen in Umlauf gezwungen. Aufmerksame Handelsleute hätten dagegen sogleich, ihrer Sicherheit willen, diese verdächtige Papierwaare nach Paris zu senden und sich von dorther officielle Erklärung ihrer Falschheit zu verschaffen gewußt, dies verwirre aber Handel und Wandel ins Unendliche: denn da man bey den ächten Assignaten sich nur zum Theil gefährdet finde, bey den falschen aber gewiß gleich um das Ganze betrogen sey, auch beym ersten Anblick niemand sie zu unterscheiden vermöge; so wisse kein Mensch mehr was er geben und was er empfangen solle, dies verbreite schon bis Luxemburg und Trier solche Ungewißheit, Mißtrauen und Bangigkeit daß nunmehr von allen Seiten das Elend nicht größer werden könne.

Bey allen solchen schon erlittenen und noch zu fürchtenden Unbilden zeigten sich diese Personen in bürgerlicher Würde, Freundlichkeit und gutem Benehmen zu unserer Verwunderung, wovon uns in den französischen ernsten Dramen alter und neuer Zeit ein Abglanz herüber gekommen ist. Von einem solchen Zustande können wir uns in eigner vaterländischer Wirklichkeit und ihrer Nachbildung keinen Begriff machen. Die Petite Ville mag lächerlich seyn, die deutschen Kleinstädter sind dagegen absurd.

Den 14. October.
Sehr angenehm überrascht fuhren wir von Arlon nach Luxemburg auf der besten Kunststraße, und wurden in diese sonst so wichtige und wohlverwahrte Festung eingelassen wie in jedes Dorf, in jeden Flecken. Ohne irgend angehalten oder befragt zu werden, sahen wir uns nach und nach innerhalb der Außenwerke, der Wälle, Gräben, Zugbrücken, Mauern und Thore; unserm Führer, der Mutter und Vater hier zu finden vorgab, das Weitere vertrauend. Ueberdrängt war die Stadt von Blessirten und Kranken, von thätigen Menschen, die sich selbst, Pferde und Fuhrwerk wieder herzustellen trachteten.

Unsere Gesellschaft, die sich bisher zusammengehalten

hatte, mußte sich trennen; mir verschaffte der gewandte Quartiermeister ein hübsches Zimmer, das aus dem engsten Höfchen, wie aus einer Feueresse, doch bey sehr hohen Fenstern genugsames Licht erhielt. Hier wußte er mich mit meinem Gepäck und sonst gar wohl einzurichten und für alle Bedürfnisse zu sorgen; er gab mir den Begriff von den Haus- und Miethleuten des Gebäudes und versicherte: daß ich gegen eine kleine Gabe sobald nicht ausgetrieben und wohl behandelt werden sollte.

Hier konnt' ich nun zum erstenmal den Koffer wieder aufschließen und mich meiner Reise-Habseligkeiten, des Geldes, der Manuscripte wieder versichern. Das Convolut zur Farbenlehre bracht' ich zuerst in Ordnung, immer meine frühste Maxime vor Augen: die Erfahrung zu erweitern und die Methode zu reinigen. Ein Kriegs- und Reisetagebuch mocht' ich gar nicht anrühren. Der unglückliche Verlauf der Unternehmung, der noch Schlimmeres befürchten ließ, gab immer neuen Anlaß zum Wiederkäuen des Verdrusses und zu neuem Aufregen der Sorge. Meine stille, von jedem Geräusch abgeschlossene Wohnung gewährte mir wie eine Klosterzelle vollkommenen Raum zu den ruhigsten Betrachtungen, dagegen ich mich, sobald ich nur den Fuß vor die Hausthüre hinaussetzte, in dem lebendigsten Kriegsgetümmel befand und nach Lust das wunderlichste Local durchwandlen konnte das vielleicht in der Welt zu finden ist.

Den 15. October.
Wer Luxemburg nicht gesehen hat wird sich keine Vorstellung von diesem an und über einander gefügten Kriegsgebäude machen. Die Einbildungskraft verwirrt sich wenn man die seltsame Mannigfaltigkeit wieder hervorrufen will, mit der sich das Auge des hin- und hergehenden Wanderers kaum be-

freunden konnte. Plan und Grundriß vor sich zu nehmen wird nöthig seyn, Nachstehendes nur einigermaßen verständlich zu finden.

Ein Bach Petrus genannt, erst allein, dann verbunden mit dem entgegen kommenden Fluß, die Else, schlingt sich mäanderartig zwischen Felsen durch und um sie herum, bald im natürlichen Lauf, bald durch Kunst genöthigt. Auf dem linken Ufer liegt hoch und flach die alte Stadt; sie, mit ihren Festungswerken nach dem offenen Lande zu, ist andern befestigten Städten ähnlich. Als man nun für die Sicherheit derselben nach Westen Sorge getragen, sah man wohl ein daß man sich auch gegen die Tiefe wo das Wasser fließt zu verwahren habe; bey zunehmender Kriegskunst war auch das nicht hinreichend, man mußte, auf dem rechten Ufer des Gewässers, nach Süden, Osten und Norden, auf ein- und ausspringenden Winkeln unregelmäßiger Felspartien neue Schanzen vorschieben, nöthig immer eine zur Beschützung der andern. Hieraus entstand nun eine Verkettung unübersehbarer Bastionen, Redouten, halber Monde und solches Zangen- und Krakelwerk als nur die Vertheidigungskunst im seltsamsten Falle zu leisten vermochte.

Nichts kann deshalb einen wunderlichern Anblick gewähren als das, mitten durch dies alles, am Flusse sich hinabziehende enge Thal, dessen wenige Flächen, dessen sanft oder steil aufsteigende Höhen zu Gärten angelegt, in Terrassen abgestuft und mit Lusthäusern belebt sind; von wo aus man auf die steilsten Felsen, auf hochgethürmte Mauern rechts und links hinaufschaut. Hier findet sich soviel Größe mit Anmuth, so viel Ernst mit Lieblichkeit verbunden, daß wohl zu wünschen wäre Poussin hätte sein herrliches Talent in solchen Räumen bethätigt.

Nun besaßen die Eltern unseres lockeren Führers in dem Pfaffenthal einen artigen abhängigen Garten, dessen Genuß sie mir gern und freundlich überließen. Kirche und Kloster, nicht weit entfernt, rechtfertigte den Namen dieses Elysiums und in dieser geistlichen Nachbarschaft schien auch den weltlichen Bewohnern Ruh und Friede verheißen, ob sie gleich mit jedem Blick in die Höhe an Krieg, Gewalt und Verderben erinnert wurden.

Jetzt nun aber aus der Stadt, wo das unselige Kriegsnachspiel mit Lazarethen, abgerissenen Soldaten, zerstückten Waffen, herzustellenden Axen, Rädern und Lavetten, zugleich mit sonstigen Trümmern aller Art aufgeführt wurde, in eine solche Stille zu flüchten war höchst wohlthätig; aus den Straßen zu entweichen, wo Wagner, Schmiede und andre Gewerke ihr Wesen öffentlich unermüdet und geräuschvoll treiben, und sich in das Gärtchen im geistlichen Thale zu verbergen war höchst behaglich. Hier fand ein Ruhe- und Sammlungbedürftiger das willkommenste Asyl.

Den 16. October.

Die allen Begriff übersteigende Mannigfaltigkeit der auf- und aneinander gethürmten, gefügten Kriegsgebäude, die bey jedem Schritt vor- oder rückwärts, auf- oder abwärts ein anderes Bild zeigten, riefen die Lust hervor wenigstens etwas davon aufs Papier zu bringen. Freylich mußte diese Neigung auch wieder einmal sich regen, da seit soviel Wochen mir kaum ein Gegenstand vor die Augen gekommen der sie geweckt hätte. Unter andern fiel es sonderbar auf daß so manche gegeneinander überstehende Felsen, Mauern und Vertheidigungswerke in der Höhe durch Zugbrücken, Gallerien und gewisse wunderliche Vorrichtungen, verbunden waren. Irgend jemand vom Metier hätte dieses alles mit Kunstaugen angesehen und sich mit Soldatenblick der sichern Einrichtung erfreut; ich aber konnte nur den malerischen Effect ihr abgewinnen und hätte gar zu gern, wäre nicht alles Zeichnen an und in den Festungen höchlich verpönt, meine Nachbildungskräfte hier in Uebung gesetzt.

Den 19. October.
Nachdem ich nun also mehrere Tage in diesen Labyrinthen, wo Naturfels und Kriegsgebäu wetteifernd, seltsam steile Schluchten gegeneinander aufgethürmt und daneben Pflanzen-Wachsthum, Baumzucht und Lustgebüsch nicht ausgeschlossen, mich sinnend und denkend einsam genug herumgewunden hatte, fing ich an, nach Hause kommend, die Bilder, wie sie sich der Einbildungskraft nach und nach einprägten, aufs Papier zubringen, unvollkommen zwar doch hinreichend das Andenken eines höchst seltsamen Zustandes einigermaßen festzuhalten.

Den 20. October.
Ich hatte Zeit gewonnen das kurz Vergangene zu überdenken, aber je mehr man dachte je verworrener und unsicherer ward alles vor dem Blicke. Auch sah ich daß wohl das Nothwendigste seyn möchte sich auf das unmittelbar Bevorstehende zu bereiten. Die wenigen Meilen bis Trier mußten zurückgelegt werden; aber was mochte dort zu finden seyn, da nun die Herren selbst mit andern Flüchtlingen sich nachdrängten.

Als das Schmerzlichste jedoch was einen jeden, mehr oder weniger resignirt wie er war, mit einer Art von Furienwuth ergriff, empfand man die Kunde, die sich nicht verbergen ließ, daß unsere höchsten Heerführer mit den vermaledeyten, durch das Manifest dem Untergang gewidmeten, durch die schrecklichsten Thaten abscheulich dargestellten

Aufrührern doch übereinkommen, ihnen die Festungen übergeben mußten, um nur sich und den ihrigen eine mögliche Rückkehr zu gewinnen. Ich habe von den unsrigen gesehen für welche der Wahnsinn zu fürchten war.

Den 22. October.
Auf dem Wege nach Trier fand sich bey Grevenmachern nichts mehr von jener galanten Wagenburg; öde, wüst und zerfahren lagen die Anger und die weit und breiten Spuren deuteten auf jenes vorübergegangene flüchtige Daseyn. Am Posthaus fuhr ich diesmal mit requirirten Pferden ganz im Stillen vorbey, das Briefkästchen stand noch auf seinem Platze, kein Gedränge war umher; man konnte sich der wunderlichsten Gedanken nicht erwehren.

Doch ein herrlicher Sonnenblick belebte so eben die Gegend als mir das Monument von Igel, wie der Leuchtthurm einem nächtlich Schiffenden, entgegen glänzte.

Vielleicht war die Macht des Alterthums nie so gefühlt worden als an diesem Contrast. Ein Monument, zwar auch kriegerischer Zeiten, aber doch glücklicher, siegreicher Tage und eines dauernden Wohlbefindens rühriger Menschen in dieser Gegend.

Ob gleich in später Zeit unter den Antoninen erbaut, behält es immer noch von trefflicher Kunst soviel Eigenschaften übrig daß es uns im Ganzen anmuthig ernst zuspricht und aus seinen, obgleich sehr beschädigten Theilen das Gefühl eines fröhlich-thätigen Daseyns mittheilt. Es hielt mich lange fest; ich notirte manches, ungern scheidend, da ich mich nur desto unbehaglicher in meinem erbärmlichen Zustande fühlte.

Doch auch jetzt wechselte schnell wieder eine freudige Aussicht in der Seele, die bald darauf zur Wirklichkeit gelangte.

Den 23. October.
Wir brachten unserm Freunde, Lieutenant von Fritsch, den wir auf seinem Posten widerwillig zurückgelassen, die erwünschte Nachricht daß er den Militair-Verdienst-Orden erhalten habe, mit Recht, wegen einer braven That, und mit Glück, ohne an unserm Jammer Theil genommen zu haben. Die Sache verhielt sich aber also.

Die Franzosen, weil sie uns weit genug ins Land vorgedrungen, uns in bedeutender Entfernung, in großer Noth wußten, versuchten im Rücken einen unvermutheten Streich; sie näherten sich Trier in bedeutender Anzahl, sogar mit Kanonen. Lieutenant von Fritsch erfährt es und mit weniger Mannschaft geht er dem Feinde entgegen, der, über die Wachsamkeit stutzend, mehr anrückende Truppen befürchtend, nach kurzem Gefecht sich bis Merzig zurückzieht und nicht wieder erscheint. Dem Freunde war das Pferd blessirt, durch dieselbe Kugel sein Stiefel gestreift, dagegen er aber auch als Sieger zurückkehrend aufs Beste empfangen wird. Der Magistrat, die Bürgerschaft erzeigen ihm alle mögliche Aufmerksamkeit; auch die Frauenzimmer, die ihn bisher als einen hübschen jungen Mann gekannt, erfreuen sich nun doppelt an ihm als einem Helden.

Sogleich berichtet er seinem Cheff den Vorfall, der wie billig dem Könige vorgetragen wird, worauf denn der blaue Kreuzstern erfolgt. Die Glückseligkeit des braven Jünglings, dessen lebhafteste Freude mitzufühlen war ein ungemeiner Genuß; ihn hatte das Glück das uns vermied in unserm Rücken aufgesucht und er sah sich für den militairischen Gehorsam belohnt, der ihn an einer unthätigen Lage zu fesseln schien.

Den 24. October.
Der Freund hatte mir bey jenem Kanonikus abermals Quartier verschafft. Auch ich war von der allgemeinen Krankheit nicht ganz frey geblieben, und bedurfte daher einiger Arzney und Schonung.

In diesen ruhigen Stunden nahm ich sogleich die kurzen Bemerkungen vor, die ich bey dem Monument zu Igel aufgezeichnet hatte.

Soll man den allgemeinsten Eindruck aussprechen, so ist hier Leben dem Tod, Gegenwart der Zukunft entgegengestellt und beyde unter einander im ästhetischen Sinne aufgehoben. Dies war die herrliche Art und Weise der Alten, die sich noch lange genug in der Kunstwelt erhielt.

Die Höhe des Monuments kann siebzig Fuß betragen, es steigt in mehreren architektonischen Abtheilungen obeliskenartig hinauf; erst der Grund, auf diesem ein Sockel, sodann die Hauptmasse, darüber eine Attike, sodann ein Fronton und zuletzt eine wundersam sich aufschlingende Spitze wo sich die Reste einer Kugel und eines Adlers zeigen. Jede dieser Abtheilungen ist mit den Gliedern aus denen sie besteht, durchaus mit Bildern und Zierrathen geschmückt.

Diese Eigenschaft deutet denn freylich auf spätere Zeiten: denn dergleichen tritt ein sobald sich die reine Proportion im Ganzen verliert, wie denn auch hier daran manches zu erinnern seyn möchte.

Dem ungeachtet muß man anerkennen daß dieses Werk auf eine erst kurz vergangene höhere Kunst gegründet ist. So waltet denn auch über das Ganze der antike Sinn in dem das wirkliche Leben dargestellt wird, allegorisch gewürzt durch mythologische Andeutungen. In dem Hauptfelde Mann und Frau von colossaler Bildung sich die Hände reichend, durch eine dritte verloschene Figur als einer segnenden verbunden. Sie stehen zwischen zwey sehr verzierten, mit übereinander gestellten tanzenden Kindern geschmückten Pilastern.

Alle Flächen sodann deuten auf die glücklichsten Familien-Verhältnisse, übereindenkende und wirkende Verwandte, redliches genußreiches Zusammenleben darstellend.

Aber eigentlich waltet überall die Thätigkeit vor; ich getraue mir jedoch nicht alles zu erklären. In einem Felde scheinen sich Geschäft-überlegende Handelsleute versammelt zu haben; offenbar aber sind beladene Schiffe, Delphine als Verzierung, Transport auf Saumrossen, Ankunft von Waaren und deren Beschauen, und was sonst noch menschliches und natürliches mehr vorkommen dürfte.

Sodann aber auch im Zodiak ein rennendes Pferd, das vielleicht vormals Wagen und Lenker hinter sich zog, in Friesen, sodann sonstigen Räumen und Giebelfeldern Bacchus, Faunen, Sol und Luna, und was sonst noch Wunderbares Knopf und Gipfel verzieren und verziert haben mag.

Das Ganze ist höchst erfreulich und man könnte, auf der Stufe wo heut zu Tag Bau- und Bildkunst stehen, in diesem Sinne ein herrliches Denkmal den würdigsten Menschen, ihren Lebensgenüssen und Verdiensten gar wohl errichten. Und so war es mir denn recht erwünscht, mit solchen Betrachtungen beschäftigt, den Geburtstag unserer verehrten Herzogin Amalie im Stillen zu feyern, ihr Leben, ihr edles Wirken und Wohlthun umständlich zurück zu rufen; woraus sich denn ganz natürlich die Aufregung ergab ihr in Gedanken einen gleichen Obelisk zu widmen, und die sämmtlichen Räume mit ihren individuellen Schicksalen und Tugenden charakteristisch zu verzieren.

Trier den 25. October.
Die mir nunmehr gegönnte Ruh- und Bequemlichkeit benutzte ich nun ferner manches zu ordnen und aufzubewahren was ich in den wildesten Zeiten bearbeitet hatte. Ich recapitulirte und redigirte meine chromatischen Acten, zeichnete mehrere Figuren zu den Farbentafeln, die ich oft genug veränderte um das was ich darstellen und behaupten wollte immer anschaulicher zu machen. Hierauf dacht ich denn auch meinen dritten Theil von Fischers physikalischem Lexicon wieder zu erlangen. Auf Erkundigung und Nachforschen fand ich endlich die Küchmagd im Lazareth, das man mit ziemlicher Sorgfalt in einem Kloster errichtet hatte. Sie litt an der allgemeinen Krankheit, doch waren die Räume luftig und reinlich; sie erkannte mich, konnte aber nicht reden, nahm den Band unter dem Haupte hervor und übergab mir ihn so reinlich und wohl erhalten als ich ihn überliefert hatte, und ich hoffe die Sorgfalt der ich sie empfahl wird ihr zu gute gekommen seyn.

Ein junger Schullehrer, der mich besuchte und mir verschiedene der neusten Journale mittheilte, gab Gelegenheit zu erfreulichen Unterhaltungen. Er verwunderte sich, wie soviel andere, daß ich von Poesie nichts wissen wolle, dagegen auf Naturbetrachtungen mich mit ganzer Kraft zu werfen schien. Er war in der Kantischen Philosophie unterrichtet, und ich konnte ihm daher auf den Weg deuten den ich eingeschlagen hatte. Wenn Kant in seiner Kritik der Urtheilskraft der ästhetischen Urtheilskraft die teleologische zur Seite stellt; so ergiebt sich daraus daß er andeuten wolle: ein Kunstwerk solle wie ein Naturwerk, ein Naturwerk wie ein Kunstwerk behandelt und der Werth eines jeden aus sich selbst entwickelt, an sich selbst betrachtet werden. Ueber solche Dinge konnte ich sehr beredt seyn und glaube dem guten jungen Mann einigermaßen genutzt zu haben. Es ist wundersam wie eine jede Zeit

Wahrheit und Irrthum aus dem Kurzvergangenen, ja dem Längstvergangenen mit sich trägt und schleppt, muntere Geister jedoch sich auf neuer Bahn bewegen, wo sie sich's denn freylich gefallen lassen meist allein zu gehen, oder einen Gesellen auf eine kurze Strecke mit sich fortzuziehen.

Trier den 26. October.
Nun durfte man aber aus solchen ruhigen Umgebungen nicht heraustreten ohne sich wie im Mittelalter zu finden, wo Klostermauern und der tollste unregelmäßigste Kriegszustand mit einander immerfort contrastirten. Besonders jammerten einheimische Bürger so wie zurückkehrende Emigrirte über das schreckliche Unheil was durch die falschen Assignaten über Stadt und Land gekommen war. Schon hatten Handelshäuser gewußt dergleichen nach Paris zu bringen und von dort die Falschheit, völlige Ungültigkeit, die höchste Gefahr vernommen sich mit dergleichen nur irgend abzugeben. Daß die echten gleichfalls dadurch in Mißkredit geriethen, daß man bey völliger Umkehrung der Dinge auch wohl die Vernichtung aller dieser Papiere zu fürchten habe, fiel Jederman auf. Dieses ungeheure Uebel nun gesellte sich zu den übrigen so daß es vor der Einbildungskraft und dem Gefühl ganz gränzenlos erschien; ein verzweiflungsvoller Zustand, demjenigen ähnlich wenn man eine Stadt vor sich niederbrennen sieht.

Trier den 28. October.
Die Wirthstafel, an der man übrigens ganz wohl versorgt war, gab auch ein sinneverwirrendes Schauspiel; Militairs und Angestellte, aller Art Uniform, Farben und Trachten, im Stillen

mißmuthig auch wohl in Aeusserungen heftig, aber alle wie in einer gemeinsamen Hölle zusammengefaßt.

Daselbst begegnete mir ein wahrhaft rührendes Ereigniß; ein alter Husaren-Offizier, mittlerer Größe, grauen Bartes und Haares und funkelnden Auges, kam nach Tisch auf mich zu, ergriff mich bey der Hand und fragte: ob ich denn das alles auch mit ausgestanden habe? Ich konnte ihm einiges von Valmy und Hans erzählen, woraus er sich denn gar wohl das übrige nachbilden konnte. Hierauf fing er mit Enthusiasmus und warmem Antheil zu sprechen an, Worte die ich nachzuschreiben kaum wage, des Inhalts: es sey schon unverantwortlich daß man sie, deren Metier und Schuldigkeit es bleibe dergleichen Zustände zu erdulden und ihr Leben dabey zuzusetzen, in solche Noth geführt die vielleicht kaum jemals erhört worden; daß aber auch ich (er drückte seine gute Meinung über meine Persönlichkeit und meinen Arbeiten aus) das hätte mit erdulden sollen, darüber wollt' er sich nicht zufrieden geben. Ich stellte ihm die Sache von der heitern Seite vor, von der Seite mit meinem Fürsten, dem ich nicht ganz unnütz gewesen, mit so vielen wackren Kriegsmännern zu eigner Prüfung diese wenigen Wochen her geduldet zu haben; allein er blieb bey seiner Rede, indessen ein Civilist zu uns trat und dagegen erwiederte: man sey mir Dank schuldig daß ich das alles mit ansehen wollen, indem man sich nun gar wohl, von meiner geschickten Feder, Darstellung und Aufklärung erwarten könne. Der alte Degen wollte davon auch nichts wissen und rief: glaubt es nicht, er ist viel zu klug! was er schreiben dürfte mag er nicht schreiben, und was er schreiben möchte wird er nicht schreiben!

Uebrigens mochte man kaum hie und da hinhorchen, der Verdruß war gränzenlos. Und wie es schon eine verdrießliche Empfindung erregt wenn glückliche Menschen nicht ablassen uns ihr Behagen vor zu rechnen, so ist es noch viel unausstehlicher wenn uns ein Unheil das wir selbst aus dem Sinne schlagen möchten immer wiederkäuend vorgetragen wird. Von den Franzosen, die man haßte, aus dem Lande gedrängt zu seyn, genöthigt mit ihnen zu unterhandeln, mit den Männern des zehnten Augusts sich zu befreunden, das alles war für Geist und Gemüth so hart als bisher die körperliche Duldung gewesen. Man schonte der obersten Leitung nicht und das Vertrauen, das man dem berühmten Feldherrn so lange Jahre gegönnt hatte, schien für immer verloren.

Trier den 29. October.
Als man sich nun auf deutschem Grund und Boden wiederfand und aus der ungeheuersten Verwirrung zu entwickeln hoffen durfte, traf uns die Nachricht von Custines verwegenen und glücklichen Unternehmungen. Das große Magazin zu Speier war in seine Hände gerathen, er hatte darauf gewußt eine Uebergabe von Mainz zu bewirken. Diese Schritte schienen die gränzenlosesten Uebel nach sich zu ziehen, sie deuteten auf einen außerordentlichen, so kühnen als folgerechten Geist und da mußte denn schon alles verloren seyn. Nichts fand man wahrscheinlicher und natürlicher als daß auch schon Coblenz von den Franken besetzt sey, und wie sollten wir unsern Rückweg antreten! Frankfurt gab man in Gedanken gleichfalls auf; Hanau und Aschaffenburg an einer, Cassel an der andern Seite sah man bedroht und was nicht alles zu fürchten! Vom unseligen Neutralitätssystem die nächsten Fürsten paralysirt, desto lebendig thätiger die von revolutionairen Gesinnungen ergriffene Masse. Sollte man, wie Mainz bearbeitet worden, nicht auch die Gegend und die nächst anstoßenden Provinzen zu Gesinnungen vorbereiten und die

schon entwickelten schleunig benutzen? Das alles mußte zum Gedanken, zur Sprache kommen.

Oefters hört' ich wiederholen: sollten die Franzosen wohl ohne große Ueberlegung und Umsicht, ohne starke Heeresmacht solche bedeutende Schritte gethan haben? Custinens Handlungen schienen so kühn als vorsichtig; man dachte sich ihn, seine Gehülfen, seine Obern als weise, kräftige, consequente Männer. Die Noth war groß und sinneverwirrend, unter allen bisher erduldeten Leiden und Sorgen ohne Frage die größte.

Mitten in diesem Unheil und Tumulte fand mich ein verspäteter Brief meiner Mutter, ein Blatt das an jugendlichruhige städtisch-häusliche Verhältnisse gar wundersam erinnerte. Mein Oheim Schöff Textor war gestorben, dessen nahe Verwandtschaft mich von der ehrenhaft wirksamen Stelle eines Frankfurter Rathsherrn bey seinen Lebzeiten ausschloß, worauf man, herkömmlich löblicher Sitte gemäß, meiner sogleich gedachte, der ich unter den Frankfurter Graduirten ziemlich weit vorgerückt war.

Meine Mutter hatte den Auftrag erhalten bey mir anzufragen: ob ich die Stelle eines Rathsherrn annehmen würde, wenn mir, unter die Loosenden gewählt, die goldene Kugel zufiele? Vielleicht konnte eine solche Anfrage in keinem seltsamern Augenblicke anlangen als in dem gegenwärtigen; ich war betroffen, in mich selbst zurück gewiesen; tausend Bilder stiegen vor mir auf und ließen mich nicht zu Gedanken kommen. Wie aber ein Kranker oder Gefangener sich wohl im Augenblicke an einem erzählten Mährchen zerstreut, so war auch ich in andere Sphären und Jahre versetzt.

Ich befand mich in meines Großvaters Garten, wo die reich mit Pfirsichen gesegneten Spaliere, des Enkels Appetit gar lüstern ansprachen und nur die angedrohte Verweisung aus diesem Paradiese, nur die Hoffnung die reifste rothbäckigste

Frucht aus des wohlthätigen Ahnherrn eigner Hand zu erhalten, solche Begierde bis zum endlichen Termin einigermaßen beschwichtigen konnte.

Sodann erblickt' ich den ehrwürdigen Altvater um seine Rosen beschäftigt, wie er, gegen die Dornen, mit alterthümlichen Handschuhen, als Tribut überreicht von Zoll-befreyten Städten, sich vorsichtig verwahrte dem edlen Laertes gleich, nur nicht wie dieser sehnsüchtig und kummervoll. Dann erblickt' ich ihn im Ornat als Schultheiß, mit der goldnen Kette, auf dem Thronsessel unter des Kaisers Bildniß; sodann leider im halben Bewußtseyn einige Jahre auf dem Krankenstuhle, und endlich im Sarge.

Bey meiner letzten Durchreise durch Frankfurth hatte ich meinen Oheim im Besitz des Hauses, Hofes und Gartens gefunden, der als wackrer Sohn, dem Vater gleich, die höheren Stufen freystädtischer Verfassung erstieg. Hier im traulichen Familienkreis, in dem unveränderten alt bekannten Local, riefen sich jene Knaben-Erinnerungen lebhaft hervor und traten mir nun neukräftig vor die Augen.

Sodann gesellten sich zu ihnen andere jugendliche Vorstellungen, die ich nicht verschweigen darf. Welcher Reichstädtische Bürger wird läugnen daß er, früher oder später, den Rathsherrn, Schöff und Burgemeister im Auge gehabt und, seinem Talent gemäß, nach diesen vielleicht auch nach minderen Stellen emsig und vorsichtig gestrebt: denn der süße Gedanke, an irgend einem Regimente Theil zu nehmen erwacht gar bald in der Brust eines jeden Republicaners, lebhafter und stolzer schon in der Seele des Knaben.

Diesen freundlichen Kinderträumen konnt' ich mich jedoch nicht lange hingeben, nur allzuschnell aufgeschreckt besah ich mir die ahnungsvolle Localität die mich umfaßte, die traurigen Umgebungen die mich beengten und zugleich die Aussicht nach der Vaterstadt getrübt ja verfinstert. Mainz in französischen Händen, Frankfurt bedroht, wo nicht schon eingenommen, der Weg dort hin versperrt und innerhalb jener Mauern, Straßen, Plätze, Wohnungen, Jugendfreunde, Blutverwandte vielleicht schon von demselben Unglück ergriffen daran ich Longwy und Verdun so grausam hatte leiden sehen; wer hätte gewagt sich in solchen Zustand zu stürzen!

Aber auch in der glücklichsten Zeit jenes ehrwürdigen Staats-Körpers wäre mir nicht möglich gewesen auf diesen Antrag einzugehen; die Gründe waren nicht schwer auszusprechen. Seit zwölf Jahren genoß ich eines seltenen Glückes, des Vertrauens wie der Nachsicht des Herzogs von Weimar. Dieser von der Natur höchst begünstigte, glücklich ausgebildete Fürst ließ sich meine wohlgemeynten, oft unzulänglichen Dienste gefallen und gab mir Gelegenheit mich zu entwickeln, welches unter keiner andern vaterländischen Bedingung möglich gewesen wäre; meine Dankbarkeit war ohne Gränzen so wie die Anhänglichkeit an die hohen Frauen Gemalin und Mutter, an die heranwachsende Familie, an ein Land, dem ich doch auch manches geleistet hatte. Und mußte ich nicht zugleich jenes Zirkels neuerworbener höchstgebildeter Freunde gedenken, auch so manches andern häuslich Lieben und Guten was sich aus meinen treubeharrlichen Zuständen entwickelt hatte. Diese bey solcher Gelegenheit abermals erregten Bilder und Gefühle erheiterten mich auf einmal in dem betrübtesten Augenblick: denn man ist schon halb gerettet wenn man, aus traurigster Lage im fremden Land, einen hoffnungsvollen Blick in die gesicherte Heimat zu thun aufgeregt wird; so genießen wir disseits auf Erden was uns jenseits der Sphären zugesagt ist.

In solchem Sinne begann ich den Brief an meine Mutter, und wenn sich diese Beweggründe zunächst auf mein Gefühl, auf persönliches Behagen, individuellen Vortheil zu beziehen schienen, so hatt' ich noch andere hinzuzufügen die auch das

Wohl meiner Vaterstadt berücksichtigten und meine dortigen Gönner überzeugen konnten.

Denn wie sollt ich mich in dem ganz eigenthümlichen Kreise thätig wirksam erzeigen, wozu man vielleicht mehr als zu jedem andern treulich herangebildet seyn muß. Ich hatte mich seit soviel Jahren zu Geschäften meinen Fähigkeiten angemessen gewöhnt, und zwar solchen, die zu städtischen Bedürfnissen und Zwecken kaum verlangt werden möchten. Ja ich durfte hinzufügen: daß wenn eigentlich nur Bürger in den Rath aufgenommen werden sollten, ich nunmehr jenem Zustand so entfremdet sey um mich völlig als einen Auswärtigen zu betrachten.

Dieses alles gab ich meiner Mutter dankbar zu erkennen, welche sich auch wohl nichts anderes erwartete. Freylich mag dieser Brief spät genug zu ihr gelangt seyn.

Trier den 29. October.

Mein junger Freund, mit dem ich gar manche angenehme wissenschaftliche und literarische Unterhaltung genoß, war auch im Geschichtlichen der Stadt und Umgebung gar wohl erfahren. Unsere Spatziergänge bey leidlichem Wetter waren deshalb immer belehrend und ich konnte mir das Allgemeinste merken.

Die Stadt an sich hat einen auffallenden Charakter, sie behauptet mehr geistliche Gebäude zu besitzen als irgend eine andere von gleichem Umfang und möchte ihr dieser Ruhm wohl kaum zu läugnen seyn; denn sie ist innerhalb der Mauer von Kirchen, Capellen, Klöstern, Conventen, Collegien, Ritter- und Brüdergebäuden belastet ja erdrückt; außerhalb von Abteyen, Stiftern, Carthausen blokirt ja belagert.

Dieses zeugt denn von einem weiten geistlichen Wirkungskreis, welchen der Erzbischoff sonst von hier aus beherrschte, denn seine Diöces war auf Metz, Toul und Verdun ausgedehnt. Auch dem weltlichen Regiment fehlt es nicht an schönen Besitzthümern, wie denn der Churfürst von Trier auf beyden Seiten der Mosel ein herrliches Land beherrscht, und so fehlt es auch Trier nicht an Pallästen, welche beweisen daß zu verschiedener Zeit von hier aus die Herrschaft sich weit und breit erstreckte.

Der Ursprung der Stadt verliert sich in die Fabelzeit; das erfreuliche Local mag früh genug Anbauende hierher gelockt haben. Die Trevirer waren ins römische Reich eingeschlossen, erst Heiden dann Christen, von Normannen und von Franken überwältigt, und zuletzt ward das schöne Land dem römisch-deutschen Reiche einverleibt.

Ich wünschte wohl die Stadt in guter Jahrszeit, an friedlichen Tagen zu sehen, ihre Bürger näher kennen zu lernen, welche von jeher den Ruf haben freundlich und fröhlich zu seyn. Von erster Eigenschaft finden sich in diesem Augenblicke wohl noch Spuren, von der zweyten kaum; und wie sollte Fröhlichkeit sich in einem so widerwärtigen Zustande erhalten.

Freylich wer in die Annalen der Stadt zurücksieht findet wiederholte Nachricht von Kriegsunheil das diese Gegend betroffen, da das Moselthal, ja der Fluß selbst dergleichen Züge begünstigt. Attila sogar aus dem fernsten Osten hatte mit seinem unzählbaren Heere Vor- und Rückzug, wie wir, durch diese Flußregion genommen. Was erduldeten die Einwohner nicht im dreißigjährigen Kriege, bis zu Ende des siebzehnten Jahrhunderts, indem sich der Fürst an Frankreich als den nachbarlichsten Alliirten angeschlossen hatte, und darüber in langwierige österreichische Gefangenschaft gerieth. Auch an inneren Kriegen erkrankte die Stadt mehr als einmal, wie es überall in bischöflichen Städten sich ereignen mußte, wo der Bürger mit geistlich-weltlicher Obergewalt sich nicht immer vertragen konnte.

Mein Führer, indem er mich geschichtlich unterrichtete, machte mich auf Gebäude der verschiedensten Zeit aufmerksam, wovon das meiste curios, und daher wohl merkwürdig schien, weniges aber dem Geschmacks-Urtheil erfreulich zusagte, wie vorher an dem Monumente zu Igel gerühmt werden konnte.

Die Reste des römischen Amphitheaters fand ich respectabel; da aber das Gebäude über sich selbst zusammengestürzt und wahrscheinlich mehrere Jahrhunderte als Steinbruch behandelt war, ließ sich nichts entziffern. Bewundernswerth jedoch war noch immer, wie die Alten ihrer Weisheit gemäß große Zwecke mit mäßigen Mitteln hervorzubringen suchten, und die Naturgelegenheit eines Thals zwischen zwey Hügeln zu nutzen gewußt, wo die Gestalt des Bodens an Excavation und Substruction dem Baumeister vieles glücklich ersparte. Wenn man nun von den ersten Höhen des Martis-Berges, wo diese Ruine gelegen, etwas weiter aufsteigt, so sieht man über alle Reliquien der Heiligen, über Dome, Dächer und Schirme nach dem Apollo-Berg hinüber, und so behaupten beyde Götter, den Merkur zur Seite, ihres Namens Gedächtniß; die Bilder waren zu beseitigen, der Genius nicht.

Zu Betrachtung der Baukunst früherer Mittelzeit bietet Trier merkwürdige Monumente; ich habe von solchen Dingen wenige Kenntniß und sie sprechen nicht zum gebildeten Sinn. Mich wollte der Anblick bey einiger Theilnahme verwirren; manches davon ist verschüttet, zerstückt, zu anderm Gebrauche gewidmet.

Ueber die große Brücke, auch noch im Alterthum gegründet, führte man mich im heitersten Momente; hier nun sieht man deutlich wie die Stadt auf einer, mit ausspringendem Winkel nach dem Fluß zudrängenden Fläche, welche denselben gegen das linke Ufer hinweist, erbaut ist.

Nun überschaut man vom Fuße des Apollo-Berges Fluß,

Brücke, Mühlen, Stadt und Gegend, da sich denn die noch nicht ganz entlaubten Weinberge sowohl zu unsern Füßen als auf den ersten Höhen des Martis-Berges gegenüber gar freundlich ausnahmen, anschaulich machten in welcher gesegneten Gegend man sich befinde und ein Gefühl von Wohlfahrt und Behagen erweckten, welches über den Weinländern in der Luft zu schweben scheint. Die besten Sorten Moselwein, die uns nun zu Theil wurden, schienen nach diesem Ueberblick einen angenehmern Geschmack zu haben.

Trier den 29. October.
Unser Fürstlicher Heerführer kam an und nahm Quartier im Kloster St. Maximin. Diese reichen und sonst überglücklichen Menschen hatten denn freylich schon eine gute Zeit her große Unruhe erduldet; die Brüder des Königs waren dort einquartiert gewesen und nachher war es nicht wieder leer geworden. Eine solche Anstalt, aus Ruh und Frieden entsprungen, auf Ruh und Friede berechnet, nahm sich freylich unter diesen Umständen wunderlich aus, da, man mochte noch so schonend verfahren, ein gewaltiger Gegensatz des Ritter- und Mönchthums sich hervorthat. Der Herzog wußte jedoch hier wie überall, selbst als ungebetener Gast, durch Freygebigkeit und freundliches Betragen sich und die Seinigen angenehm zu machen.

Mich aber sollte auch hier der böse Kriegsdämon wieder verfolgen. Unser guter Obrist von Gotsch war gleichfalls im Kloster einquartiert; ich fand ihn zur Nacht seinen Sohn bewachend und besorgend, welcher an der unglücklichen Krankheit gleichfalls hart darnieder lag. Hier mußt ich nun wieder die Litaney und Verwünschung unseres Feldzugs aus dem Munde eines alten Soldaten und Vaters vernehmen, der die sämmtlichen Fehler mit Leidenschaft zu rügen berechtigt war, die er als Soldat einsah und als Vater verfluchte. Auch die Isletten kamen wieder zur Sprache, und es mußte wirklich ein jeder der sich diesen unseligen Punct deutlich machte durchaus verzweifeln.

Ich erfreute mich der Gelegenheit die Abtey zu sehen und fand ein weitläufiges wahrhaft fürstliches Gebäude; die Zimmer von bedeutender Größe und Höhe und die Fußboden getäfelt, Sammet und damastne Tapeten, Stuckatur, Verguldung und Schnitzwerk nicht gespart, und was man sonst in solchen Pallästen zu sehen gewohnt ist, alles doppelt und dreyfach in großen Spiegeln wiederholt.

Auch ward den einquartierten Personen ganz wohl dahier; die Pferde jedoch konnten nicht sämmtlich untergebracht werden, sie mußten unter freyem Himmel aushalten ohne Lagerstätte, Raufen und Tröge. Unglücklicherweise waren die Futtersäcke gefault und so mußte der Hafer von der Erde aufgeschnopert werden.

Wenn aber die Stallungen unbedeutend waren, so fand man die Keller desto geräumiger. Noch über die eigenen Weinberge genoß das Kloster die Einnahme von vielen Zehnten. Freylich mochte in den letzten Monaten gar manches Stückfaß geleert worden seyn, es lagen deren viele auf dem Hofe.

Den 30. October

Gab unser Fürst große Tafel; drey der vornehmsten geistlichen Herren waren eingeladen, sie hatten köstliches Tischzeug, sehr schönes Porzellan-Service hergegeben; von Silber war wenig zu sehen, Schätze und Kostbarkeiten lagen in Ehrenbreitstein. Die Speisen von den fürstlichen Köchen schmackhaft zubereitet; Wein, der uns früher hatte nach Frankreich folgen sollen, von Luxemburg zurückkehrend ward hier genossen; was aber am meisten Lob und Preis verdiente war das kostbarste weiße Brod, das an den Gegensatz des Commißbrods bey Hans erinnerte.

Ich hatte mich, als ich nach Trierischer Geschichte in diesen Tagen forschte, nothwendig auch um die Abtey St. Maximin bekümmern müssen; ich konnte daher mit meinem geistlichen Nachbar ein ganz auslangendes geschichtliches Gespräch führen. Das hohe Alter des Stifts ward vorausgesetzt; dann gedachte man seiner mannigfaltig wechslenden Schicksale, der nahen Lage des Stifts an der Stadt, beyden Theilen gleich gefährlich; wie es denn im Jahre 1674 niedergebrannt und völlig verwüstet wurde. Von dem Wiederaufbau und der allmähligen Herstellung in den gegenwärtigen Zustand ließ ich mich auch unterrichten. Dazu konnte man viel Gutes sagen und die Anstalten preisen, welches der geistliche Herr auch gern vernahm; von den letzten Zeiten aber wollte er nichts Rühmliches wissen: die französischen Prinzen waren da lange im Quartier gelegen, und man hatte von manchem Unfug, Uebermuth und Verschwendung zu hören.

Bey Abwechselung des Gesprächs daher ging ich wieder ins Geschichtliche zurück; als ich aber der frühern Zeit erwähnte, wo das Stift sich dem Erzbischof gleich gesetzt und der Abt Reichsstand des römisch-deutschen Reichs gewesen, wich er lächelnd aus als wenn er eine solche Erinnerung in der neusten Zeit für verfänglich halte.

Die Sorge des Herzogs für sein Regiment ward nun thätig und klar; denn als die Kranken zu Wagen fortzubringen unmöglich war, so ließ der Fürst ein Schiff miethen um sie bequem nach Coblenz zu transportiren.

Nun aber kamen andere auf eine eigene Weise preßhafte Kriegsmänner an. Auf dem Rückzüge hatte man gar bald bemerkt, daß die Kanonen nicht fortzubringen seyen; die Artillerie-Pferde kamen um, eines nach dem andern, wenig Vorspann war zu finden; die Pferde, auf dem Hinzug requirirt, beym Herzog geflüchtet, fehlten überall, man griff zu der letzten Maasregel: von jedem Regiment mußte eine starke Anzahl Reiter absitzen und zu Fuße wandern damit das Geschütz gerettet werde. In ihren steifen Stiefeln, die zuletzt nicht mehr durchhalten wollten, litten diese braven Menschen bey dem schrecklichen Wege unendlich; aber auch ihnen erheiterte sich die Zeit, denn es ward Anstalt getroffen daß auch sie zu Wasser nach Coblenz fahren konnten.

October.
Mein Fürst hatte mir aufgetragen dem Marquis Lucchesini aufzuwarten, eine Abschieds-Empfehlung auszusprechen und mich nach einigem zu erkundigen. Bey später Abendzeit, nicht ohne einige Schwierigkeiten, ward ich bey diesem, mir früher nicht ungewogenen, bedeutenden Manne eingelassen. Die Anmuth und Freundlichkeit mit der er mich empfing war wohlthätig; nicht so die Beantwortung meiner Fragen und Erfüllung meiner Wünsche. Er entließ mich wie er mich aufgenommen hatte, ohne mich im mindesten zu fördern, und man wird mir zutrauen daß ich darauf vorbereitet gewesen.

Als ich nun die Abfahrt jener kranken und ermüdeten Reiter eifrig betreiben sah, ergriff mich gleichfalls das Gefühl es sey wohl am besten gethan einen Ausweg auf dem Wasser zu suchen. Sehr ungern ließ ich meine Chaise zurück, die man mir aber nach Coblenz nachzusenden versprach, und miethete ein einmänniges Boot, wo mir denn beym Einschiffen meine sämmtlichen Habseligkeiten, gleichsam vorgezählt, einen sehr angenehmen Eindruck machten, indem ich sie mehr als einmal verloren glaubte oder zu verlieren fürchtete. Zu dieser Fahrt gesellte sich ein preußischer Offizier, den ich als alten

Bekannten aufnahm, dessen ich mich als Pagen gar wohl erinnerte und dem seine Hofzeit noch gar deutlich vorschwebte; wie er mir denn gewöhnlich den Kaffee wollte präsentirt haben.

Das Wetter war leidlich, die Fahrt ruhig und man erkannte die Anmuth dieser Wohlthat um so mehr, je mühseliger auf dem Landwege, der sich dem Flusse hie und da näherte, die Colonnen dahinzogen, oder auch wohl von Zeit zu Zeit stockend verweilten. Schon in Trier hatte man geklagt daß bey so eiligem Rückmarsch die größte Schwierigkeit sey Quartier zu finden, indem gar oft die einem Regiment angewiesenen Ortschaften schon besetzt gefunden worden, wodurch große Noth und Verwirrung entstehe.

Die Ufer-Ansichten der Mosel waren längs dieser Fahrt höchst mannichfaltig; denn obgleich das Wasser eigensinnig seinen Hauptlauf von Südwest nach Nordost richtet, so wird es doch, da es ein schikanöses gebirgisches Terrain durchstreift, von beyden Seiten durch vorspringende Winkel bald rechts bald links gedrängt, so daß es nur im weitläufigen Schlangengange fortwandeln kann. Deswegen ist denn aber auch ein tüchtiger Fährmeister höchst nöthig; der unsere bewies Kraft und Gewandtheit, indem er bald hier einen vorgeschobenen Kies zu vermeiden, sogleich aber dort den an steiler Felswand herfluthenden Strom zu schnellerer Fahrt kühn zu benutzen wußte. Die vielen Ortschaften zu beyden Seiten gaben den muntersten Anblick; der Weinbau, überall sorgfältig gepflegt, ließ auf ein heiteres Volk schließen, das keine Mühe schont den köstlichen Saft zu erzielen. Jeder sonnige Hügel war benutzt, bald aber bewunderten wir schroffe Felsen am Strom, auf deren schmalen vorragenden Kanten, wie auf zufälligen Natur-Terrassen, der Weinstock zum allerbesten gedieh.

Wir landeten bey einem artigen Wirthshause, wo uns eine

alte Wirthin wohl empfing, manches erduldete Ungemach beklagte, den Emigrirten aber besonders alles Böse gönnte. Sie habe, sagte sie, an ihrem Wirthstische gar oft mit Grauen gesehen wie diese gottesvergessenen Menschen das liebe Brod Kugel- und Brockenweise sich an den Kopf geworfen, so daß sie und ihre Mägde es nachher mit Thränen zusammengekehrt.

Und so ging es mit gutem Glück und Muth immer weiter hinab bis zur Dämmerung, da wir uns denn aber in das mäandrische Flußgewinde, wie es sich gegen die Höhen von Montreal herandrängt, verschlungen sahen. Nun überfiel uns die Nacht, bevor wir Trarbach erreichen oder auch nur gewahren konnten. Es ward stockfinster; eingeengt wußten wir uns zwischen mehr oder weniger steilem Ufer, als ein Sturm bisher schon ruckweise verkündigt, gewaltsam anhaltend hereinbrach; bald schwoll der Strom im Gegenwinde, bald wechselten abprallende Windstöße niederstürzend mit wüthendem Sausen; eine Welle nach der andern schlug über den Kahn, wir fühlten uns durchnäßt. Der Schiffmeister barg nicht seine Verlegenheit; die Noth schien immer größer, je länger sie dauerte, und der Drang war aufs Höchste gestiegen als der wackere Mann versicherte, er wisse weder wo er sey noch wohin er steuern solle.

Unser Begleiter verstummte, ich war still in mir gefaßt, wir schwebten in der tiefsten Finsterniß, nur manchmal wollte mir scheinen daß Massen über mir doch noch etwas dunkler als der verfinsterte Himmel sich dem Auge bemerklich machten; dies gewährte jedoch wenig Trost und Hoffnung, zwischen Land und Fels eingeschlossen zu seyn drang sich immer ängstlicher auf.

Und so wurden wir im Stockfinstern lange hin und her geworfen, bis sich endlich in der Ferne ein Licht und damit auch Hoffnung aufthat. Nun ward nach Möglichkeit drauf los gesteuert und gerudert, wobey sich Paul nach Kräften thätig erwies.

Endlich stiegen wir in Trarbach glücklich ans Land, wo man uns in einem leidlichen Gasthofe Henne mit Reiß alsobald anbot. Ein angesehener Kaufmann aber, die Landung von Fremden in so tiefer stürmischer Nacht vernehmend, nöthigte uns in sein Haus, wo wir bey hellem Kerzenschein, in wohlgeschmückten Zimmern, englische schwarze Kunstblätter in Rahm und Glas gar zierlich aufgehangen, mit Freude, ja mit Rührung, gegen die kurz vorher erduldeten finsteren Gefährlichkeiten, begrüßend erblickten. Herr und Frau, noch junge Leute, beeiferten sich uns gütlich zu thun; wir genossen des köstlichsten Moselweins, an dem sich mein Gefährte, der eine Wiederherstellung freylich am nöthigsten haben mochte, besonders erquickte.

Paul gestand daß er schon Rock und Stiefel ausgezogen, um, wenn wir scheitern sollten, uns durch Schwimmen zu erretten; wobey er sich denn freylich nur allein möchte durchgebracht haben.

Kaum hatten wir uns getrocknet und geletzt als es in mir schon wieder zu treiben anfing und ich fortzueilen begehrte. Der freundliche Wirth wollte uns nicht entlassen, sondern verlangte vielmehr wir sollten den morgenden Tag noch zugeben, versprach auch von einer benachbarten Höhe die weiteste schönste Aussicht über ein bedeutend Gelände und manches andere was uns zur Erquickung und Zerstreuung hätte dienen können. Aber es ist wunderbar, wie sich der Mensch an ruhige Zustände gewöhnt und in denselben verharren mag, so giebt es auch eine Gewöhnung zum Unruhigen; es war in mir die Nöthigung zu einem rollenden Forteilen, der ich nicht gebieten konnte.

Als wir daher fortzueilen im Begriff stunden, nöthigte uns der wackere Mann noch zwey Matratzen auf, damit wir im

Schiff wenigstens einige Bequemlichkeit hätten; die Frau gab solche nicht gerne her, welches ihr, da der Barchent neu und schön, gar nicht zu verdenken war. Und so ereignet sichs oft in Einquartierungsfällen, daß bald der eine bald der andere Gatte dem aufgedrungenen Gast mehr oder weniger wohl will.

Bis Coblenz schwammen wir ruhig hinunter und ich erinnere mich nur deutlich daß ich am Ende der Fahrt das schönste Naturbild gesehen was mir vielleicht zu Augen gekommen. Als wir gegen die Mosel-Brücke zu fuhren stand uns dieses schwarze mächtige Bauwerk kräftig entgegen; durch die Bogen-Oeffnungen aber schauten die stattlichen Gebäude des Thals, über der Brückenlinie sodann das Schloß Ehrenbreitstein im blauen Dufte durch und hervor. Rechts bildete die Stadt, an die Brücke sich anschließend, einen tüchtigen Vorgrund; dieses Bild gab einen herrlichen aber nur augenblicklichen Genuß, denn wir landeten und schickten sogleich gewissenhaft die Matratzen unversehrt an das von den wackern Trarbachern uns bezeichnete Handelshaus.

Dem Herzog von Weimar war ein schönes Quartier eingeräumt, worin auch ich ein gutes Unterkommen fand; die Armee rückte nach und nach heran; die Dienerschaft des fürstlichen Generals traf ein und konnte nicht genug von den Unbilden erzählen die sie erleiden müssen. Wir segneten uns die Wasserfahrt eingeschlagen zu haben, und die glücklich überstandene Windsbraut schien nur ein geringes Uebel gegen eine stockende und überall gehinderte Landfahrt.

Der Fürst selbst war angekommen; um den König versammelten sich viele Generäle; ich aber, in einsamen Spaziergängen den Rhein hin, wiederholte mir die wunderlichen Ereignisse der vergangenen Wochen.

Ein französischer General, Lafayette, Haupt einer großen Parthey, vor kurzem der Abgott seiner Nation, des vollkommensten Vertrauens der Soldaten genießend, lehnt sich gegen die Obergewalt auf, die allein nach Gefangennehmung des Königs das Reich repräsentirt; er entflieht, seine Armee, nicht stärker als dreyundzwanzigtausend Mann, bleibt ohne General und Ober-Offiziere, desorganisirt bestürzt.

Zur selbigen Zeit betritt ein mächtiger König, mit einem achtzigtausend Mann starken verbündeten Heere, den Boden von Frankreich, zwey befestigte Städte, nach geringem Zaudern, ergeben sich.

Nun erscheint ein wenig gekannter General, Dumouriez; ohne jemals einen Ober-Befehl geführt zu haben, nimmt er, gewandt und klug, eine sehr starke Stellung; sie wird durchbrochen und doch erreicht er eine zweyte, wird auch daselbst eingeschlossen und zwar so daß der Feind sich zwischen ihn und Paris stellt.

Aber sonderbar verwickelte Zustände werden, durch anhaltendes Regenwetter, herbey geführt; das furchtbare alliirte Heer, nicht weiter als sechs Stunden von Chalons, und zehen von Rheims, sieht sich abgehalten diese beyden Orte zu gewinnen, bequemt sich zum Rückzug, räumt die zwey eroberten Plätze, verliert über ein Drittel seiner Mannschaft und davon höchstens zwey Tausend durch die Waffen, und sieht sich nun wieder am Rheine. Alle diese Begegnisse, die an das Wunderbare gränzen, ereignen sich in weniger als sechs Wochen und Frankreich ist aus der größten Gefahr gerettet deren seine Jahrbücher jemals gedenken.

Vergegenwärtige man sich nun die vielen tausend Theilnehmer an solchem Mißgeschick, denen das grimmige Leibes- und Seelenleiden einiges Recht zur Klage zu geben schien, so wird man sich leicht vorstellen daß nicht alles im Stillen abgethan ward, und so sehr man sich auch vorzusehen ge-

dachte, doch aus einem vollen Herzen der Mund zu Zeiten
überging.

Und so begegnete denn auch mir, daß ich an großer Tafel neben einem alten trefflichen Generale saß und vom Vergangenen zu sprechen mich nicht ganz enthielt, worauf er mir, zwar freundlich aber mit gewisser Bestimmtheit antwortete: erzeigen Sie mir morgen früh die Ehre mich zu besuchen, da wir uns hierüber freundlich und aufrichtig besprechen wollen. Ich schien es anzunehmen, blieb aber aus und gelobte mir innerlich das gewohnte Stillschweigen sobald nicht wieder zu brechen.

Auf der Wasserfahrt so wie auch in Coblenz hatte ich manche Bemerkung gemacht zum Vortheil meiner chromatischen Studien; besonders war mir über die epoptischen Farben ein neues Licht aufgegangen, und ich konnte immer mehr hoffen die physischen Erscheinungen in sich zu verknüpfen und sie von andern abzusondern, mit denen sie in entfernterer Verwandtschaft zu stehen schienen.

Auch kam mir des treuen Kämmerier Wagner Tagebuch zu Ergänzung des meinigen gar wohl zu statten, das ich in den letzten Tagen ganz und gar vernachlässigt hatte.

Des Herzogs Regiment war herangekommen und cantonnirte in den Dörfern gegen Neuwied über. Hier bewies der Fürst die väterlichste Sorgfalt für seine Untergebenen; jeder Einzelne durfte seine Noth klagen und soviel nur möglich ward abgestellt und nachgeholfen. Lieutnant von Flotho, in der Stadt auf Commando stehend und dem Wohlthäter am nächsten, erwies sich thätig und hülfreich. Dem Hauptbedürfniß an Schuhen und Stiefeln wurde dadurch abgeholfen, daß man Leder kaufte und die im Regimente sich findenden Schuster unter den Meistern der Stadt arbeiten ließ. Auch für Reinlichkeit und Zierde war gesorgt, gelbe Kreide angeschafft, die Collets gesäubert und gefärbt, und unsere Reiter trabten wieder ganz schmuck einher.

Meine Studien jedoch sowohl als die heitere Unterhaltung mit den Canzley- und Hausgenossen, wurden gar sehr belebt durch den Ehrenwein, welcher von trefflicher Moselsorte unserem Fürsten vom Stadtrathe gereicht ward und welchen wir, da der Fürst meist auswärts speiste, zu genießen die Erlaubniß hatten. Als wir Gelegenheit fanden einem von den Gebern darüber ein Compliment zu machen und dankbar anerkannten, daß sie sich bey solcher Gelegenheit um unsert willen mancher guten Flasche berauben wollen, vernahmen wir die Erwiederung: daß sie uns dies und noch viel mehr gönnten und nur die Fässer bedauerten, welche sie an die Emigrirten wenden müssen, welche zwar viel Geld aber auch viel Unheil über die Stadt gebracht, ja den Zustand derselben völlig umgekehrt; besonders aber wollte man ihr Betragen gegen den Fürsten nicht rühmen, an dessen Stelle sie sich gewissermaßen gesetzt und gegen seinen Willen kühnlich Unverantwortliches unternommen.

In der letzten, Unheil drohenden Zeit war er auch nach Regensburg abgereist und ich schlich, zu schöner heiterer Mittagsstunde, an sein Schloß hin das auf dem linken Rheinufer, etwas oberhalb der Stadt, wunderschön, seitdem ich diese Gegend nicht betreten, aus der Erde gewachsen war. Es stand einsam und als die allerneuste, wenn auch nicht architektonische doch politische Ruine da, und ich hatte nicht den Muth mir von dem umherwandelnden Schloßvogt den Eingang zu gewinnen. Wie schön war die nähere und weitere Umgebung, wie angebaut und gartenreich der Raum zwischen Schloß und Stadt; die Aussicht den Rhein stromauf ruhig und besänftigend, gegen Stadt und Festung aber prächtig und aufregend.

In der Absicht mich übersetzen zu lassen ging ich zur fliegenden Brücke, ward aber aufgehalten, oder hielt mich vielmehr selbst auf in Beschauung eines östreichischen Wagentransportes, welcher nach und nach übergesetzt wurde. Hier ereignete sich ein Streit zwischen einem Preußischen und

Oestreichischen Unteroffizier, welcher den Charakter beyder Nationen klar ins Licht setzte.

Vom Oestreicher, der hierher postirt war um die möglich schnelle Ueberfahrt der Wagen-Colonne zu beaufsichtigen, aller Verwirrung vorzubeugen und deshalb kein anderes Fuhrwerk dazwischen zu lassen, verlangte der Preuße heftig eine Ausnahme für sein Wägelchen, auf welchem Frau und Kind mit einigen Habseligkeiten gepackt waren. Mit großer Gelassenheit versagte der Oestreicher die Forderung, auf die Ordre sich berufend die ihm dergleichen ausdrücklich verbiete; der Preuße ward heftiger, der Oestreicher wo möglich gelassener; er litt keine Lücke in der ihm empfohlenen Colonne, und der andere fand sich einzudrängen keinen Raum. Endlich schlug der Zudringliche an seinen Säbel und forderte den Widerstehenden heraus; mit Drohen und Schimpfen wollte er seinen Gegner ins nächste Gäßchen bewegen um die Sache daselbst auszumachen; der höchst ruhige verständige Mann aber, der die Rechte seines Postens gar wohl kannte, rührte sich nicht und hielt Ordnung nach wie vor.

Ich wünschte diese Scene wohl von einem Charakterzeichner aufgefaßt: denn wie im Betragen so auch in Gestalt unterschieden sich beyde: der Gelassene war stämmig und stark, der Wüthende, denn zuletzt erwies er sich so, hager, lang, schmächtig und rührig.

Die auf diesen Spatzierweg zu verwendende Zeit war zum Theil schon verstrichen und mir vertrieb die Furcht vor ähnlichen Retardationen bey der Rückkehr jede Lust das sonst so geliebte Thal zu besuchen, das doch nur das Gefühl schmerzlichen Entbehrens erregt und mich fruchtlos zu Betrachtung früherer Jahre aufgeregt hätte; doch stand ich lange hinüber schauend, friedlicher Zeiten mitten im verwirrenden Wechsel irdischer Ereignisse treulich eingedenk.

Und so traf es zufällig daß ich von den Maaßregeln zum

ferneren Feldzuge auf dem rechten Ufer näher unterrichtet ward. Des Herzogs Regiment rüstete sich hinüber zu ziehen; der Fürst selbst mit seiner ganzen Umgebung sollte folgen. Mir bangte vor jeder Fortsetzung des kriegerischen Zustandes und das Fluchtgefühl ergriff mich abermals. Ich möchte dies ein umgekehrtes Heimweh nennen, eine Sehnsucht ins Weite statt ins Enge. Ich stand; der herrliche Fluß lag vor mir, er gleitete so sanft und lieblich hinunter, in ausgedehnter breiter Landschaft; er floß zu Freunden mit denen ich, trotz manchem Wechseln und Wenden, immer treu verbunden geblieben. Mich verlangte aus der fremden gewaltsamen Welt an Freundesbrust und so miethete ich, nach erhaltenem Urlaub, eilig einen Kahn bis Düsseldorf; meine noch immer zurückbleibende Chaise Coblenzer Freunden empfehlend, mit Bitte sie mir hinabwärts zu spediren.

Als ich nun mit meinen Habseligkeiten mich eingeschifft und sogleich auf dem Strome dahin schwimmen sah, begleitet vom getreuen Paul und einem blinden Passagier, welcher gelegentlich zu rudern sich verband, hielt ich mich für glücklich und von allem Uebel befreyt.

Indessen standen noch einige Abenteuer bevor. Wir hatten nicht lange flußabwärts gerudert als zu bemerken war daß der Kahn ein starkes Leck haben müsse, indem der Fährmann von Zeit zu Zeit das Wasser fleißig ausschöpfte. Und nun entdeckte sich erst, daß wir, bey übereilt unternommener Fahrt, nicht bedacht hatten wie auf die weite Strecke hinab, von Coblenz bis Düsseldorf, der Schiffer nur ein altes Boot zu nehmen pflegt, um es unten als Brennholz zu verkaufen und, sein Fährgeld in der Tasche, ganz leicht nach Hause zu wandern.

Indessen fuhren wir getrost dahin. Eine sternhelle, doch sehr kalte Nacht begünstigte unsere Fahrt als auf einmal der fremde Ruderer verlangte ans Land gesetzt zu werden und sich mit dem Schiffer zu streiten anfing, an welcher Stelle es denn eigentlich für den Wandrer am vortheilhaftesten sey? Worüber sie sich nicht vereinigen konnten.

Unter diesen Händeln, die mit Heftigkeit geführt wurden, stürzte unser Fährmann ins Wasser und wurde nur mit Mühe herausgezogen. Nun konnte er bey heller klarer Nacht nicht mehr aushalten, und bat dringend um die Erlaubniß bey Bonn anfahren zu dürfen um sich zu trocknen und zu erwärmen. Mein Diener ging mit ihm in eine Schifferkneipe, ich aber beharrte unter freyem Himmel zu bleiben und ließ mir ein Lager auf Mantelsack und Portefeuille bereiten. So groß ist die Macht der Gewohnheit, daß mir, der ich die letzten sechs Wochen fast immer unter freyem Himmel zugebracht hatte, vor Dach und Zimmer graute. Diesmal aber entstand daraus für mich ein neues Unheil, welches man freylich hätte vorhersehen sollen: den Kahn hatte man zwar so weit als möglich auf den Strand gezogen, aber nicht so weit daß er nicht durch das Leck noch hätte Wasser einnehmen können.

Nach einem tiefen Schlafe fand ich mich mehr als erfrischt, denn das Wasser war bis zu meinem Lager gedrungen und hatte mich und meine Habseligkeiten durchnäßt. Ich war daher genöthigt aufzustehen, das Wirthshaus aufzusuchen und mich in Taback schmauchender, Glühwein schlürfender Gesellschaft so gut als möglich zu trocknen; worüber denn der Morgen ziemlich herankam und eine verspätete Reise durch frisches Rudern eifrig beschleunigt wurde.

Zwischen-Rede.

Wenn ich mich nun so, in der Erinnerung, den Rhein hinunter schwimmen sehe, wüßt' ich nicht genau zu sagen was in mir vorging. Der Anblick eines friedlichen Wasserspiegels, das

Gefühl der bequemen Fahrt auf demselben ließ mich nach der kurz vergangenen Zeit zurückschauen wie auf einen bösen Traum, von dem ich mich so eben erwacht fände; ich überließ mich den heitersten Hoffnungen eines nächsten gemüthlichen Zusammenseyns.

Nun aber, wenn ich mitzutheilen fortfahren soll, muß ich eine andere Behandlung wählen, als dem bisherigen Vortrag wohl geziemte: denn wo Tag für Tag das Bedeutendste vor unsern Augen vorgeht, wenn wir mit so viel Tausenden leiden und fürchten und nur furchtsam hoffen, dann hat die Gegenwart ihren entschiedenen Werth und, Schritt vor Schritt vorgetragen, erneut sie das Vergangene indem sie auf die Zukunft hindeutet.

Was aber in geselligen Zirkeln sich ereignet, kann nur aus einer sittlichen Folge der Aeußerungen innerlicher Zustände begriffen werden; die Reflexion ist hier an ihrer Stelle, der Augenblick spricht nicht für sich selbst, Andenken an das Vergangene, spätere Betrachtungen müssen ihn dolmetschen.

Wie ich überhaupt ziemlich unbewußt lebte und mich vom Tag zum Tage führen ließ, wobey ich mich, besonders die letzten Jahre, nicht übel befand, so hatte ich die Eigenheit, niemals weder eine nächst zu erwartende Person, noch eine irgend zu betretende Stelle vorauszudenken, sondern diesen Zustand unvorbereitet auf mich einwirken zu lassen. Der Vortheil der daraus entsteht ist groß; man braucht von einer vorgefaßten Idee nicht wieder zurück zu kommen, nicht ein selbstbeliebig gezeichnetes Bild wieder auszulöschen und mit Unbehagen die Wirklichkeit an dessen Stelle aufzunehmen; der Nachtheil dagegen mag wohl hervortreten, daß wir mit Unbewußtseyn in wichtigen Augenblicken nur herumtasten und uns nicht gerade in jeden ganz unvorhergesehenen Zustand aus dem Stegreife zu finden wissen.

In eben dem Sinne war ich auch niemals aufmerksam was

meine persönliche Gegenwart und Geistes-Stimmung auf die Menschen wirke, da ich denn oft ganz unerwartet fand daß ich Neigung oder Abneigung und sogar oft beydes zugleich erregte.

Wollte man nun auch dieses Betragen als eine individuelle Eigenheit weder loben noch tadeln, so muß doch bemerkt werden daß sie im gegenwärtigen Falle gar wunderliche Phänomene und nicht immer die erfreulichsten hervorbrachte.

Ich war mit jenen Freunden seit vielen Jahren nicht zusammengekommen, sie hatten sich getreu an ihrem Lebensgange gehalten, dagegen mir das wunderbare Loos beschieden war, durch manche Stufen der Prüfung, des Thuns und Duldens durchzugehen, so daß ich, in eben der Person beharrend, ein ganz anderer Mensch geworden, meinen alten Freunden fast unkenntlich auftrat.

Es würde schwer halten, auch in späteren Jahren, wo eine freyere Uebersicht des Lebens gewonnen ist, sich genaue Rechenschaft von jenen Uebergängen abzulegen, die bald als Vorschritt bald als Rückschritt erscheinen und doch alle dem gottgeführten Menschen zu Nutz und Frommen gereichen müssen. Ungeachtet solcher Schwierigkeiten aber will ich, meinen Freunden zu Liebe, einige Andeutung versuchen.

Der sittliche Mensch erregt Neigung und Liebe nur in so fern als man Sehnsucht an ihm gewahr wird, sie drückt Besitz und Wunsch zugleich aus, den Besitz eines zärtlichen Herzens und den Wunsch ein gleiches in andern zu finden; durch jenes ziehen wir an, durch dieses geben wir uns hin.

Das Sehnsüchtige das in mir lag, das ich in früheren Jahren vielleicht zu sehr gehegt und bey fortschreitendem Leben kräftig zu bekämpfen trachtete, wollte dem Manne nicht mehr ziemen, nicht mehr genügen und er suchte deshalb die volle, endliche Befriedigung.

Das Ziel meiner innigsten Sehnsucht, deren Quaal mein

ganzes Inneres erfüllte, war Italien, dessen Bild und Gleichniß mir viele Jahre vergebens vorschwebte, bis ich endlich durch kühnen Entschluß die wirkliche Gegenwart zu fassen mich erdreustete. In jenes herrliche Land sind mir meine Freunde gern auch in Gedanken gefolgt, sie haben mich auf Hin- und Herwegen begleitet, möchten sie nun auch nächstens den längern Aufenthalt daselbst mit Neigung theilen und von dort mich wieder zurückbegleiten, da sich alsdann manches Problem faßlicher auflösen wird.

In Italien fühlt' ich mich nach und nach kleinlichen Vorstellungen entrissen, falschen Wünschen enthoben und an die Stelle der Sehnsucht nach dem Land der Künste setzte sich die Sehnsucht nach der Kunst selbst; ich war sie gewahr geworden, nun wünscht' ich sie zu durchdringen.

Das Studium der Kunst wie das der alten Schriftsteller giebt uns einen gewissen Halt, eine Befriedigung in uns selbst; indem sie unser Inneres mit großen Gegenständen und Gesinnungen füllt, bemächtigt sie sich aller Wünsche die nach außen strebten, hegt aber jedes würdige Verlangen im stillen Busen; das Bedürfniß der Mittheilung wird immer geringer und wie Malern, Bildhauern, Baumeistern, so geht es auch dem Liebhaber, er arbeitet einsam, für Genüsse die er mit andern zu theilen kaum in den Fall kommt.

Aber zu gleicher Zeit sollte mich noch eine Ableitung der Welt entfremden und zwar die entschiedenste Wendung gegen die Natur, zu der ich aus eigenstem Trieb auf die individuellste Weise hingelenkt worden. Hier fand ich weder Meister noch Gesellen und mußte selbst für alles stehen. In der Einsamkeit der Wälder und Gärten, in den Finsternissen der dunklen Kammer wär ich ganz einzeln geblieben, hätte mich nicht ein glückliches häusliches Verhältniß in dieser wunderlichen Epoche lieblich zu erquicken gewußt. Die römischen Elegien, die venetianischen Epigramme fallen in diese Zeit.

Nun aber sollte mir auch ein Vorgeschmack kriegerischer Unternehmungen werden: denn, der Schlesischen durch den Reichenbacher Congreß geschlichteten Campagne beyzuwohnen beordert, hatte ich mich, in einem bedeutenden Lande, durch manche Erfahrung aufgeklärt und erhoben gesehen und zugleich durch anmuthige Zerstreuung hin und her gaukeln lassen, indessen das Unheil der französischen Staats-Umwälzung sich immer weiter verbreitend, jeden Geist, er mochte hin denken und sinnen wohin er wollte, auf die Oberfläche der europäischen Welt zurückforderte und ihm die grausamsten Wirklichkeiten aufdrang. Rief mich nun gar die Pflicht meinen Fürsten und Herrn erst in die bedenklichen, bald aber traurigen Ereignisse des Tags abermals hineinzubegleiten und das Unerfreuliche, das ich nur gemäßigt meinen Lesern mitzutheilen gewagt, männlich zu erdulden; so hätte alles was noch Zartes und Herzliches sich ins Innerste zurückgezogen hatte, auslöschen und verschwinden mögen.

Fasse man dies alles zusammen, so wird der Zustand, wie er nachstehend skizzenhaft verzeichnet ist, nicht ganz räthselhaft erscheinen, welches ich um so mehr wünschen muß, da ich ungern dem Trieb widerstehe diese, vor vielen Jahren flüchtig verfaßten Blätter, nach gegenwärtiger Einsicht und Ueberzeugung umzuschreiben.

Pempelfort, November 1792.
Es war schon finster als ich in Düsseldorf landete und mich daher mit Laternen nach Pempelfort bringen ließ, wo ich nach augenblicklicher Ueberraschung die freundlichste Aufnahme fand; vielfaches Hin- und Hersprechen, wie ein solches Wiedersehen aufregt, nahm einen Theil der Nacht hinweg.

Den nächsten Tag war ich durch Fragen, Antworten und

Erzählen bald eingewohnt; der unglückliche Feldzug gab leider genugsame Unterhaltung, niemand hatte sich den Ausgang so traurig gedacht. Aber auch aussprechen konnte niemand die tiefe Wirkung eines beynahe vierwöchentlichen furchtbaren Schweigens; die sich immer steigernde Ungewißheit bey dem Mangel aller Nachrichten. Eben als wäre das alliirte Heer von der Erde verschlungen worden, so wenig verlautete von demselben; jedermann in eine gräßliche Leere hineinblickend war von Furcht und Aengsten gepeinigt, und nun erwartete man mit Entsetzen die Kriegsläufte schon wieder in den Niederlanden, man sah das linke Rheinufer und zugleich das rechte bedroht.

Von solchen Betrachtungen zerstreuten uns moralische und literarische Verhandlungen, wobey mein Realismus zum Vorschein kommend die Freunde nicht sonderlich erbaute.

Ich hatte seit der Revolution, mich von dem wilden Wesen einigermaßen zu zerstreuen, ein wunderbares Werk begonnen, eine Reise von sieben Brüdern verschiedener Art, jeder nach seiner Weise dem Bunde dienend, durchaus abentheuerlich und mährchenhaft, verworren, Aussicht und Absicht verbergend, ein Gleichniß unseres eignen Zustandes. Man verlangte eine Vorlesung, ich ließ mich nicht viel bitten und rückte mit meinen Heften hervor; aber ich bedurfte auch nur wenig Zeit um zu bemerken daß niemand davon erbaut sey. Ich ließ daher meine wandernde Familie in irgend einem Hafen und mein weiteres Manuscript auf sich selbst beruhen.

Meine Freunde jedoch, die sich in so veränderte Gesinnung nicht gleich ergeben wollten, versuchten mancherley um frühere Gefühle durch ältere Arbeiten wieder hervorzurufen und gaben mir Iphigenien zur abendlichen Vorlesung in die Hand; das wollte mir aber gar nicht munden, dem zarten Sinne fühlt' ich mich entfremdet, auch von andern vorgetragen war mir ein solcher Anklang lästig. Indem aber das Stück gar bald zurückgelegt ward schien es als wenn man mich durch einen höhern Grad von Folter zu prüfen gedenke. Man brachte Oedipus auf Colonos, dessen erhabene Heiligkeit meinem gegen Kunst, Natur und Welt gewendeten, durch eine schreckliche Campagne verhärteten Sinn ganz unerträglich schien; nicht hundert Zeilen hielt ich aus.

Da ergab man sich denn wohl in die Gesinnung des veränderten Freundes, fehlte es doch nicht an so mancherley Anhaltepuncten des Gesprächs.

Aus den frühern Zeiten deutscher Literatur ward manches Einzelne erfreulich hervorgerufen, niemals aber drang die Unterhaltung in einen tieferen Zusammenhang, weil man Merkmale ungleicher Gesinnung vermeiden wollte.

Soll ich irgend etwas Allgemeines hier einschalten, so war es schon seit zwanzig Jahren wirklich eine merkwürdige Zeit, wo bedeutende Existenzen zusammentrafen und Menschen von einer Seite sich an einander schlossen obgleich von der andern höchst verschieden: jeder brachte einen hohen Begriff von sich selbst zur Gesellschaft und man ließ sich eine wechselseitige Verehrung und Schonung gern gefallen.

Das Talent befestigte seinen erworbenen Besitz einer allgemeinen Achtung, durch gesellige Verbindungen wußte man sich zu hegen und zu fördern, die errungenen Vortheile wurden nicht mehr durch Einzelne sondern durch eine übereinstimmende Mehrheit erhalten. Daß hiebey eine Art Absichtlichkeit durchwalten mußte lag in der Sache; so gut wie andere Weltkinder verstanden sie eine gewisse Kunst in ihre Verhältnisse zu legen, man verzieh sich die Eigenheiten, eine Empfindlichkeit hielt der andern die Wage und die wechselseitigen Mißverständnisse blieben lange verborgen.

Zwischen diesem allen hatte ich einen wunderlichen Stand, mein Talent gab mir einen ehrenvollen Platz in der Gesellschaft, aber meine heftige Leidenschaft für das was ich als wahr und naturgemäß erkannte, erlaubte sich manche gehässige Ungezogenheit gegen irgend ein scheinbar falsches Streben; weswegen ich mich auch mit den Gliedern jenes Kreises zu Zeiten überwarf, ganz oder halb versöhnte, immer aber im Dünkel des Rechthabens auf meinem Wege fort ging. Dabey behielt ich etwas von der Ingenuität des Voltairischen Huronen noch im späteren Alter, so daß ich zugleich unerträglich und liebenswürdig seyn konnte.

Ein Feld jedoch in welchem man sich mit mehr Freyheit und Uebereinstimmung erging, war die westliche, um nicht zu sagen französische, Literatur. Jakobi, indem er seinen eigenen Weg wandelte, nahm doch Kenntniß von allem Bedeutenden, und die Nachbarschaft der Niederlande trug viel dazu bey ihn nicht allein literarisch sondern auch persönlich in jenen Kreis zu ziehen. Er war ein sehr wohl gestalteter Mann, von den vortheilhaftesten Gesichtszügen, von einem zwar gemessenen aber doch höchst gefälligen Betragen, bestimmt in jedem gebildeten Kreise zu glänzen.

Wundersam war jene Zeit, die man sich kaum wieder vergegenwärtigen könnte; Voltaire hatte wirklich die alten Bande der Menschheit aufgelöst, daher entstand in guten Köpfen eine Zweifelsucht an dem was man sonst für würdig gehalten hatte. Wenn der Philosoph von Ferney seine ganze Bemühung dahin richtete, den Einfluß der Geistlichkeit zu mindern und zu schwächen und hauptsächlich Europa im Auge behielt, so erstreckte de Paw seinen Eroberungs-Geist über fernere Welttheile; er wollte weder Chinesen noch Aegyptern die Ehre gönnen die ein vieljähriges Vorurtheil auf sie gehäuft hatte. Als Kanonikus von Xanten, Nachbar von Düsseldorf, unterhielt er ein freundschaftliches Verhältniß mit Jakobi; und wie mancher andere wäre nicht hier zu nennen?

Und so wollen wir doch noch Hemsterhuis einführen

welcher, der Fürstin Galizin ergeben, in dem benachbarten Münster viel verweilte. Dieser ging nun von seiner Seite mit Geistesverwandten auf zartere Beruhigung, auf ideelle Befriedigung aus, und neigte sich mit Platonischen Gesinnungen der Religion zu.

Bey diesen fragmentarischen Erinnerungen muß ich auch noch Diderots gedenken, des heftigen Dialectikers, der sich auch eine Zeitlang in Pempelfort als Gast sehr wohl gefiel und mit großer Freymüthigkeit seine Paradoxen behauptete.

Auch waren Rousseau's auf Naturzustände gerichtete Aussichten diesem Kreise nicht fremd, welcher nichts ausschloß, also auch mich nicht, ob er mich gleich eigentlich nur duldete.

Denn wie die äußere Literatur auf mich in jüngeren Jahren gewirkt, ist an mehreren Orten schon angedeutet. Fremdes konnt' ich wohl in meinen Nutzen verwenden, aber nicht aufnehmen, deshalb ich mich denn über das Fremde mit andern eben so wenig zu verständigen vermochte. Eben so wunderlich sah es mit der Production aus; diese hielt immer gleichen Schritt mit meinem Lebensgange, und da dieser selbst für meine nächsten Freunde meist ein Geheimniß blieb, so wußte man selten mit einem meiner neuen Producte sich zu befreunden, weil man denn doch etwas Aehnliches zu dem schon Bekannten erwartete.

War ich nun schon mit meinen sieben Brüdern übel angekommen, weil sie Schwester Iphigenien nicht im mindesten glichen, so merkt' ich wohl daß ich die Freunde durch meinen Groß-Cophta, der längst gedruckt war, sogar verletzt hatte; es war die Rede nicht davon und ich hütete mich sie darauf zu bringen. Indessen wird man mir gestehen daß ein Autor der in der Lage ist seine neusten Werke nicht vortragen oder darüber reden zu dürfen, sich so peinlich fühlen muß wie ein Componist der seine neusten Melodien zu wiederholen sich gehindert fühlte.

Auch ich in der Champagne!

Mit meinen Naturbetrachtungen wollte es mir kaum besser glücken; die ernstliche Leidenschaft womit ich diesem Geschäft nachhing konnte niemand begreifen, niemand sah wie sie aus meinem Innersten entsprang; sie hielten dieses löbliche Bestreben für einen grillenhaften Irrthum; ihrer Meinung nach konnt' ich was Besseres thun und meinem Talent die alte Richtung lassen und geben. Sie glaubten sich hiezu um desto mehr berechtigt als meine Denkweise sich an die ihrige nicht anschloß, vielmehr in den meisten Puncten gerade das Gegentheil aussprach. Man kann sich keinen isolirtern Menschen denken als ich damals war und lange Zeit blieb. Der Hylozoismus, oder wie man es nennen will, dem ich anhing und dessen tiefen Grund ich in seiner Würde und Heiligkeit unberührt ließ, machte mich unempfänglich, ja unleidsam gegen jene Denkweise die eine todte, auf welche Art es auch sey, auf- und angeregte Materie als Glaubensbekenntniß aufstellte. Ich hatte mir aus Kant's Naturwissenschaft nicht entgehen lassen daß Anziehungs- und Zurückstoßungskraft zum Wesen der Materie gehören und keine von der andern im Begriff der Materie getrennt werden könne; daraus ging mir die Urpolarität aller Wesen hervor, welche die unendliche Mannigfalt der Erscheinungen durchdringt und belebt.

Schon bey dem früheren Besuche der Fürstin Galizin mit Fürstenberg und Hemsterhuis in Weimar hatte ich dergleichen vorgebracht, ward aber, als wie mit gotteslästerlichen Reden, bey Seite und zur Ruhe gewiesen.

Man kann es keinem Kreise verdenken wenn er sich in sich selbst abschließt; und das thaten meine Freunde zu Pempelfort redlich. Von der schon ein Jahr gedruckten Metamorphose der Pflanzen hatten sie wenig Kenntniß genommen, und wenn ich meine morphologischen Gedanken, so geläufig sie mir auch waren, in bester Ordnung und wie es mir schien bis zur kräftigsten Ueberzeugung vortrug, so mußte ich doch leider bemerken daß die starre Vorstellungsart: nichts könne werden als was schon sey, sich aller Geister bemächtigt habe. In Gefolg dessen mußt' ich denn auch wieder hören: daß alles Lebendige aus dem Ey komme, worauf ich denn mit bitterm Scherze die alte Frage hervorhob: ob denn die Henne oder das Ey zuerst gewesen? Die Einschachtelungs-Lehre schien so plausibel und die Natur mit Bonnet zu contempliren höchst erbaulich.

Von meinen Beiträgen zur Optik hatte auch etwas verlautet, und ich ließ mich nicht lange bitten die Gesellschaft mit einigen Phänomenen und Versuchen zu unterhalten, wo mir denn ganz Neues vorzubringen nicht schwer fiel: denn alle Personen, so gebildet sie auch waren, hatten das gespaltene Licht eingelernt und wollten leider das Lebendige woran sie sich erfreuen auf jene todte Hypothese zurückgeführt wissen.

Doch ließ ich mir dergleichen eine Zeitlang gern gefallen, denn ich hielt niemals einen Vortrag ohne daß ich dabey gewonnen hätte; gewöhnlich gingen mir unterm Sprechen neue Lichter auf, und ich erfand im Fluß der Rede am gewissesten.

Freylich konnte ich auf diese Weise nur didactisch und dogmatisch verfahren, eine eigentlich dialectische und conversirende Gabe war mir nicht verliehen.

Oft aber trat auch eine böse Gewohnheit hervor deren ich mich anklagen muß: da mir das Gespräch wie es gewöhnlich geführt wird höchst langweilig war, indem nichts als beschränkte, individuelle Vorstellungsarten zur Sprache kamen, so pflegte ich den unter Menschen gewöhnlich entspringenden bornirten Streit durch gewaltsame Paradoxe aufzuregen und an's Aeußerste zu führen. Dadurch war die Gesellschaft meist verletzt und in mehr als einem Sinne verdrießlich. Denn oft, um meinen Zweck zu erreichen, mußt' ich das böse Prinzip spielen, und da die Menschen gut seyn und auch mich gut haben wollten, so ließen sie es nicht durchgehen; als Ernst konnte man es nicht gelten lassen, weil es nicht gründlich, als Scherz nicht, weil es zu herb war; zuletzt nannten sie mich einen umgekehrten Heuchler und versöhnten sich bald wieder mit mir. Doch kann ich nicht läugnen daß ich durch diese böse Manier mir manche Person entfremdet, andere zu Feinden gemacht habe.

Wie mit dem Zauberstäbchen jedoch konnte ich sogleich alle böse Geister vertreiben wenn ich von Italien zu erzählen anfing. Auch dahin war ich unvorbereitet, unvorsichtig gegangen; Abenteuer fehlten keineswegs, das Land selbst, seine Anmuth und Herrlichkeit hatte ich mir völlig eingeprägt, mir war Gestalt, Farbe, Haltung jener vom günstigsten Himmel umschienenen Landschaft noch unmittelbar gegenwärtig. Die schwachen Versuche eigenen Nachbildens hatten das Gedächtniß geschärft, ich konnte beschreiben als wenn ich's vor mir sähe; von belebender Staffage wimmelte es durch und durch, und so war jederman von den lebhaft vorbeygeführten Bilderzügen zufrieden, manchmal entzückt.

Wünschenswerth wäre nunmehr daß man, um die Anmuth des Pempelforter Aufenthalts vollkommen darzustellen, auch die Oertlichkeit worin dies alles vorging klar vergegenwärtigen könnte. Ein freystehendes geräumiges Haus, in der Nachbarschaft von weitläufigen wohlgehaltenen Gärten, im Sommer ein Paradies, auch im Winter höchst erfreulich. Jeder Sonnenblick ward in reinlicher, freyer Umgebung genossen; Abends, oder bey ungünstigem Wetter zog man sich gern in die schönen großen Zimmer zurück, die, behaglich, ohne Prunk ausgestattet, eine würdige Scene jeder geistreichen Unterhaltung darboten. Ein großes Speisezimmer, zahlreicher Familie und nie fehlenden Gästen geräumig heiter und bequem, lud an eine lange Tafel, wo es nicht an wünschenswerthen Speisen fehlte. Hier fand man sich zusammen, der Hauswirth immer munter und aufregend, die Schwestern wohlwollend und einsichtig, der Sohn ernst und hoffnungsvoll, die Tochter wohlgebildet, tüchtig, treuherzig und liebenswürdig, an die leider schon vorübergegangene Mutter und an die früheren Tage erinnernd, die man vor zwanzig Jahren in Frankfurt mit ihr zugebracht hatte.

Heinze, mit zur Familie gehörig, verstand Scherze jeder Art zu erwiedern; es gab Abende wo man nicht aus dem Lachen kam.

Die wenigen einsamen Stunden, die mir in diesem gastfreysten aller Häuser übrig blieben, wendete ich im Stillen an eine wunderliche Arbeit. Ich hatte während der Campagne, neben dem Tagebuch, poetische Tagesbefehle, satyrische Ordres du jour aufgezeichnet, nun wollte ich sie durchsehen und redigiren; allein ich bemerkte bald, daß ich mit kurzsichtigem Dünkel manches falsch gesehen und unrichtig beurtheilt habe, und da man gegen nichts strenger ist als gegen erst abgelegte Irrthümer, es auch bedenklich schien dergleichen Papiere irgend einem Zufall auszusetzen, so vernichtete ich das ganze Heft, in einem lebhaften Steinkohlen-Feuer; worüber ich mich nun in sofern betrübe, als es mir jetzt viel werth zur Einsicht in den Gang der Vorfälle und die Folge meiner Gedanken darüber seyn würde.

In dem nicht weit entfernten Düsseldorf wurden fleißige Besuche gemacht bey Freunden die zu dem Pempelforter Zirkel gehörten; auf der Gallerie war die gewöhnliche Zusammenkunft. Dort ließ sich eine entschiedene Neigung für die Italiänische Schule spüren, man zeigte sich höchst ungerecht gegen die Niederländische; freylich war der hohe Sinn der ersten anziehend, edle Gemüther hinreißend. Einst hatten wir uns lange in dem Saale des Rubens und der vorzüglichsten Niederländer aufgehalten, als wir heraustraten hing die Himmelfahrt von Guido gerade gegenüber, da rief einer begeistert aus: »ist es einem nicht zu Muthe als wenn man aus einer

Schenke in gute Gesellschaft käme!« An meinem Theil konnt' ich mir gefallen lassen daß die Meister, die mich noch vor Kurzem über den Alpen entzückt, sich so herrlich zeigten und leidenschaftliche Bewunderung erweckten; doch sucht' ich mich auch mit den Niederländern bekannt zu machen, deren Tugenden und Vorzüge im höchsten Grade sich hier den Augen darstellten, ich fand mir Gewinn für's ganze Leben.

Was mir aber noch mehr auffiel, war daß ein gewisser Freyheitssinn, ein Streben nach Demokratie sich in die hohen Stände verbreitet hatte; man schien nicht zu fühlen was alles erst zu verlieren sey, um zu irgend einer Art zweydeutigen Gewinnes zu gelangen. Lafayettes und Mirabeau's Büste, von Houdon sehr natürlich und ähnlich gebildet, sah ich hier göttlich verehrt, jenen wegen seiner ritterlichen und bürgerlichen Tugenden, diesen wegen Geisteskraft und Rednergewalt. So seltsam schwankte schon die Gesinnung der Deutschen; einige waren selbst in Paris gewesen, hatten die bedeutenden Männer reden hören, handeln sehen und waren, leider nach deutscher Art und Weise, zur Nachahmung aufgeregt worden, und das gerade zu einer Zeit wo die Sorge für das linke Rheinufer sich in Furcht verwandelte.

Die Noth schien dringend; Emigrirte füllten Düsseldorf, selbst die Brüder des Königs kamen an; man eilte sie zu sehen, ich traf sie auf der Gallerie und erinnerte mich dabey wie sie durchnäßt bey dem Auszuge aus Glorieux gesehen worden. Herr von Grimm und Frau von Beuil erschienen gleichfalls. Bey Ueberfüllung der Stadt hatte sie ein Apotheker aufgenommen; das Naturalienkabinet diente zum Schlafzimmer, Affen, Papageyen und andres Gethier belauschten den Morgenschlaf der liebenswürdigsten Dame; Muscheln und Corallen hinderten die Toilette sich gehörig auszubreiten, und so war das Einquartierungsübel, das wir kaum erst nach Frankreich gebracht hatten, wieder zu uns herübergeführt.

Frau von Goudenhofen eine schöne geistreiche Dame, sonst die Zierde des Maynzer Hofes, hatte sich auch hieher geflüchtet. Herr und Frau von Dom kamen von deutscher Seite heran, um von den Zuständen nähere Kenntniß zu nehmen.

Frankfurt war noch von den Franzosen besetzt, die Kriegsbewegungen hatten sich zwischen die Lahn und das Taunusgebirge gezogen; bey täglich abwechselnden, bald sichern bald unsichern Nachrichten war das Gespräch lebhaft und geistreich, aber wegen streitenden Interesses und Meinungen gewährte es nicht immer eine erfreuliche Unterhaltung. Ich konnte einer so problematischen, durchaus ungewissen, dem Zufall unterworfenen Sache keinen Ernst abgewinnen und war mit meinen paradoxen Späßen mitunter aufheiternd, mitunter lästig.

So erinnere ich mich, daß, an dem Abendtische, der Frankfurter Bürger mit Ehren gedacht ward, sie sollten sich gegen Cüstine männlich und gut betragen haben; ihre Aufführung und Gesinnung, hieß es, steche gar sehr ab gegen die unerlaubte Weise wie sich die Maynzer betragen und noch betrügen. Frau von Goudenhofen, in dem Enthusiasmus der sie sehr gut kleidete, rief aus: sie gäbe viel darum eine Frankfurter Bürgerin zu seyn. Ich erwiederte: das sey etwas leichtes; ich wisse ein Mittel, werde es aber als Geheimniß für mich behalten. Da man nun heftig und heftiger in mich drang, erklärt' ich zuletzt, die treffliche Dame dürfe mich nur heiraten, wodurch sie augenblicklich zur Frankfurter Bürgerin umgeschaffen werde. Allgemeines Gelächter!

Und was kam nicht alles zur Sprache! Als einst von der unglücklichen Campagne, besonders von der Kanonade bey Valmy die Rede war, versicherte Herr von Grimm: es sey von meinem wunderlichen Ritt ins Kanonenfeuer an des Königs Tafel die Rede gewesen; wahrscheinlich hatten die Offiziere denen ich damals begegnete davon gesprochen, das Resultat ging darauf hinaus: daß man sich darüber nicht wundern müsse, weil gar nicht zu berechnen sey was man von einem seltsamen Menschen zu erwarten habe.

Auch ein sehr geschickter, geistreicher Arzt nahm Theil an unsern Halbsaturnalien und ich dachte nicht in meinem Uebermuth, daß ich seiner sobald bedürfen würde. Er lachte daher, zu meinem Aerger, laut auf als er mich im Bette fand, wo ein gewaltiges rheumatisches Uebel, das ich mir durch Verkältung zugezogen, mich beynahe unbeweglich festhielt. Er, ein Schüler des Geheimerath Hofmann, dessen tüchtige Wunderlichkeiten, von Maynz und dem Churfürstlichen Hofe aus, bis weit hinunter den Rhein gewirkt, verfuhr sogleich mit Kampfer, welcher fast als Universal-Medizin galt. Löschpapier, Kreide darauf gerieben, sodann mit Kampfer bestreut, ward äußerlich, Kampfer gleichfalls, in kleinen Dosen, innerlich angewandt. Dem sey nun wie ihm wolle, ich war in einigen Tagen hergestellt.

Die Langeweile jedoch des Leidens ließ mich manche Betrachtung anstellen, die Schwäche, die aus einem bettlägrigen Zustande gar leicht erfolgt, ließ mich meine Lage bedenklich finden, das Fortschreiten der Franzosen in den Niederlanden war bedeutend und durch den Ruf vergrößert, man sprach täglich und stündlich von neuangekommenen Ausgewanderten.

Mein Aufenthalt in Pempelfort war schon lang genug, und, ohne die herzlichste Gastfreyheit der Familie, hätte jeder glauben müssen dort lästig zu seyn; auch hatte sich mein Bleiben nur zufällig verlängert; ich erwartete täglich und stündlich meine böhmische Chaise, die ich nicht gern zurücklassen wollte; sie war von Trier schon in Coblenz angekommen und sollte von dort bald weiter herab spedirt werden; da sie jedoch ausblieb vermehrte sich die Ungeduld die mich in den letzten Tagen ergriffen hatte. Jakobi überließ mir einen bequemen, obgleich an Eisen ziemlich schweren Reisewagen. Alles zog, wie man hörte, nach Westphalen hinein, und die Brüder des Königs wollten dort ihren Sitz aufschlagen.

Und so schied ich denn mit dem wunderlichsten Zwiespalt: die Neigung hielt mich in dem freundlichsten Kreise, der sich so eben auch höchst beunruhigt fühlte und ich sollte die edelsten Menschen in Sorgen und Verwirrung hinter mir lassen, bey schrecklichem Weg und Wetter, mich nun wieder in die wilde, wüste Welt hinauswagen, von dem Strome mit fortgezogen der unaufhaltsam eilenden Flüchtlinge, selbst mit Flüchtlingsgefühl.

Und doch hatte ich Aussicht unterwegs auf die angenehmste Einkehr, indem ich so nahe bey Münster die Fürstin Galizin nicht umgehen durfte.

Duisburg, November.

Und so fand ich mich denn abermals, nach Verlauf von vier Wochen, zwar viele Meilen weit entfernt von dem Schauplatz unseres ersten Unheils, doch wieder in derselben Gesellschaft, in demselben Gedränge der Emigrirten, die nun, jenseits entschieden vertrieben, diesseits nach Deutschland strömten, ohne Hülfe und ohne Rath.

Zu Mittag in dem Gasthof etwas spät angekommen saß ich am Ende der langen Tafel; Wirth und Wirthin, die mir als einem Deutschen den Widerwillen gegen die Franzosen schon ausgesprochen hatten, entschuldigten daß alle guten Plätze von diesen unwillkommenen Gästen besetzt seyen. Hiebey wurde bemerkt daß unter ihnen, trotz aller Erniedrigung, Elend und zu befürchtender Armuth, noch immer dieselbe Rangsucht und Unbescheidenheit gefunden werde.

Indem ich nun die Tafel hinauf sah erblickt' ich ganz oben,

quer vor, an der ersten Stelle einen alten, kleinen, wohlgestalteten Mann, von ruhigem, beynahe nichtigem Betragen. Er mußte vornehm seyn, denn zwey Nebensitzende erwiesen ihm die größte Aufmerksamkeit, wählten die ersten und besten Bissen ihm vorzulegen und man hätte beynahe sagen können, daß sie ihm solche zum Munde führten. Mir blieb nicht lange verborgen daß er vor Alter seiner Sinne kaum mächtig, als ein bedauernswürdiges Automat, den Schatten eines früheren wohlhabenden und ehrenvollen Lebens kümmerlich durch die Welt schleppe, indessen zwey Ergebene ihm den Traum des vorigen Zustandes wieder herbeyzuspiegeln trachteten.

Ich beschaute mir die übrigen; das bedenklichste Schicksal war auf allen Stirnen zu lesen: Soldaten, Commissäre, Abenteurer, vielleicht zu unterscheiden; alle waren still, denn jeder hatte seine eigene Noth zu übertragen, sie sahen ein grenzenloses Elend vor sich.

Etwa in der Hälfte des Mittagmahles kam noch ein hübscher junger Mann herein, ohne ausgezeichnete Gestalt, oder irgend ein Abzeichen, man konnte an ihm den Fußwanderer nicht verkennen. Er setzte sich still gegen mir über, nachdem er den Wirth um ein Couvert begrüßt hatte, und speiste was man ihm nachholte und vorsetzte mit ruhigem Betragen. Nach aufgehobener Tafel trat ich zum Wirth der mir ins Ohr sagte: ihr Nachbar soll seine Zeche nicht theuer bezahlen! Ich begriff nichts von diesen Worten, aber als der junge Mann sich näherte und fragte: was er schuldig sey? erwiederte der Wirth, nachdem er sich flüchtig über die Tafel umgeschaut, die Zeche sey ein Kopfstück. Der Fremde schien betreten und sagte: das sey wohl ein Irrthum, denn er habe nicht allein ein gutes Mittags-Essen gehabt, sondern auch einen Schoppen Wein; das müsse mehr betragen. Der Wirth antwortete darauf ganz ernsthaft: er pflege seine Rechnung selbst zu machen und die Gäste erlegten gerne was er forderte. Nun zahlte der junge Mann, entfernte sich bescheiden und verwundert; sogleich aber lös'te mir der Wirth das Räthsel. Dies ist der Erste von diesem vermaledeyten Volke, rief er aus, der schwarz Brod gegessen hat, das mußte ihm zu gute kommen.

In Duisburg wußt' ich einen einzigen alten Bekannten, den ich aufzusuchen nicht versäumte; Professor Plessing war es, mit dem sich vor vielen Jahren ein sentimental-romanhaftes Verhältniß anknüpfte, wovon ich hier das Nähere mittheilen will, da unsere Abendunterhaltung dadurch aus den unruhigsten Zeiten in die friedlichsten Tage versetzt wurde.

Werther, bey seinem Erscheinen in Deutschland, hatte keineswegs, wie man ihm vorwarf, eine Krankheit, ein Fieber erregt, sondern nur das Uebel aufgedeckt das in jungen Gemüthern verborgen lag. Während eines langen und glücklichen Friedens hatte sich eine literarisch-ästhetische Ausbildung auf deutschem Grund und Boden, innerhalb der National-Sprache, auf das Schönste entwickelt; doch gesellte sich bald, weil der Bezug nur aufs Innere ging, eine gewisse Sentimentalität hinzu, bey deren Ursprung und Fortgang man den Einfluß von Yorik-Sterne nicht verkennen darf; wenn auch sein Geist nicht über den Deutschen schwebte, so theilte sich sein Gefühl um desto lebhafter mit. Es entstand eine Art zärtlich-leidenschaftlicher Ascetik, welche, da uns die humoristische Ironie des Britten nicht gegeben war, in eine leidige Selbstquälerey gewöhnlich ausarten mußte. Ich hatte mich persönlich von diesem Uebel zu befreyen gesucht und trachtete nach meiner Ueberzeugung andern hülfreich zu seyn; das aber war schwerer als man denken konnte, denn eigentlich kam es drauf an einem jeden gegen sich selbst beyzustehen, wo denn von aller Hülfe wie sie uns die äussere Welt anbietet, es sey Erkenntniß, Belehrung, Beschäftigung, Begünstigung, die Rede gar nicht seyn konnte.

Hier müssen wir nun gar manche damals mit einwirkende

Thätigkeiten stillschweigend übergehen, aber zu unseren Zwecken macht sich nöthig eines andern großen, für sich waltenden Bestrebens umständlicher zu gedenken.

Lavaters Physiognomik hatte dem sittlich-geselligen Interesse eine ganz andere Wendung verliehen. Er fühlte sich im Besitz der geistigsten Kraft, jene sämmtlichen Eindrücke zu deuten, welche des Menschen Gesicht und Gestalt auf einen jeden ausübt, ohne daß er sich davon Rechenschaft zu geben wüßte; da er aber nicht geschaffen war irgend eine Abstraction methodisch zu suchen, so hielt er sich am einzelnen Falle und also am Individuum.

Heinrich Lips ein talentvoller junger Künstler, besonders geeignet zum Portrait, schloß sich fest an ihn, und sowohl zu Hause als auf der unternommenen Rheinreise kam er seinem Gönner nicht von der Seite. Nun ließ Lavater, theils aus Heißhunger nach gränzenloser Erfahrung, theils um soviel bedeutende Menschen als möglich an sein künftiges Werk zu gewöhnen und zu knüpfen, alle Personen abbilden die nur einigermaßen durch Stand und Talent, durch Charakter und That ausgezeichnet ihm begegneten.

Dadurch kam denn freylich gar manches Individuum zur Evidenz, es ward etwas mehr werth, aufgenommen in einen so edlen Kreis, seine Eigenschaften wurden durch den deutsamen Meister hervorgehoben, man glaubte sich einander näher zu kennen; und so ergab sichs aufs sonderbarste daß mancher Einzelne in seinem persönlichen Werth entschieden hervortrat, der sich bisher im bürgerlichen Lebens- und Staats-Gange ohne Bedeutung eingeordnet und eingeflochten gesehen.

Diese Wirkung war stärker und größer als man sie denken mag; ein jeder fühlte sich berechtigt von sich selbst als von einem abgeschlossenen, abgerundeten Wesen das Beste zu denken, und in seiner Einzelnheit vollständig gekräftigt, hielt er sich auch wohl für befugt, Eigenheiten, Thorheiten und Fehler in den Complex seines werthen Daseyns mit aufzunehmen.

Dergleichen Erfolg konnte sich um so leichter entwickeln als bey dem ganzen Verfahren die besondere individuelle Natur allein, ohne Rücksicht auf die allgemeine Vernunft, die doch alle Natur beherrschen soll, zur Sprache kam; dagegen war das religiose Element worin Lavater schwebte nicht hinreichend eine sich immer mehr entscheidende Selbstgefälligkeit zu mildern, ja es entstand bey Frommgesinnten daraus eher ein geistlicher Stolz, der es dem natürlichen an Erhebung auch wohl zuvor that.

Was aber zugleich nach jener Epoche folgerecht auffallend hervorging war die Achtung der Individuen unter einander. Nahmhafte ältere Männer wurden, wo nicht persönlich, doch im Bilde verehrt; und es durfte auch wohl ein junger Mann sich nur einigermaßen bedeutend hervorthun, so war alsbald der Wunsch nach persönlicher Bekanntschaft rege, in deren Ermangelung man sich mit seinem Portrait begnügte; wobey denn die, mit Sorgfalt und gutem Geschick, aufs genauste gezogenen Schattenrisse willkommene Dienste leisteten. Jederman war darin geübt und kein Fremder zog vorüber, den man nicht Abends an die Wand geschrieben hätte; die Storchschnäbel durften nicht rasten.

Menschenkenntniß und *Menschenliebe* waren uns bey diesem Verfahren versprochen, wechselseitige Theilnahme hatte sich entwickelt, wechselseitiges Kennen und Erkennen aber wollte sich so schnell nicht entfalten; zu beyden Zwecken jedoch war die Thätigkeit sehr groß und was in diesem Sinne von einem herrlich begabten jungen Fürsten, von seiner wohlgesinnten, geistreich-lebhaften Umgebung für Aufmunterung und Förderniß nah und fern gewirkt ward, wäre schön zu erzählen, wenn es nicht löblich schiene die Anfänge bedeutender Zustände einem ehrwürdigen Dunkel anheim zu geben.

Vielleicht sahen die Kotyledonen jener Saat etwas wunderlich aus; der Erndte jedoch, woran das Vaterland und die Aussenwelt ihren Antheil freudig dahin nahm, wird in den spätesten Zeiten noch immer ein dankbares Andenken nicht ermangeln.

Wer Vorgesagtes in Gedanken festhält und sich davon durchdringt, wird nachstehendes Abenteuer, welches beyde Theilnehmende unter dem Abendessen vergnüglich in der Erinnerung belebten, weder unwahrscheinlich noch ungereimt finden.

Zu manchem andern, brieflichen und persönlichen Zudrang erhielt ich in der Hälfte des Jahrs 1776 von Wernigerode datirt, Plessing unterzeichnet, ein Schreiben, vielmehr ein Heft, fast das Wunderbarste was mir in jener selbstquälerischen Art vor Augen gekommen; man erkannte daran einen jungen, durch Schulen und Universität gebildeten Mann, dem nun aber sein sämmtlich Gelerntes zu eigener, innerer, sittlicher Beruhigung nicht gedeihen wollte. Eine geübte Handschrift war gut zu lesen, der Styl gewandt und fließend und ob man gleich eine Bestimmung zum Canzelredner darin entdeckte, so war doch alles frisch und brav aus dem Herzen geschrieben, daß man ihm einen gegenseitigen Antheil nicht versagen konnte. Wollte nun aber dieser Antheil lebhaft werden, suchte man sich die Zustände des Leidenden näher zu entwickeln, so glaubte man statt des Duldens Eigensinn, statt des Ertragens Hartnäckigkeit und statt eines sehnsüchtigen Verlangens abstoßendes Wegweisen zu bemerken. Da ward mir denn nach jenem Zeitsinn der Wunsch lebhaft rege, diesen jungen Mann von Angesicht zu sehen; ihn aber zu mir zu bescheiden hielt ich nicht für räthlich. Ich hatte mir, unter bekannten Umständen, schon eine Zahl von jungen Männern aufgebürdet, die, anstatt mit mir auf meinem Wege einer reineren höheren Bildung entgegen zu gehen, auf dem ihrigen verharrend sich nicht besser befanden und mich in meinen Fortschritten hinderten.

Ich ließ die Sache indessen hängen, von der Zeit irgend eine Vermittelung erwartend. Da erhielt ich einen zweyten kürzern, aber auch lebhafteren, heftigern Brief, worin der Schreiber auf Antwort und Erklärung drang und sie ihm nicht zu versagen mich feyerlichst beschwor.

Aber auch dieser wiederholte Sturm brachte mich nicht aus der Fassung; die zweyten Blätter gingen mir so wenig als die ersten zu Herzen, aber die herrische Gewohnheit jungen Männern meines Alters in Herzens- und Geistesnöthen beyzustehen ließ mich sein doch nicht ganz vergessen.

Die um einen trefflichen jungen Fürsten versammelte Weimarische Gesellschaft trennte sich nicht leicht, ihre Beschäftigungen und Unternehmungen, Scherze, Freuden und Leiden waren gemeinsam. Da ward nun zu Ende Novembers eine Jagdpartie auf wilde Schweine, nothgedrungen auf das häufige Klagen des Landvolks, im Eisenachischen unternommen, der ich, als damaliger Gast, auch beyzuwohnen hatte; ich erbat mir jedoch die Erlaubniß nach einem kleinen Umweg mich anschließen zu dürfen.

Nun hatte ich einen wundersamen geheimen Reiseplan. Ich mußte nämlich, nicht nur etwa von Geschäftsleuten sondern auch von vielen am Ganzen theilnehmenden Weimarern, öfter den lebhaften Wunsch hören es möge doch das Ilmenauer Bergwerk wieder aufgenommen werden. Nun ward von mir, der ich nur die allgemeinsten Begriffe vom Bergbau allenfalls besaß, zwar weder Gutachten noch Meinung, doch Antheil verlangt, aber diesen konnt' ich an irgend einem Gegenstand nur durch unmittelbares Anschauen gewinnen. Ich dachte mir unerläßlich vor allen Dingen das Bergwesen in seinem ganzen Complex, und wär' es auch nur flüchtig, mit Augen zu sehen und mit dem Geiste zu fassen, denn alsdann nur konnt' ich hoffen in das Positive weiter einzudringen und mich mit dem Historischen zu befreunden. Deshalb hatt' ich mir längst eine Reise auf den Harz gedacht und gerade jetzt, da ohnehin diese Jahrszeit in Jagdlust unter freyem Himmel zugebracht werden sollte, fühlte ich mich dahin getrieben. Alles Winterwesen hatte überdies in jener Zeit für mich große Reize, und was die Bergwerke betraf so war ja in ihren Tiefen weder Winter noch Sommer merkbar; wobey ich zugleich gern bekenne, daß die Absicht meinen wunderlichen Correspondenten persönlich zu sehen und zu prüfen wohl die Hälfte des Gewichtes meinem Entschluß hinzufügte.

Indem sich nun die Jagdlustigen nach einer andern Seite hin begaben, ritt ich ganz allein dem Ettersberge zu und begann jene Ode die unter dem Titel *Harzreise im Winter*, so lange als Räthsel unter meinen kleineren Gedichten Platz gefunden. Im düstern und von Norden her sich heranwälzenden Schneegewölk schwebte hoch ein Geyer über mir. Die Nacht verblieb ich in Sondershausen und gelangte des andern Tags sobald nach Nordhausen, daß ich gleich nach Tische weiter zu gehen beschloß, aber mit Boten und Laterne nach mancherley Gefährlichkeiten erst sehr spät in Ilfeld ankam.

Ein ansehnlicher Gasthof war glänzend erleuchtet, es schien ein besonderes Fest darin gefeyert zu werden. Erst wollte der Wirth mich gar nicht aufnehmen: die Commissarien der höchsten Höfe, hieß es, seyen schon lange hier beschäftigt wichtige Einrichtungen zu treffen und verschiedene Interesse zu vereinbaren, und da dies nun glücklich vollendet sey, gäben sie heute Abend einen allgemeinen Schmaus. Auf dringende Vorstellung jedoch und einige Winke des Boten, daß man mit mir nicht übel fahre, erbot sich der Mann mir den Bretterverschlag in der Wirthsstube, seinen eigentlichen Wohnsitz, und zugleich sein weißzüüberziehendes Ehebett einzuräumen. Er führte mich durch das weite hellerleuchtete Wirthszimmer, da ich mir denn im Vorbeygehen die sämmtlichen munteren Gäste flüchtig beschaute.

Doch sie sämmtlich zu meiner Unterhaltung näher zu betrachten, gab mir in den Brettern des Verschlags eine Astlücke die beste Gelegenheit, die seine Gäste zu belauschen dem Wirthe selbst oft dienen mochte. Ich sah die lange und wohlerleuchtete Tafel von unten hinauf, ich überschaute sie wie man oft die Hochzeit von Kana gemalt sieht; nun musterte ich bequem von oben bis herab also: Vorsitzende, Räthe, andere Theilnehmende, und dann immer so weiter, Secretarien, Schreiber und Gehülfen. Ein glücklich geendigtes, beschwerliches Geschäft schien eine Gleichheit aller thätig Theilnehmenden zu bewirken, man schwatzte mit Freyheit, trank Gesundheiten, wechselte Scherz um Scherz, wobey einige Gäste bezeichnet schienen, Witz und Spaß an ihnen zu üben; genug es war ein fröhliches, bedeutendes Mahl, das ich bey dem hellsten Kerzenscheine in seinen Eigenthümlichkeiten ruhig beobachten konnte, eben als wenn der hinkende Teufel mir zur Seite stehe und einen ganz fremden Zustand unmittelbar zu beschauen und zu erkennen mich begünstigte. Und wie dies mir nach der düstersten Nachtreise in den Harz hinein ergötzlich gewesen, werden die Freunde solcher Abenteuer beurtheilen. Manchmal schien es mir ganz gespensterhaft als säh ich in einer Berghöhle wohlgemuthe Geister sich erlustigen.

Nach einer wohl durchschlafenen Nacht eilte ich frühe, von einem Boten abermals geleitet, der Baumannshöle zu, ich durchkroch sie und betrachtete mir das fortwirkende Naturereigniß ganz genau. Schwarze Marmormassen aufgelös't, zu weißen krystallinischen Säulen und Flächen wieder hergestellt, deuteten mir auf das fortwebende Leben der Natur. Freylich verschwanden vor dem ruhigen Blick alle die Wunderbilder die sich eine düster wirkende Einbildungskraft so gern aus formlosen Gestalten erschaffen mag; dafür blieb aber auch das eigne Wahre desto reiner zurück und ich fühlte mich dadurch gar schön bereichert.

Wieder ans Tageslicht gelangt schrieb ich die nothwendigsten Bemerkungen, zugleich aber auch mit ganz frischem Sinn, die ersten Strophen des Gedichts, das unter dem Titel: *Harzreise im Winter*, die Aufmerksamkeit mancher Freunde bis auf die letzten Zeiten erregt hat; davon mögen denn die Strophen welche sich auf den nun bald zu erblickenden wunderlichen Mann beziehen hier Platz finden, weil sie mehr als viele Worte den damaligen liebevollen Zustand meines Innern auszusprechen geeignet sind.

  Aber abseits wer ist's?
  Ins Gebüsch verliert sich sein Pfad,
  Hinter ihm schlagen
  Die Sträuche zusammen,
  Das Gras steht wieder auf,
  Die Oede verschlingt ihn.

  Ach! wer heilet die Schmerzen
  Deß, dem Balsam zu Gift ward?
  Der sich Menschenhaß
  Aus der Fülle der Liebe trank?
  Erst verachtet, nun ein Verächter,
  Zehrt er heimlich auf
  Seinen eigenen Werth
  In ungnügender Selbstsucht.

  Ist auf deinem Psalter,
  Vater der Liebe, ein Ton
  Seinem Ohr vernehmlich,
  So erquicke sein Herz!

Oeffne den umwölkten Blick
Ueber die tausend Quellen
Neben dem Durstenden
In der Wüste.

Im Gasthof zu Wernigerode angekommen ließ ich mich mit dem Kellner in ein Gespräch ein, ich fand ihn als einen sinnigen Menschen der seine städtischen Mitgenossen ziemlich zu kennen schien. Ich sagt' ihm darauf es sey meine Art, wenn ich an einen fremden Ort ohne besondere Empfehlung anlangte, mich nach jüngern Personen zu erkundigen, die sich durch Wissenschaft und Gelehrsamkeit auszeichneten; er möge mir daher jemanden der Art nennen, damit ich einen angenehmen Abend zubrächte. Darauf erwiederte ohne weiteres Bedenken der Kellner: es werde mir gewiß mit der Gesellschaft des Herrn Plessing gedient seyn, dem Sohne des Superintendenten; als Knabe sey er schon in Schulen ausgezeichnet worden und habe noch immer den Ruf eines fleißigen guten Kopfs, nur wolle man seine finstere Laune tadeln und nicht gut finden daß er mit unfreundlichem Betragen sich aus der Gesellschaft ausschließe. Gegen Fremde sey er zuvorkommend, wie Beyspiele bekannt wären; wollte ich angemeldet seyn, so könne es sogleich geschehen.

Der Kellner brachte mir bald eine bejahende Antwort und führte mich hin. Es war schon Abend geworden als ich in ein großes Zimmer des Erdgeschosses, wie man es in geistlichen Häusern antrift, hineintrat und den jungen Mann in der Dämmerung noch ziemlich deutlich erblickte. Allein an einigen Symptomen konnt' ich bemerken daß die Eltern eilig das Zimmer verlassen hatten, um dem unvermutheten Gaste Platz zu machen.

Das hereingebrachte Licht ließ mich den jungen Mann nunmehr ganz deutlich erkennen, er glich seinem Briefe völlig und so wie jenes Schreiben erregte er Interesse ohne Anziehungskraft auszuüben.

Um ein näheres Gespräch einzuleiten, erklärt' ich mich für einen Zeichenkünstler von Gotha, der wegen Familien-Angelegenheiten in dieser unfreundlichen Jahrszeit Schwester und Schwager in Braunschweig zu besuchen habe.

Mit Lebhaftigkeit fiel er mir beynahe ins Wort und rief aus: da Sie so nahe an Weimar wohnen, so werden Sie doch auch diesen Ort der sich so berühmt macht öfters besucht haben. Dieses bejaht' ich ganz einfach und fing an von Rath Kraus, von der Zeichenschule, von Legationsrath Bertuch und dessen unermüdeter Thätigkeit zu sprechen; ich vergaß weder Musäus noch Jagemann, Capellmeister Wolf und einige Frauen, und bezeichnete den Kreis den diese wackern Personen abschlossen und jeden Fremden willig und freundlich unter sich aufnahmen.

Endlich fuhr er etwas ungeduldig heraus: warum nennen Sie denn Goethe nicht? Ich erwiederte daß ich diesen auch wohl in gedachtem Kreise als willkommenen Gast gesehen und von ihm selbst persönlich als fremder Künstler wohl aufgenommen und gefördert worden, ohne daß ich weiter viel von ihm zu sagen wisse, da er theils allein theils in andern Verhältnissen lebe.

Der junge Mann, der mit unruhiger Aufmerksamkeit zugehört hatte, verlangte nunmehr mit einigem Ungestüm ich solle ihm das seltsame Individuum schildern, das so viel von sich reden mache. Ich trug ihm darauf mit großer Ingenuität eine Schilderung vor die für mich nicht schwer wurde, da die seltsame Person in der seltsamsten Lage mir gegenwärtig stand, und wäre ihm von der Natur nur etwas mehr Herzenssagacität gegönnt gewesen, so konnte ihm nicht verborgen bleiben daß der vor ihm stehende Gast sich selbst schildere.

Er war einigemal im Zimmer auf- und abgegangen, indeß die Magd hereintrat, eine Flasche Wein und sehr reinlich bereitetes kaltes Abendbrod auf den Tisch setzte; er schenkte beyden ein, stieß an und schluckte das Glas sehr lebhaft hinunter. Und kaum hatte ich mit etwas gemäßigtern Zügen das meinige geleert, ergriff er heftig meinen Arm und rief: O, verzeihen Sie meinem wunderlichen Betragen! Sie haben mir aber soviel Vertrauen eingeflößt daß ich Ihnen alles entdecken muß. Dieser Mann, wie Sie mir ihn beschreiben, hätte mir doch antworten sollen; ich habe ihm einen ausführlichen, herzlichen Brief geschickt, ihm meine Zustände, meine Leiden geschildert, ihn gebeten sich meiner anzunehmen, mir zu rathen, mir zu helfen, und nun sind schon Monate verstrichen, ich vernehme nichts von ihm; wenigstens hätte ich ein ablehnendes Wort auf ein so unbegränztes Vertrauen wohl verdient.

Ich erwiederte darauf daß ich ein solches Benehmen weder erklären noch entschuldigen könne, soviel wisse ich aber, aus eigener Erfahrung, daß ein gewaltiger sowohl ideeller als reeller Zudrang diesen sonst wohlgesinnten, wohlwollenden und hülfsfertigen jungen Mann oft außer Stand setze sich zu bewegen geschweige zu wirken.

Sind wir zufällig so weit gekommen, sprach er darauf mit einiger Fassung, den Brief muß ich Ihnen vorlesen, und Sie sollen urtheilen ob er nicht irgend eine Antwort, irgend eine Erwiederung verdiente.

Ich ging im Zimmer auf und ab die Vorlesung zu erwarten, ihrer Wirkung schon beynahe ganz gewiß, deshalb nicht weiter nachdenkend, um mir selbst in einem so zarten Falle nicht vorzugreifen. Nun saß er gegen mir über und fing an die Blätter zu lesen, die ich in- und auswendig kannte und vielleicht war ich niemals mehr von der Behauptung der Physiognomisten überzeugt, ein lebendiges Wesen sey in allem seinen Handlen und Betragen vollkommen übereinstimmend mit sich selbst, und jede in die Wirklichkeit hervorgetretene Monas erzeige sich in vollkommener Einheit ihrer Eigenthümlichkeiten. Der Lesende paßte völlig zu dem Gelesenen, und wie dieses früher in der Abwesenheit mich nicht ansprach, so war es nun auch mit der Gegenwart, man konnte zwar dem jungen Mann eine Achtung nicht versagen, eine Theilnahme, die mich denn auch auf einen so wunderlichen Weg geführt hatte: denn ein ernstliches Wollen sprach sich aus, ein edler Sinn und Zweck; aber obschon von den zärtlichsten Gefühlen die Rede war, blieb der Vortrag ohne Anmuth, und eine ganz eigensbeschränkte Selbstigkeit that sich kräftig hervor. Als er nun geendet hatte fragte er mit Hast, was ich dazu sage? und ob ein solches Schreiben nicht eine Antwort verdient, ja gefordert hätte?

Indessen war mir der bedauernswürdige Zustand dieses jungen Mannes immer deutlicher geworden; er hatte nämlich von der Aussenwelt niemals Kenntniß genommen, dagegen sich durch Lectüre mannigfaltig ausgebildet, alle seine Kraft und Neigung aber nach Innen gewendet und sich auf diese Weise, da er in der Tiefe seines Lebens kein productives Talent fand, so gut als zu Grunde gerichtet; wie ihm denn sogar Unterhaltung und Trost, dergleichen uns aus der Beschäftigung mit alten Sprachen so herrlich zu gewinnen offen steht, völlig abzugehen schien.

Da ich an mir und andern schon glücklich erprobt hatte daß in solchem Fall eine rasche gläubige Wendung gegen die Natur und ihre gränzenlose Mannigfaltigkeit das beste Heilmittel sey, so wagt' ich alsobald den Versuch es auch in diesem Falle anzuwenden und ihm daher nach einigem Bedenken folgendermaßen zu antworten:

Ich glaube zu begreifen warum der junge Mann, auf den Sie soviel Vertrauen gesetzt, gegen Sie stumm geblieben, denn seine jetzige Denkweise weicht zu sehr von der Ihrigen ab als daß er hoffen dürfte sich mit Ihnen verständigen zu können. Ich habe selbst einigen Unterhaltungen in jenem Kreise beygewohnt und behaupten hören: man werde sich aus einem schmerzlichen, selbstquälerischen, düstern Seelenzustande nur durch Naturbeschauung und herzliche Theilnahme an der äussern Welt retten und befreyen. Schon die allgemeinste Bekanntschaft mit der Natur, gleichviel von welcher Seite, ein thätiges Eingreifen, sey es als Gärtner oder Landbebauer, als Jäger oder Bergmann, ziehe uns von uns selbst ab; die Richtung geistiger Kräfte auf wirkliche, wahrhafte Erscheinungen gebe nach und nach das größte Behagen, Klarheit und Belehrung: wie denn der Künstler, der sich treu an der Natur halte und zugleich sein Inneres auszubilden suche, gewiß am besten fahren werde.

Der junge Freund schien darüber sehr unruhig und ungeduldig, wie man über eine fremde oder verworrene Sprache, deren Sinn wir nicht vernehmen, ärgerlich zu werden anfängt. Ich darauf, ohne sonderliche Hoffnung eines glücklichen Erfolgs, eigentlich aber um nicht zu verstummen, fuhr zu reden fort. Mir, als Landschaftsmaler, sagte ich, mußte dies zu allererst einleuchten, da ja meine Kunst unmittelbar auf die Natur gewiesen ist; doch habe ich seit jener Zeit emsiger und eifriger als bisher nicht etwa nur ausgezeichnete und auffallende Naturbilder und Erscheinungen betrachtet, sondern mich zu allem und jedem liebevoll hingewendet. Damit ich mich nun aber nicht ins Allgemeine verlöre, erzählte ich wie mir sogar diese nothgedrungene Winterreise, anstatt beschwerlich zu seyn, dauernden Genuß gewährt; ich schilderte ihm, mit malerischer Poesie und doch so unmittelbar und natürlich als ich nur konnte, den Vorschritt meiner Reise, jenen morgendlichen Schneehimmel über den Bergen, die mannigfaltigsten Tageserscheinungen, dann bot ich seiner Einbildungskraft die wunderlichen Thurm- und

Mauerbefestigungen von Nordhausen, gesehen bey hereinbrechender Abenddämmerung, ferner die nächtlich rauschenden, von des Boten Laterne zwischen Bergschluchten flüchtig erleuchtet blinkenden Gewässer, und gelangte sodann zur Baumannshöhle.

Hier aber unterbrach er mich lebhaft und versicherte: der kurze Weg den er daran gewendet gereue ihn ganz eigentlich; sie habe keineswegs dem Bilde sich gleich gestellt, das er in seiner Phantasie entworfen. Nach dem Vorhergegangnen konnten mich solche krankhafte Symptome nicht verdrießen: denn wie oft hatte ich erfahren müssen daß der Mensch den Werth einer klaren Wirklichkeit gegen ein trübes Phantom seiner düstern Einbildungskraft von sich ablehnt. Eben so wenig war ich verwundert als er auf meine Frage: wie er sich denn die Höhle vorgestellt habe? eine Beschreibung machte wie kaum der kühnste Theatermaler den Vorhof des Plutonischen Reiches darzustellen gewagt hätte.

Ich versuchte hierauf noch einige propädeutische Wendungen als Versuchsmittel einer zu unternehmenden Kur; ich ward aber mit der Versicherung: es könne und solle ihm nichts in dieser Welt genügen, so entschieden abgewiesen, daß mein Innerstes sich zuschloß und ich mein Gewissen, durch den beschwerlichen Weg, im Bewußtseyn des besten Willens, völlig befreyt und mich gegen ihn von jeder weiteren Pflicht entbunden glaubte.

Es war schon spät geworden als er mir den zweyten noch heftigern, mir gleichfalls nicht unbekannten brieflichen Erlaß vorlesen wollte, doch aber meine Entschuldigung wegen allzugroßer Müdigkeit gelten ließ, indem er zugleich eine Einladung auf Morgen zu Tische im Namen der Seinigen dringend hinzufügte: wogegen ich mir die Erklärung auf Morgen ganz in der Frühe vorbehielt. Und so schieden wir friedlich und schicklich; seine Persönlichkeit ließ einen ganz individuellen

Eindruck zurück. Er war von mittlerer Größe, seine Gesichtszüge hatten nichts anlockendes aber auch nichts eigentlich abstoßendes, sein düsteres Wesen erschien nicht unhöflich, er konnte vielmehr für einen wohlerzogenen jungen Mann gelten, der sich in der Stille auf Schulen und Akademien zu Canzel und Lehrstuhl vorbereitet hatte.

Heraustretend fand ich den völlig aufgehellten Himmel von Sternen blinken, Straßen und Plätze mit Schnee überdeckt, blieb auf einem schmalen Steg ruhig stehn und beschaute mir die winternächtliche Welt. Zugleich überdacht' ich das Abenteuer und fühlte mich fest entschlossen den jungen Mann nicht wieder zu sehen; in Gefolg dessen bestellt' ich mein Pferd auf Tagesanbruch, übergab ein anonymes, entschuldigendes Bleystiftblättchen dem Kellner, dem ich zugleich so viel Gutes und Wahres von dem jungen Manne, den er mir bekannt gemacht, zu sagen wußte, welches denn der gewandte Bursche mit eigner Zufriedenheit gewiß wohl benutzt haben mag.

Nun ritt ich an dem Nordosthange des Harzes, im grimmigen, mich zur Seite bestürmenden Stöberwetter, nachdem ich vorher den Rammelsberg, Messing-Hütten und die sonstigen Anstalten der Art beschaut und ihre Weise mir eingeprägt hatte, nach Goslar, wovon ich diesmal nicht weiter erzähle, da ich mich künftig mit meinen Lesern darüber umständlich zu unterhalten hoffe.

Ich wüßte nicht wie viel Zeit vorüber gegangen ohne daß ich etwas weiter von dem jungen Manne gehört hätte, als unerwartet an einem Morgen mir ein Billet ins Gartenhaus bey Weimar zukam, wodurch er sich anmeldete; ich schrieb ihm einige Worte dagegen, er werde mir willkommen seyn. Ich erwartete nun einen seltsamen Erkennungs-Auftritt, allein er blieb hereintretend ganz ruhig und sprach: ich bin nicht überrascht Sie hier zu finden, die Handschrift Ihres Billets rief mir so deutlich jene Züge wieder ins Gedächtniß die Sie, aus Wernigerode scheidend, mir hinterließen, daß ich keinen Augenblick zweifelte jenen geheimnißvollen Reisenden abermals hier zu finden.

Schon dieser Eingang war erfreulich, und es eröffnete sich ein trauliches Gespräch, worin er mir seine Lage zu entwickeln trachtete und ich ihm dagegen meine Meynung nicht vorenthielt. In wiefern sich seine innern Zustände wirklich gebessert hatten wüßt' ich nicht mehr anzugeben, es mußte aber damit nicht so gar schlimm aussehen, denn wir schieden nach mehreren Gesprächen friedlich und freundlich, nur daß ich sein heftiges Begehren nach leidenschaftlicher Freundschaft und innigster Verbindung nicht erwiedern konnte.

Noch eine Zeitlang unterhielten wir ein briefliches Verhältniß; ich kam in den Fall ihm einige reelle Dienste zu leisten, deren er sich denn auch bey gegenwärtiger Zusammenkunft dankbar erinnerte, so wie denn überhaupt das Zurückschauen in jene früheren Tage beyden Theilen einige angenehme Stunden gewährte. Er, nach wie vor immer nur mit sich selbst beschäftigt, hatte viel zu erzählen und mitzutheilen. Ihm war geglückt im Laufe der Jahre sich den Rang eines geachteten Schriftstellers zu erwerben, indem er die Geschichte älterer Philosophie ernstlich behandelte, besonders derjenigen die sich zum Geheimniß neigt, woraus er denn die Anfänge und Ur-Zustände der Menschen abzuleiten trachtete. Seine Bücher, die er mir wie sie herauskamen zusendete, hatte ich freylich nicht gelesen; jene Bemühungen lagen zu weit von demjenigen ab was mich interessirte.

Seine gegenwärtigen Zustände fand ich auch keineswegs behaglich; er hatte Sprach- und Geschichtskenntnisse, die er so lange versäumt und abgelehnt, endlich mit wüthender Anstrengung erstürmt und durch dieses geistige Unmaaß sein Physisches zerrüttet; zudem schienen seine ökonomischen

Umstände nicht die besten, wenigstens erlaubte sein mäßiges Einkommen ihm nicht sich sonderlich zu pflegen und zu schonen; auch hatte sich das düstere jugendliche Treiben nicht ganz ausgleichen können; noch immer schien er einem Unerreichbaren nachzustreben, und als die Erinnerung früherer Verhältnisse endlich erschöpft war, so wollte keine eigentlich frohe Mittheilung statt finden. Meine gegenwärtige Art zu seyn konnte fast noch entfernter von der seinigen als jemals angesehen werden. Wir schieden jedoch in dem besten Vernehmen, aber auch ihn verließ ich in Furcht und Sorge wegen der drangvollen Zeit.

Den verdienten Merrem besuchte ich gleichfalls, dessen schöne naturhistorische Kenntnisse alsbald eine frohere Unterhaltung gewährten. Er zeigte mir manches Bedeutende vor, schenkte mir sein Werk über die Schlangen und so ward ich aufmerksam auf seinen weitern Lebensgang, woraus mir mancher Nutzen erwuchs; denn das ist der höchst erfreuliche Vortheil von Reisen, daß einmal erkannte Persönlichkeiten und Localitäten unsern Antheil zeitlebens nicht loslassen.

Münster November 1792.
Der Fürstin angemeldet hoffte ich gleich den behaglichsten Zustand; allein ich sollte noch vorher eine zeitgemäße Prüfung erdulden: denn auf der Fahrt von mancherley Hindernissen aufgehalten, gelangte ich erst tief in der Nacht zur Stadt. Ich hielt nicht für schicklich, durch einen solchen Ueberfall gleich beym Eintritt die Gastfreundschaft in diesem Grade zu prüfen; ich fuhr daher an einen Gasthof, wo mir aber Zimmer und Bette durchaus versagt wurde; die Emigrirten hatten sich in Masse auch hierher geworfen und jeden Winkel gefüllt. Unter diesen Umständen bedachte ich mich nicht lange

und brachte die Stunden auf einem Stuhle in der Wirthsstube hin, immer noch bequemer als vor kurzem, da beym dichtesten Regenwetter von Dach und Fach nichts zu finden war.

Auf diese geringe Entbehrung erfuhr ich den andern Morgen das Allerbeste. Die Fürstin ging mir entgegen, ich fand in ihrem Hause zu meiner Aufnahme alles vorbereitet. Das Verhältniß von meiner Seite war rein, ich kannte die Glieder des Cirkels früher genugsam, ich wußte daß ich in einen frommen sittlichen Kreis hereintrat und betrug mich darnach. Von jener Seite benahm man sich gesellig, klug und nicht beschränkend.

Die Fürstin hatte uns vor Jahren in Weimar besucht, mit von Fürstenberg und Hemsterhuis; auch ihre Kinder waren von der Gesellschaft; damals verglich man sich schon über gewisse Puncte und schied, Einiges zugebend, Anderes duldend, im besten Vernehmen. Sie war eines der Individuen, von denen man sich gar keinen Begriff machen kann, wenn man sie nicht gesehen hat, die man nicht richtig beurtheilt, wenn man eben diese Individualität nicht in Verbindung, so wie im Conflict mit ihrer Zeitumgebung betrachtet. Von Fürstenberg und Hemsterhuis, zwey vorzügliche Männer, begleiteten sie treulich, und in einer solchen Gesellschaft war das Gute so wie das Schöne immerfort wirksam und unterhaltend. Letzterer war indessen gestorben, jener nunmehr um so viel Jahre älter, immer derselbe verständige, edle, ruhige Mann; und welche sonderbare Stellung in der Mitwelt! Geistlicher, Staatsmann, so nahe den Fürstenthron zu besteigen.

Die ersten Unterhaltungen, nachdem das persönliche Andenken früherer Zeit sich ausgesprochen hatte, wandten sich auf Hamann, dessen Grab, in der Ecke des entlaubten Gartens, mir bald in die Augen schien.

Seine großen unvergleichlichen Eigenschaften gaben zu herrlichen Betrachtungen Anlaß; seine letzten Tage jedoch blieben unbesprochen; der Mann, der diesem endlich erwählten Kreise so bedeutend und erfreulich gewesen, ward im Tode den Freunden einigermaßen unbequem; man mochte sich über sein Begräbniß entscheiden wie man wollte, so war es außer der Regel.

Den Zustand der Fürstin, nahe gesehen, konnte man nicht anders als liebevoll betrachten; sie kam früh zum Gefühl daß die Welt uns nichts gebe, daß man sich in sich selbst zurückziehen, daß man in einem innern, beschränkten Kreise um Zeit und Ewigkeit besorgt seyn müsse.

Beydes hatte sie erfaßt; das höchste Zeitliche fand sie im Natürlichen, und hier erinnere man sich Rousseauischer Maximen über bürgerliches Leben und Kinderzucht. Zum einfaltigen Wahren wollte man in allem zurückkehren, Schnürbrust und Absatz verschwanden, der Puder zerstob, die Haare fielen in natürlichen Locken. Ihre Kinder lernten schwimmen und rennen, vielleicht auch balgen und ringen. Diesmal hätte ich die Tochter kaum wieder gekannt; sie war gewachsen und stämmiger geworden, ich fand sie verständig, liebenswerth, haushälterisch, dem halbklösterlichen Leben sich fügend und widmend. So war es mit dem zeitlich Gegenwärtigen, das ewige Künftige hatten sie in einer Religion gefunden, die das, was andere lehrend hoffen lassen, heilig betheuernd zusagt und verspricht.

Aber als die schönste Vermittelung zwischen beyden Welten entsproßte Wohlthätigkeit, die mildeste Wirkung einer ernsten Ascetik; das Leben füllte sich aus mit Religionsübung und Wohlthun; Mäßigkeit und Genügsamkeit sprach sich aus in der ganzen häuslichen Umgebung, jedes tägliche Bedürfniß ward reichlich und einfach befriedigt, die Wohnung selbst aber, Hausrath und alles dessen man sonst benöthigt ist, erschien weder elegant noch kostbar; es sah eben aus als wenn man anständig zur Miethe wohne. Eben dies galt von Fürstenbergs häuslicher Umgebung, er bewohnte einen Palast, aber einen fremden, den er seinen Kindern nicht hinterlassen sollte. Und so bewies er sich in allem sehr einfach, mäßig, genügsam, auf innerer Würde beruhend, alles Aeußere verschmähend so wie die Fürstin auch.

Innerhalb dieses Elementes bewegte sich die geistreichste herzlichste Unterhaltung, ernsthaft, durch Philosophie vermittelt, heiter durch Kunst, und wenn man bey jener selten von gleichen Prinzipien ausgeht, so freut man sich bey dieser meist Uebereinstimmung zu finden.

Hemsterhuis, Niederländer, fein gesinnt, zu den Alten von Jugend auf gebildet, hatte sein Leben der Fürstin gewidmet, so wie seine Schriften, die durchaus von wechselseitigem Vertrauen und gleichem Bildungsgange das unverwüstlichste Zeugniß ablegen.

Mit eigener scharfsinniger Zartheit wurde dieser schätzenswerthe Mann dem Geistig-sittlichen, so wie dem Sinnlich-ästhetischen unermüdet nachzustreben geleitet. Muß man von jenem sich durchdringen, so soll man von diesem immer umgeben seyn; daher ist für einen Privatmann, der sich nicht in großen Räumen ergehen und selbst auf Reisen einen gewohnten Kunstgenuß nicht entbehren kann, eine Sammlung geschnittener Steine höchst wünschenswerth; ihn begleitet überall das Erfreulichste, ein belehrendes Kostbare ohne Belästigung, und er genießt ununterbrochen des edelsten Besitzes.

Um aber dergleichen zu erlangen, ist nicht genug daß man wolle, zum Vollbringen gehört, außer dem Vermögen, vor allen Dingen Gelegenheit. Unser Freund entbehrte dieser nicht; auf der Scheide von Holland und England wohnend, die fortdauernde Handelsbewegung, die darin auch hin und herwogenden Kunstschätze beobachtend, gelangte er nach und nach durch Kauf- und Tauschversuche zu einer schönen Sammlung von etwa siebenzig Stücken, wobey ihm Rath und

Belehrung des trefflichen Steinschneiders Natter für die sicherste Beyhülfe galt.

Diese Sammlung hatte die Fürstin zum größten Theile entstehen sehen, Einsicht, Geschmack und Liebe daran gewonnen, und besaß sie nun als Nachlaß eines abgeschiedenen Freundes, der in diesen Schätzen immer als gegenwärtig erschien.

Hemsterhuis Philosophie, die Fundamente derselben, seinen Ideengang konnt' ich mir nicht anders zu eigen machen, als wenn ich sie in meine Sprache übersetzte. Das Schöne und das an demselben Erfreuliche sey, so sprach er sich aus, wenn wir die größte Menge von Vorstellungen in Einem Moment bequem erblicken und fassen; ich aber mußte sagen: das Schöne sey, wenn wir das gesetzmäßig Lebendige in seiner größten Thätigkeit und Vollkommenheit schauen, wodurch wir zur Reproduction gereizt uns gleichfalls lebendig und in höchste Thätigkeit versetzt fühlen. Genau betrachtet ist eins und ebendasselbe gesagt, nur von verschiedenen Menschen ausgesprochen, und ich enthalte mich mehr zu sagen; denn das Schöne ist nicht sowohl leistend als versprechend, dagegen das Häßliche aus einer Stockung entstehend, selbst stocken macht und nichts hoffen, begehren und erwarten läßt.

Ich glaube mir auch den Brief über die Sculptur hiernach meinem Sinne gemäß zu deuten; ferner schien mir das Büchlein über das Begehren auf diesem Wege klar: denn wenn das heftig verlangte Schöne in unsern Besitz kommt, so hält es nicht immer im Einzelnen was es im Ganzen versprach, und so ist es offenbar, daß dasjenige was uns als Ganzes aufregte, im Einzelnen nicht durchaus befriedigen wird.

Diese Betrachtungen waren um so bedeutender, als die Fürstin ihren Freund heftig nach Kunstwerken verlangen aber im Besitz erkalten gesehen, was er so scharfsinnig und liebenswürdig in obgemeldetem Büchlein ausgeführt hatte. Dabey hat man freylich den Unterschied zu bedenken ob der Gegenstand des für ihn empfundenen Enthusiasmus würdig sey; ist er es, so muß Freude und Bewunderung immer daran wachsen, sich stets erneuen; ist er es nicht ganz, so geht das Thermometer um einige Grade zurück und man gewinnt an Einsicht was man an Vorurtheil verlor. Deshalb es wohl ganz richtig ist, daß man Kunstwerke kaufen müsse um sie kennen zu lernen, damit das Verlangen aufgehoben und der wahre Werth festgestellt werde. Indessen muß auch hier Sehnsucht und Befriedigung in einem pulsirenden Leben mit einander abwechseln, sich gegenseitig ergreifen und loslassen, damit der einmal Betrogene nicht aufhöre zu begehren.

Wie empfänglich die Societät in der ich mich befand für solche Gespräche seyn mochte, wird derjenige am besten beurtheilen der von Hemsterhuis Werken Kenntniß genommen hat, welche in diesem Kreise entsprungen ihm auch Leben und Nahrung verdankten.

Zu den geschnittenen Steinen aber wieder zurückzukehren war mehrmals höchst erfreulich, und man mußte dies gewiß als einen der sonderbarsten Fälle ansehen daß gerade die Blüthe des Heidenthums in einem christlichen Hause verwahrt und hochgeschätzt werden sollte. Ich versäumte nicht die allerliebsten Motive hervorzuheben, die aus diesen würdigen kleinen Gebilden dem Auge entgegen sprangen. Auch hier durfte man sich nicht verläugnen, daß Nachahmung großer würdiger älterer Werke, die für uns ewig verloren wären, in diesen engen Räumen juwelenhaft aufgehoben worden, und es fehlte fast an keiner Art. Der tüchtigste Herkules mit Epheu bekränzt, durfte seinen colossalen Ursprung nicht verläugnen; ein ernstes Medusen-Haupt, ein Bacchus, der ehemals im Mediceischen Cabinet verwahrt worden, allerliebste Opfer und Bacchanalien und zu allem diesem die schätzbarsten Portraite von bekannten und unbekannten Personen mußten bey wiederholter Betrachtung bewundert werden.

Aus solchen Gesprächen, die ungeachtet ihrer Höhe und Tiefe nicht Gefahr liefen sich ins Abstruse zu verlieren, schien eine Vereinigung hervorzugehen, indem jede Verehrung eines würdigen Gegenstandes immer von einem religiosen Gefühl begleitet ist. Doch konnte man sich nicht verbergen, daß die reinste christliche Religion mit der wahren bildenden Kunst immer sich zwiespältig befinde, weil jene sich von der Sinnlichkeit zu entfernen strebt, diese nun aber das sinnliche Element als ihren eigentlichsten Wirkungskreis anerkennt und darin beharren muß. In diesem Geiste schrieb ich nachstehendes Gedicht augenblicklich nieder:

Amor, nicht aber das Kind, der Jüngling, der Psychen
    verführte,
  Sah im Olympus sich um, frech und der Siege gewohnt;
Eine Göttin erblickt' er, vor allen die herrlichste Schöne,
  Venus Urania war's, und er entbrannte für sie.
Ach! und die Heilige selbst, sie widerstand nicht dem
    Werben,
  Und der Verwegene hielt fest sie im Arme bestrickt.
Da entstand aus ihnen ein neuer lieblicher Amor,
  Der dem Vater den Sinn, Sitte der Mutter verdankt;
Immer findest du ihn in holder Musen Gesellschaft,
  Und sein reizender Pfeil stiftet die Liebe der Kunst.

Mit diesem allegorischen Glaubensbekenntniß schien man nicht ganz unzufrieden; indessen blieb es auf sich selbst beruhen und beyde Theile machten sich's zur Pflicht von ihren Gefühlen und Ueberzeugungen nur dasjenige hervorzukehren was gemeinsam wäre und zu wechselseitiger Belehrung und Ergötzung, ohne Widerstreit, gereichen könnte.

Immer aber konnten die geschnittenen Steine als ein herrliches Mittelglied eingeschoben werden, wenn die Unterhaltung irgend lückenhaft zu werden drohte. Ich von meiner Seite konnte freylich nur das Poetische schätzen, das Motiv selbst, Composition, Darstellung überhaupt beurtheilen und rühmen, dagegen die Freunde dabey noch ganz andere Betrachtungen anzustellen gewohnt waren. Denn es ist für den Liebhaber, der solche Kleinodien anschaffen, den Besitz zu einer würdigen Sammlung erheben will, nicht genug zur Sicherheit seines Erwerbs daß er Geist und Sinn der köstlichen Kunstarbeit einsehe und sich daran ergötze, sondern er muß auch äußerliche Kennzeichen zu Hülfe rufen, die für den der nicht selbst technischer Künstler im gleichen Fache ist, höchst schwierig seyn möchten. Hemsterhuis hatte mit seinem Freunde Natter viele Jahre darüber correspondirt, wovon sich noch bedeutende Briefe vorfanden. Hier kam nun erst die Steinart selbst zur Sprache in welche gearbeitet worden, indem man sich der einen in frühern, der andern in folgenden Zeiten bediente; sodann war vor allen Dingen eine größere Ausführlichkeit im Auge zu halten, wo man auf bedeutende Zeiten schließen konnte, so wie flüchtige Arbeit bald auf Geist, theils auf Unfähigkeit theils auf Leichtsinn hindeutete, frühere oder spätere Epochen zu erkennen gab. Besonders legte man großen Werth auf die Politur vertiefter Stellen und glaubte darin ein unverwerfliches Zeugniß der beßten Zeiten zu sehen. Ob aber ein geschnittener Stein entschieden antik oder neu sey, darüber wagte man keine feste Criterien anzugeben; Freund Hemsterhuis habe selbst nur mit Beystimmung jenes trefflichen Künstlers sich über diesen Punct zu beruhigen gewußt.

Ich konnte nicht verbergen daß ich hier in ein ganz frisches Feld gerathe, wo ich mich höchst bedeutend angesprochen fühle und nur die Kürze der Zeit bedaure, wodurch ich die

Gelegenheit mir abgeschnitten sehe meine Augen sowohl als den innern Sinn auch auf diese Bedingungen kräftiger zu richten. Bey einen solchem Anlasse äußerte sich die Fürstin heiter und einfach: sie sey geneigt mir die Sammlung mit zu geben, damit ich solche zu Hause mit Freunden und Kennern studiren und mich in diesem bedeutenden Zweige der bildenden Kunst, mit Zuziehung von Schwefel- und Glaspasten, umsehen und bestärken möchte.

Dieses Anerbieten, das ich für kein leeres Compliment halten durfte und für mich höchst reizend war, lehnt' ich jedoch dankbarlichst ab; und ich gestehe daß mir im Innern die Art, wie dieser Schatz aufbewahrt wurde, eigentlich das größte Bedenken gab. Die Ringe waren in einzelnen Kästchen, einer allein, zwey, drey wie es der Zufall gegeben hatte neben einander gesteckt; es war unmöglich beym Vorzeigen am Ende zu bemerken ob wohl einer fehle; wie denn die Fürstin selbst gestand: daß einst in der besten Gesellschaft, ein Herkules abhanden gekommen, den man erst späterhin vermißt habe. Sodann schien es bedenklich genug in gegenwärtiger Zeit sich mit einem solchen Werth zu beschweren und eine höchst bedeutende ängstliche Verantwortung zu übernehmen. Ich suchte daher mit der freundlichsten Dankbarkeit die schicklichsten ablehnenden Gründe vorzubringen, welche Einrede die Freundin wohlwollend in Betracht zu ziehen schien, indem ich nun um desto eifriger die Aufmerksamkeit auf diese Gegenstände, insofern es sich nur einigermaßen schicken wollte, zu lenken suchte.

Von meinen Naturbetrachtungen aber, die ich, weil auch wenig Glück für sie hier am Orte zu hoffen war, eher verheimlichte, war ich doch genöthigt einige Rechenschaft zu geben. Von Fürstenberg brachte zur Sprache, daß er mit Verwunderung, welche beynahe wie Befremden aussah, hie und da gehört habe, wie ich der Physiognomik wegen die allgemeine Knochenlehre studire, wovon sich doch schwerlich irgend eine Beyhülfe zu Beurtheilung der Gesichtszüge des Menschen hoffen lasse. Nun mocht' ich wohl bey einigen Freunden das für einen Dichter ganz unschicklich gehaltene Studium der Osteologie zu entschuldigen und einigermaßen einzuleiten, geäußert haben, ich sey, wie es denn wirklich auch an dem war, durch Lavaters Physiognomik in dieses Fach wieder eingeführt worden, da ich in meinen akademischen Jahren darin die erste Bekanntschaft gesucht hatte. Lavater selbst, der glücklichste Beschauer organisirter Oberflächen, sah sich, in Anerkennung daß Muskel- und Hautgestalt und ihre Wirkung von dem entschiedenen inneren Knochengebilde durchaus abhängen müsse, getrieben, mehrere Thierschädel in sein Werk abbilden zu lassen und selbige mir zu einem flüchtigen Commentar darüber zu empfehlen. Was ich aber gegenwärtig hievon wiederholen oder in demselben Sinne zu Gunsten meines Verfahrens aufbringen wollte, konnte mir wenig helfen, indem zu jener Zeit ein solcher wissenschaftlicher Grund allzuweit ablag und man, im augenblicklichen geselligen Leben befangen, nur den beweglichen Gesichtszügen, und vielleicht gar nur in leidenschaftlichen Momenten, eine gewisse Bedeutung zugestand, ohne zu bedenken daß hier nicht etwa blos ein regelloser Schein wirken könne, sondern daß das Aeußere, Bewegliche, Veränderliche als ein wichtiges bedeutendes Resultat eines innern entschiedenen Lebens betrachtet werden müsse.

Glücklicher als in diesen Vorträgen war ich in Unterhaltung größerer Gesellschaft; geistliche Männer von Sinn und Verstand, heranstrebende Jünglinge, wohlgestaltet und wohlerzogen, an Geist und Gesinnung viel versprechend, waren gegenwärtig. Hier wählte ich unaufgefordert die römischen Kirchenfeste, Charwoche und Ostern, Frohnleichnam und Peter Paul; sodann zur Erheiterung die Pferdeweihe, woran auch andere Haus- und Hofthiere Theil nehmen. Diese Feste waren mir damals nach allen charakteristischen Einzelnheiten vollkommen gegenwärtig, denn ich ging darauf aus ein römisches Jahr zu schreiben, den Verlauf geistlicher und weltlicher Oeffentlichkeiten; daher ich denn auch sogleich jene Feste nach einem reinen directen Eindruck darzustellen im Stande, meinen catholischen frommen Zirkel mit meinen vorgeführten Bildern eben so zufrieden sah als die Weltkinder mit dem Carneval. Ja einer von den Gegenwärtigen, mit den Gesammtverhältnissen nicht genau bekannt, hatte im Stillen gefragt: ob ich denn wirklich catholisch sey?

Als die Fürstin mir dieses erzählte, eröffnete sie mir noch ein anderes; man hatte ihr nämlich vor meiner Ankunft geschrieben, sie solle sich vor mir in Acht nehmen, ich wisse mich so fromm zu stellen daß man mich für religios, ja für catholisch halten könne.

Geben Sie mir zu, verehrte Freundin, rief ich aus, ich stelle mich nicht fromm, ich bin es am rechten Orte, mir fällt nicht schwer mit einem klaren unschuldigen Blick alle Zustände zu beachten und sie wieder auch eben so rein darzustellen. Jede Art fratzenhafte Verzerrung, wodurch sich dünkelhafte Menschen nach eigener Sinnesweise an dem Gegenstand versündigen, war mir von jeher zuwider. Was mir widersteht, davon wend' ich den Blick weg, aber manches, was ich nicht gerade billige, mag ich gern in seiner Eigenthümlichkeit erkennen; da zeigt sich denn meist, daß die andern eben so recht haben nach ihrer eigenthümlichen Art und Weise zu existiren als ich nach der meinigen. Hiedurch war man denn auch wegen dieses Puncts aufgeklärt, und eine, freylich keineswegs zu lobende, heimliche Einmischung in unsere Verhältnisse hatte gerade im Gegentheil, wie sie Mißtrauen erregen wollte, Vertrauen erregt.

In einer solchen zarten Umgebung wär' es nicht möglich

gewesen herb oder unfreundlich zu seyn, im Gegentheil fühlt' ich mich milder als seit langer Zeit und es hätte mir wohl kein größeres Glück begegnen können, als daß ich nach dem schrecklichen Kriegs- und Fluchtwesen endlich wieder fromme menschliche Sitte auf mich einwirken fühlte.

Einer so edlen guten, sittlich frohen Gesellschaft war ich jedoch in einem Punkte ungefällig, ohne daß ich selbst weiß wie es zugegangen ist. Ich war wegen eines glücklichen freyen bedeutenden Vorlesens berühmt, man wünschte mich zu hören, und da man wußte daß ich die *Louise* von Voß, wie sie im November-Heft des Merkur 1784 erschienen war, leidenschaftlich verehrte und sie gerne vortrug, spielte man darauf an ohne zudringlich zu seyn; man legte das Merkurstück unter den Spiegel und ließ mich gewähren. Und nun wüßt' ich nicht zu sagen was mich abhielt; mir war wie Sinn und Lippe versiegelt, ich konnte das Heft nicht aufnehmen, mich nicht entschließen eine Pause des Gesprächs zu meiner und der andern Freude zu nutzen; die Zeit ging hin und ich wundere mich noch über diese unerklärliche Verstocktheit.

Der Tag des Abschieds nahete heran, man mußte doch sich einmal trennen. Nun, sagte die Fürstin, hier gilt keine Widerrede, Sie müssen die geschnittenen Steine mitnehmen, ich verlange es. Als ich aber meine Weigerung auf das höflichste und freundlichste fortbehauptete, sagte sie zuletzt: so muß ich Ihnen denn eröffnen warum ich es fordere. Man hat mir abgerathen Ihnen diesen Schatz anzuvertrauen und eben deswegen will ich, muß ich es thun; man hat mir vorgestellt, daß ich Sie doch auf diesen Grad nicht kenne, um auch in einem solchen Falle von Ihnen ganz gewiß zu seyn. Darauf habe ich, fuhr sie fort, erwiedert: glaubt ihr denn nicht, daß der Begriff, den ich von ihm habe, mir lieber sey, als diese Steine? Sollt ich die Meynung von ihm verlieren, so mag dieser Schatz auch hinterdrein gehen.

Ich konnte nun weiter nichts erwiedern, indem sie durch eine solche Aeußerung in eben dem Grad mich zu ehren und zu verpflichten wußte. Jedes übrige Hinderniß räumte sie weg; vorhandene Schwefelabgüsse, catalogirt, waren zu Controlle, sollte sie nöthig befunden werden, in einem sauberen Kästchen mit den Originalen eingepackt und ein sehr kleiner Raum faßte die leicht transportablen Schätze.

So nahmen wir treulichen Abschied ohne jedoch sogleich zu scheiden; die Fürstin kündigte mir an, sie wolle mich auf die nächste Station begleiten, setzte sich zu mir im Wagen, der ihrige folgte. Die bedeutenden Puncte des Lebens und der Lehre kamen abermals zur Sprache, ich wiederholte mild und ruhig mein gewöhnliches Credo, auch sie verharrte bey dem ihrigen. Jedes zog nun seines Weges nach Hause; sie mit dem nachgelassenen Wunsche: mich wo nicht hier doch dort wieder zu sehen.

Diese Abschiedsformel wohldenkender freundlicher Catholiken war mir nicht fremd, noch zuwider, ich hatte sie oft bey vorübergehenden Bekanntschaften in Bädern und sonst meist von wohlwollenden mir freundlichst zugethanen Geistlichen vernommen, und ich sehe nicht ein warum ich irgend jemand verargen sollte, der wünscht mich in seinen Kreis zu ziehen, wo sich nach seiner Ueberzeugung ganz allein ruhig leben und einer ewigen Seligkeit versichert, ruhig sterben läßt.

Durch Vorsorge, auf Anregung der edlen Freundin, ward ich von dem Postmeister nicht allein rasch gefördert, sondern auch durch Laufzettel weiter angemeldet und empfohlen, welches angenehm und höchst nothwendig war. Denn ich hatte, bey schöner freundschaftlicher friedlicher Unterhaltung, vergessen daß Kriegesflucht mir nachstürme; und leider fand ich unterwegs die Schaar der Emigrirten, die sich immer weiter nach Deutschland hineindrängte und gegen welche die Postillione eben so wenig als am Rhein günstig gesinnt waren. Gar oft kein gebahnter Weg, man fuhr bald hüben, bald drüben, begegnete und kreuzte sich. Heidegebüsch und Gesträuche, Wurzelstumpfen, Sand, Moor und Binsen, eins so unbequem und unerfreulich wie das andere. Auch ohne Leidenschaftlichkeit ging es nicht ab.

Ein Wagen blieb stecken, Paul sprang geschwind herab und zu Hülfe; er glaubte die schönen Französinnen, die er in Düsseldorf in den traurigsten Umständen wieder angetroffen, seyen abermals im Falle seines Beystandes zu bedürfen. Die Dame hatte ihren Gemahl nicht wieder gefunden und war, in dem Strudel des Unheils mit fortgerissen und geängstigt, endlich über den Rhein geworfen worden.

Hier aber in dieser Wüste erschien sie nicht; einige alte ehrwürdige Damen forderten unsere Theilnahme. Als aber unser Postillion halten und mit seinen Pferden dem dortigen Wagen zu Hülfe kommen sollte, weigerte er sich trotzig und sagte: wir sollten nur zu unserm eignen, mit Silber und Gold genugsam beschwerten Wagen ernstlich sehen, damit wir nicht etwa stecken blieben, oder umgeworfen würden; denn ob er es gleich mit uns redlich meyne, so ständ' er doch in dieser Wüsteney für nichts.

Glücklicherweise, unser Gewissen zu beschwichtigen, hatte sich eine Anzahl westphälischer Bauern um jenen Wagen versammelt und gegen ein bedungenes gutes Trinkgeld ihn wieder auf den fahrbaren Weg gebracht.

An unserm Fuhrwerk war freylich das Eisen das Schwerste, und der kostbare Schatz den wir mit uns führten so leicht, um in einer leichten Chaise nicht bemerkt zu werden. Wie lebhaft wünscht' ich mir mein böhmisches Wägelchen herbey! Gleichwohl gab mir jenes Vorurtheil, welches wichtige Schätze bey uns voraussetzte, doch immer eine Art von Unruhe. Wir hatten bemerkt daß ein Postillion dem andern die Notiz von Ueberschwere des Wagens und die Vermuthung von Geld und

Kostbarkeiten jederzeit überlieferte. Nun aber wurden wir wegen vorausgeschickter Postzettel, deren richtige Stunde wir ohnehin des schlechten Wetters wegen nicht einhielten, auf jeder Station eilig vorwärts gedrängt und ganz eigentlich in die Nacht hinausgestoßen, da uns denn wirklich der bängliche Fall begegnete, daß der Postillion in düsterer Nacht schwur, er könne das Ding nicht weiter fortbringen, und an einer einsamen Waldwohnung stille hielt, deren Lage, Bauart und Bewohner schon beym hellsten Sonnenschein hätten Schaudern erregen können.

Der Tag, selbst der grauste, war dagegen erquicklich; man rief das Andenken der Freunde hervor, bey denen man vor Kurzem so trauliche Stunden zugebracht; man musterte sie mit Achtung und Liebe, belehrte sich an ihren Eigenheiten und erbaute sich an ihren Vorzügen. Wie aber die Nacht wieder hereinbrach, da fühlte man sich schon wieder von allen Sorgen umstrickt in einem kummervollen Zustand. Wie düster aber auch in der letzten und schwärzesten aller Nächte meine Gedanken mochten gewesen seyn, so wurden sie auf einmal wieder aufgehellt als ich in das mit hundert und aber hundert Lampen erleuchtete Kassel hineinfuhr. Bey diesem Anblick entwickelten sich vor meiner Seele alle Vortheile eines bürgerlich städtischen Zusammenseyns, die Wohlhäbigkeit eines jeden Einzelnen in seiner von innen erleuchteten Wohnung, und die behaglichen Anstalten zu Aufnahme der Fremden. Diese Heiterkeit jedoch ward mir für einige Zeit gestört, als ich auf dem prächtigen tageshellen Königsplatze an dem wohlbekannten Gasthofe anfuhr; der anmeldende Diener kehrte zurück mit der Erklärung: es sey kein Platz zu finden. Als ich aber nicht weichen wollte, trat ein Kellner sehr höflich an den Schlag und bat in schönen französischen Phrasen um Entschuldigung, da es nicht möglich sey mich aufzunehmen.

Ich erwiederte darauf in gutem Deutsch: wie ich mich wundern müsse daß in einem so großen Gebäude, dessen Raum ich gar wohl kenne, einem Fremden in der Nacht die Aufnahme verweigert werden wolle.

Sie sind ein Deutscher, rief er aus, das ist ein anderes! und sogleich ließ er den Postillion in das Hofthor hereinfahren. Als er mir ein schickliches Zimmer angewiesen versetzte er: er sey fest entschlossen keinen Emigrirten mehr aufzunehmen. Ihr Betragen sey höchst anmaßend, die Bezahlung knauserig; denn mitten in ihrem Elend, da sie nicht wüßten wo sie sich hinwenden sollten, betrügen sie sich noch immer als hätten sie von einem eroberten Lande Besitz genommen. So schied ich nun in gutem Frieden und fand auf dem Wege nach Eisenach weniger Zudrang der so häufig und unversehens herangetriebenen Gäste.

Meine Ankunft in Weimar sollte auch nicht ohne Abenteuer bleiben; sie ereignete sich nach Mitternacht und gab Anlaß zu einer Familien-Scene, welche wohl in irgend einem Roman die tiefste Finsterniß erhellen und erheitern würde.

Nun fand ich das von meinem Fürsten mir bestimmte, erneuerte, wohleingerichtete Haus schon meistens wohnbar, ohne daß mir die Freude ganz versagt gewesen wäre bey dem Ausbau mit und einzuwirken. Die Meinigen entgegneten mir munter und gesund, und als es an ein Erzählen ging, contrastirte freylich der heitere ruhige Zustand, in welchem sie die aus Verdun gesendeten Süßigkeiten genossen, mit demjenigen worin wir, die sie in paradisischen Zuständen glaubten, mit aller denkbaren Noth zu kämpfen hatten.

Unser stiller häuslicher Kreis war nun um so reicher und froher abgeschlossen, indem Heinrich Meyer zugleich als Hausgenosse, Künstler, Kunstfreund und Mitarbeiter zu den Unsrigen gehörte und an allem Belehrenden so wie an allem Wirksamen kräftigen Antheil nahm.

Das Weimarische Theater bestand seit dem May 1791; es hatte sowohl den Sommer genannten Jahres als auch den des laufenden in Lauchstädt zugebracht und sich durch Wiederholung damals gangbarer meist bedeutender Stücke schon ziemlich gut zusammengespielt. Ein Rest der Belluomo'schen Gesellschaft, also schon aneinander gewöhnter Personen, gab den Grund, andere theils schon brauchbare, theils vielversprechende Glieder füllten schicklich und gemächlich die entstandene Lücke.

Man kann sagen daß es damals noch ein Schauspielerhandwerk gab, wodurch befähigt sich Glieder entfernter Theater gar bald in Einklang setzten, besonders wenn man so glücklich war für die Recitation Niederdeutsche, für den Gesang Oberdeutsche herbeyzuziehen; und so konnte das Publicum für den Anfang gar wohl zufrieden seyn.

Da ich Theil an der Direction genommen, so war es mir eine unterhaltende Beschäftigung gelind zu versuchen, auf welchem Wege das Unternehmen weiter geführt werden könnte. Ich sah gar bald daß eine gewisse Technik aus Nachahmung, Gleichstellung mit andern und Routine hervorgehen konnte, allein es fehlte durchaus an dem was ich Grammatik nennen dürfte, die doch erst zum Grunde liegen muß ehe man zu Rhetorik und Poesie gelangen kann.

Da ich auf diesen Gegenstand zurückzukehren gedenke und ihn vorläufig nicht gern zerstückeln möchte, so sage ich nur so viel: daß ich eben jene Technik, welche sich alles aus Ueberlieferung aneignet, zu studiren und auf ihre Elemente zurückzuführen suchte, und das was mir klar geworden in einzelnen Fällen, ohne auf ein Allgemeines hinzuweisen, beobachten ließ.

Was mir bey diesem Unternehmen aber besonders zu Statten kam, war der damals überhand nehmende Natur- und Conversationston, der zwar höchst lobenswerth und erfreulich ist, wenn er als vollendete Kunst, als eine zweyte Natur hervortritt, nicht aber, wenn ein jeder glaubt nur sein eigenes nacktes Wesen bringen zu dürfen um etwas Beyfallswürdiges darzubieten. Ich aber benutzte diesen Trieb zu meinen Zwecken, indem ich gar wohl zufrieden seyn konnte wenn das angeborne Naturell sich mit Freyheit hervorthat, um sich nach und nach, durch gewisse Regeln und Anordnungen, einer höhern Bildung entgegen führen zu lassen. Doch darf ich hievon nicht weiter sprechen, weil, was gethan und geleistet worden, sich erst nach und nach aus sich selbst entwickelte, und also historisch dargestellt werden müßte.

Umstände jedoch die für das neue Theater sich höchst günstig hervorthaten, muß ich kürzlich anführen. Iffland und Kotzebue blühten in ihrer besten Zeit, ihre Stücke, natürlich und faßlich, die einen gegen ein bürgerlich rechtliches Behagen, die andern gegen eine lockere Sitten-Freyheit hingewendet; beyde Gesinnungen waren dem Tage gemäß und erhielten freudige Theilnahme; mehrere noch als Manuscript ergötzten durch den lebendigen Duft des Augenblicks, den sie mit sich brachten. Schröder, Babo, Ziegler, glücklich energische Talente, lieferten bedeutenden Beytrag; Bretzner und Jünger, ebenfalls gleichzeitig, gaben anspruchslos einer bequemen Fröhlichkeit Raum. Hagemann und Hagemeister, Talente die sich auf die Länge nicht halten konnten, arbeiteten gleichfalls für den Tag und waren, wo nicht bewundert doch als neu, geschaut und willkommen.

Diese lebendige sich im Zirkel herumtreibende Masse suchte man mit Shakspeare, Gozzi und Schiller geistiger zu erheben; man verließ die bisherige Art, nur Neues zum nächsten Verlust einzustudiren, man war sorgfältig in der Wahl und bereitete schon ein Repertorium vor, welches viele Jahre gehalten hat. Aber auch dem Manne der uns diese Anstalt gründen half, müssen wir eine dankbare Erinnerung nicht schuldig bleiben. Es war F. I. Fischer, ein Schauspieler in Jahren, der sein Handwerk verstand, mäßig, ohne Leidenschaft, mit seinem Zustande zufrieden, sich mit einem beschränkten Rollenfache begnügend. Er brachte mehrere Schauspieler von Prag mit, die in seinem Sinne wirkten, und wußte die Einheimischen gut zu behandeln, wodurch ein innerer Friede sich über das Ganze verbreitete.

Was die Oper anlangt so kamen uns die Dittersdorfischen Arbeiten auf das Beste zu Statten. Er hatte mit glücklichem Naturell und Humor für ein fürstliches Privat-Theater gearbeitet, wodurch seinen Productionen eine gewisse leichte Behaglichkeit zu Theil ward, die auch uns zu Gute kam, weil wir unser neues Theater als eine Liebhaber-Bühne zu betrachten die Klugheit hatten. Auf den Text, im rythmischen und prosaischen Sinne, wendete man viel Mühe um ihn dem obersächsischen Geschmack mehr anzuzeigen; und so gewann diese leichte Waare Beyfall und Abgang.

Die aus Italien wiedergekehrten Freunde bemühten sich die leichteren italiänischen Opern jener Zeit, von Paisiello, Cimarosa, Guglielmi und andern herüber zu führen, wo denn zuletzt auch Mozarts Geist einzuwirken anfing. Denke man sich daß von diesem allen wenig bekannt, gar nicht abgebraucht war, so wird man gestehen daß die Anfänge des Weimarischen Theaters, mit den jugendlichen Zeiten des deutschen Theaters überhaupt oder zugleich eintraten und Vortheile genossen, die offenbar zu einer natürlichen Entwickelung aus sich selbst den reinsten Anlaß geben mußten.

Um nun aber auch Genuß und Studium der anvertrauten Gemmensammlung vorzubereiten und zu sichern, ließ ich gleich zwey zierliche Ringkästchen verfertigen, worin die Steine mit einem Blick übersehbar neben einander standen, so daß irgend eine Lücke sogleich zu bemerken gewesen wäre;

worauf alsdann Schwefel- und Gypsabgüsse in Mehrzahl verfertigt und der Prüfung durch stark vergrößernde Linsen unterworfen wurden, auch vorhandene Abdrücke älterer Sammlungen vorgesucht und zu Rathe gezogen. Wir bemerkten wohl daß hier für uns das Studium der geschnittenen Steine zu gründen sey; wie groß aber die Vergünstigung der Freundin gewesen, wurde erst nach und nach eingesehen.

Das Resultat mehrjähriger Betrachtung sey deshalb hier eingeschaltet, weil wir wohl schwerlich unsere Aufmerksamkeit sobald wieder auf diesen Punct wenden dürften.

Aus innern Gründen der Kunst sahen sich die Weimarischen Freunde berechtigt, wo nicht alle, doch bey weitem die größte Anzahl dieser geschnittenen Steine für ächt antike Kunstdenkmale zu halten, und zwar fanden sich mehrere darunter welche zu den vorzüglichsten Arbeiten dieser Art gerechnet werden durften. Einige zeichneten sich dadurch aus daß sie als wirklich identisch mit ältern Schwefelpasten angesehen werden mußten; mehrere bemerkte man deren Darstellung mit andern antiken Gemmen zusammentraf, die aber deswegen immer noch für ächt gelten konnten. In den größten Sammlungen kommen wiederholte Vorstellungen vor, und man würde sehr irren, die einen als Original, die andern als moderne Copien anzusprechen.

Immer müssen wir dabey die edle Kunsttreue der Alten im Sinne tragen, welche die einmal glücklich gelungene Behandlung eines Gegenstands nicht oft genug wiederholen konnte. Jene Künstler hielten sich für Original genug, wenn sie einen originellen Gedanken aufzufassen und ihn auf ihre Weise wieder darzustellen Fähigkeit und Fertigkeit empfanden.

Mehrere Steine zeigten sich auch mit eingeschnittenen Künstler-Namen, worauf man seit Jahren großen Werth gelegt hatte. Eine solche Zuthat ist wohl immer merkwürdig genug, doch bleibt sie meist problematisch: denn es ist möglich daß der Stein alt und der Name neu eingeschnitten sey, um dem Vortrefflichen noch einen Beywerth zu verleihen.

Ob wir uns nun gleich hier wie billig alles Catalogirens enthalten, da Beschreibung solcher Kunstwerke ohne Nachbildung wenig Begriff giebt, so unterlassen wir doch nicht von den vorzüglichsten einige allgemeine Andeutungen zu geben.

Kopf des Herkules. Bewundernswürdig in Betracht des edeln freyen Geschmacks der Arbeit, und noch mehr zu bewundern in Hinsicht auf die herrlichen Idealformen, welche mit keinem der bekannten Herkulesköpfe ganz genau übereinkommen, und eben dadurch die Merkwürdigkeit dieses köstlichen Denkmals noch vermehren helfen.

Brustbild des Bacchus. Arbeit, wie auf den Stein gehaucht, und in Hinsicht auf die idealen Formen eines der edelsten antiken Werke. Es finden sich in verschiedenen Sammlungen mehrere diesem ähnliche Stücke, und zwar, wenn wir uns recht erinnern, sowohl hoch als tief geschnitten; doch ist uns noch keines bekannt geworden, welches vor dem gegenwärtigen den Vorzug verdiente.

Faun, welcher einer Bacchantin das Gewand rauben will. Vortreffliche und auf alten Monumenten mehrmals vorkommende Composition, ebenfalls gut gearbeitet.

Eine umgestürzte Leyer, deren Hörner zwey Delphine darstellen, der Körper, oder wenn man will, der Fuß, Amors Haupt mit Rosen bekränzt; zu derselben ist Bacchus Panther, in der Vorderpfote den Thyrsusstab haltend, zierlich gruppirt. Die Ausführung dieses Steins befriedigt den Kenner, und wer zarte Bedeutung liebt, wird gleichfalls seine Rechnung finden.

Maske mit großem Bart und weit geöffnetem Mund; eine Epheuranke umschlingt die kahle Stirn. In seiner Art mag dieser Stein einer der allervorzüglichsten seyn, und eben so schätzbar ist auch

Eine andere Maske mit langem Bart und zierlich aufgebundenen Haaren; ungewöhnlich tief gearbeitet.

Venus tränket den Amor. Eine der lieblichsten Gruppen die man sehen kann, geistreich behandelt, doch ohne großen Aufwand von Fleiß.

Cybele, auf dem Löwen reitend, tief geschnitten; ein Werk, welches als vortrefflich den Liebhabern durch Abdrücke, die fast in allen Pasten-Sammlungen zu finden sind, genugsam bekannt ist.

Gigant, der einen Greif aus seiner Felsenhöhle hervorzieht. Ein Werk von sehr vielem Kunstverdienst, und als Darstellung vielleicht ganz einzig. Die vergrößerte Nachbildung desselben finden unsere Leser vor dem Voßischen Programm zu der Jenaischen A.L.Z. 1804 IV. Band.

Behelmter Kopf im Profil, mit großem Bart. Vielleicht ist's eine Maske; indessen hat sie im geringsten nichts karrikaturartiges, sondern ein gedrungenes heldenmäßiges Angesicht, und ist vortrefflich gearbeitet.

Homer, als Herme, fast ganz von vorne dargestellt und sehr tief geschnitten. Der Dichter erscheint hier jünger als gewöhnlich, kaum im Anfange des Greisenalters; daher dieses Werk nicht allein von Seiten der Kunst, sondern auch des Gegenstandes wegen schätzbar ist.

In Sammlungen von Abdrücken geschnittener Steine wird oftmals der Kopf eines ehrwürdigen bejahrten Mannes mit langem Bart und Haaren angetroffen, der (jedoch ohne daß Gründe dafür angegeben werden) das Bildniß des Aristophanes seyn soll. Ein ähnlicher, nur durch unbedeutende Abweichungen von jenem sich unterscheidender Kopf ist in unserer Sammlung anzutreffen, und in der That eins der besten Stücke.

Das Profil eines Unbekannten ist vermuthlich über den Augenbrauen abgebrochen gefunden, und in neuerer Zeit wieder zum Ringstein zugeschliffen worden. Großartiger und lebenvoller haben wir nie menschliche Gestalt auf dem kleinen Raum einer Gemme dargestellt gesehen, selten den Fall, wo der Künstler ein so unbeschränktes Vermögen zeigte. Von ähnlichem Gehalt ist auch

Der ebenfalls unbekannte Portraitkopf mit übergezogener Löwenhaut; derselbe war auch so wie der vorige über dem Auge abgebrochen, allein das Fehlende ist mit Gold ergänzt.

Kopf eines bejahrten Mannes von gedrungenem kräftigen Charakter mit kurzgeschornen Haaren. Außerordentlich geistreich und meisterhaft gearbeitet; besonders ist die kühne Behandlung des Barts zu bewundern und vielleicht einzig in ihrer Art.

Männlicher Kopf oder Brustbild ohne Bart, um das Haar eine Binde gelegt, das reichgefaltete Gewand auf der rechten Schulter geheftet. Es ist ein geistreicher, kräftiger Ausdruck in diesem Werk und Züge, wie man gewohnt ist dem Julius Cäsar zuzuschreiben.

Männlicher Kopf ebenfalls ohne Bart, die Toga, wie bey Opfern gebräuchlich war, über das Haupt gezogen. Außerordentlich viel Wahrheit und Charakter ist in diesem Gesicht, und kein Zweifel daß die Arbeit ächt alt und aus den Zeiten der ersten römischen Kaiser sey.

Brustbild einer römischen Dame; um das Haupt doppelte Flechten von Haaren gewunden, das Ganze bewunderungswürdig fleißig ausgeführt, und in Hinsicht des Charakters voll Wahrheit, Behaglichkeit, Naivetät, Leben.

Kleiner behelmter Kopf, mit starkem Bart und kräftigem Charakter, ganz von vorne dargestellt und schätzbare Arbeit.

Eines neuern vortrefflichen Steines gedenken wir zum Schlusse: das Haupt der Meduse in dem herrlichsten Carneol. Es ist solches der bekannten Meduse des Sosikles vollkommen ähnlich und geringe Abweichungen kaum zu bemerken.

Allerdings eine der vortrefflichsten Nachahmungen antiker Werke: denn für eine solche möchte er unerachtet seiner großen Verdienste doch zu halten seyn, da die Behandlung etwas weniger Freyheit hat, und überdies ein unter dem Abschnitt des Halses angebrachtes N, doch wohl auf eine Arbeit von Natter selbst schließen läßt.

An diesem Wenigen werden wahre Kunstkenner den hohen Werth der gepriesenen Sammlung zu ahnen vermögen. Wo sie sich gegenwärtig befindet ist uns unbekannt; vielleicht erhielte man hierüber einige Nachricht, die einen reichen Kunstfreund wohl anreizen könnte diesen Schatz, wenn er verkäuflich ist, sich zuzueignen.

Die Weimarischen Kunstfreunde zogen, so lange diese Sammlung in ihren Händen war, allen möglichen Vortheil daraus. Schon in dem laufenden Winter gab sie der geistreichen Gesellschaft, welche sich um die Herzogin Amalie zu vereinigen pflegte, ausgezeichnete Unterhaltung. Man suchte sich in dem Studium geschnittener Steine zu begründen, wobey uns das Wohlwollen der trefflichen Besitzerin sehr zu Statten kam, indem sie uns mehrere Jahre diesen Genuß gönnte. Doch ergötzte sie sich kurz vor ihrem Ende noch an der schönen anschaulichen Ordnung, worin sie die Ringe in zwey Kästchen auf einmal, wie sie solche nie gesehen, vollständig gereiht wieder erblickte und also des geschenkten großen Vertrauens sich edelmüthig zu erfreuen hatte.

Auch nach einer andern Seite wendeten sich unsere Kunstbetrachtungen. Ich hatte die Farben genugsam in unterschiedenen Lebensverhältnissen beobachtet und sah die Hoffnung auch endlich ihre Kunst-Harmonie, welche zu suchen ich eigentlich ausgegangen war, zu finden. Freund Meyer entwarf verschiedene Compositionen, wo man sie theils in einer Reihe, theils im Gegensatz zu Prüfung und Beurtheilung aufgestellt sah.

Am klarsten ward sie bey einfachen landschaftlichen Gegenständen, wo der Lichtseite immer das Gelbe und Gelbrothe, der Schattenseite das Blau und Blaurothe zugetheilt werden mußte; aber wegen Mannigfaltigkeit der natürlichen Gegenstände gar leicht durchs Braungrüne und Blaugrüne zu vermitteln. Auch hatten hier schon große Meister durch Beyspiel gewirkt, mehr als im Historischen, wo der Künstler bey Wahl der Farben zu den Gewändern sich selbst überlassen bleibt und in solcher Verlegenheit nach Herkommen und Ueberlieferung greift, sich auch wohl durch irgend eine Bedeutung verführen läßt und dadurch von wahrer harmonischer Darstellung öfters abgeleitet wird.

Von solchen Studien bildender Kunst fühle ich mich denn doch gedrungen wieder zum Theater zurückzukehren und über mein eigenes Verhältniß an demselben einige Betrachtungen anzustellen, welches ich erst zu vermeiden wünschte. Man sollte denken es sey die beste Gelegenheit gewesen, für das neue Theater und zugleich für das deutsche überhaupt, als Schriftsteller auch etwas von meiner Seite zu leisten: denn genau besehen lag zwischen oben genannten Autoren und ihren Productionen noch mancher Raum, der gar wohl hätte ausgeführt werden können; es gab zu natürlich einfacher Behandlung noch vielfältigen Stoff, den man nur hätte aufgreifen dürfen.

Um aber ganz deutlich zu werden, gedenk' ich meiner ersten dramatischen Arbeiten, welche, der Weltgeschichte angehörig, zu sehr ins Breite gingen um bühnenhaft zu seyn; meine letzten, dem tiefsten innern Sinn gewidmet, fanden bey ihrer Erscheinung wegen allzugroßer Gebundenheit wenig Eingang. Indessen hatte ich mir eine gewisse mittlere Technik eingeübt, die etwas mäßig Erfreuliches dem Theater hätte verschaffen können; allein ich vergriff mich im Stoff, oder vielmehr ein Stoff überwältigte meine innere sittliche Natur, der allerwiderspenstigste um dramatisch behandelt zu werden.

Schon im Jahre 1785 erschreckte mich die Halsbandsgeschichte wie das Haupt der Gorgone. Durch dieses unerhört frevelhafte Beginnen sah ich die Würde der Majestät untergraben, schon im Voraus vernichtet und alle Folgeschritte von dieser Zeit an bestätigten leider allzusehr die furchtbaren Ahnungen. Ich trug sie mit mir nach Italien und brachte sie noch geschärfter wieder zurück. Glücklicherweise ward mein Tasso noch abgeschlossen, aber alsdann nahm die weltgeschichtliche Gegenwart meinen Geist völlig ein.

Mit Verdruß hatte ich viele Jahre die Betrügereien kühner Phantasten und absichtlicher Schwärmer zu verwünschen Gelegenheit gehabt und mich über die unbegreifliche Verblendung vorzüglicher Menschen bey solchen frechen Zudringlichkeiten mit Widerwillen verwundert. Nun lagen die directen und indirecten Folgen solcher Narrheiten als Verbrechen und Halbverbrechen gegen die Majestät vor mir, alle zusammen wirksam genug um den schönsten Thron der Welt zu erschüttern.

Mir aber einigen Trost und Unterhaltung zu verschaffen, suchte ich diesem Ungeheuern eine heitere Seite abzugewinnen, und die Form der komischen Oper, die sich mir schon seit längerer Zeit als eine der vorzüglichsten dramatischen Darstellungsweisen empfohlen hatte, schien auch ernstern Gegenständen nicht fremd, wie an König Theodor zu sehen gewesen.

Und so wurde denn jener Gegenstand rhythmisch bearbeitet, die Composition mit Reichardt verabredet, wovon denn die Anlagen einiger tüchtigen Baß-Arien bekannt geworden; andere Musikstücke, die außer dem Context keine Bedeutung hatten, blieben zurück, und die Stelle von der man sich die meiste Wirkung versprach kam auch nicht zu Stande, das Geistersehen in der Krystallkugel vor dem schlafend weissagenden Kophta sollte als blendendes Final vor allen glänzen.

Aber da waltete kein froher Geist über dem Ganzen, es gerieth in Stocken und um nicht alle Mühe zu verlieren, schrieb ich ein prosaisches Stück, zu dessen Hauptfiguren sich wirklich analoge Gestalten in der neuen Schauspieler-Gesellschaft vorfanden, die denn auch in der sorgfältigsten Aufführung das Ihrige leisteten.

Aber eben deswegen weil das Stück ganz trefflich gespielt wurde, machte es einen um desto widerwärtigern Effect. Ein furchtbarer und zugleich abgeschmackter Stoff, kühn und schonungslos behandelt, schreckte jedermann, kein Herz klang an; die fast gleichzeitige Nähe des Vorbildes ließ den Eindruck noch greller empfinden; und weil geheime Verbindungen sich ungünstig behandelt glaubten, so fühlte sich ein großer respectabler Theil des Publicums entfremdet, so wie das weibliche Zartgefühl sich vor einem verwegnen Liebesabenteuer entsetzte.

Ich war immer gegen die unmittelbare Wirkung meiner Arbeiten gleichgültig gewesen und sah auch diesmal ganz ruhig zu daß diese letzte, an die ich so viel Jahre gewendet, keine Theilnahme fand; ja ich ergötzte mich an einer heimlichen Schadenfreude, wenn gewisse Menschen, die ich dem Betrug oft genug ausgesetzt gesehen, kühnlich versicherten: so grob könne man nicht betrogen werden.

Aus diesem Ereigniß zog ich mir jedoch keine Lehre; das was mich innerlich beschäftigte erschien mir immerfort in dramatischer Gestalt, und wie die Halsbandsgeschichte als düstre Vorbedeutung, so ergriff mich nunmehr die Revolution selbst als die gräßlichste Erfüllung; den Thron sah ich gestürzt und zersplittert, eine große Nation aus ihren Fugen gerückt und nach unserm unglücklichen Feldzug offenbar auch die Welt schon aus ihren Fugen.

Auch ich in der Champagne!

Indem mich nun dies alles in Gedanken bedrängte, beängstigte, hatte ich leider zu bemerken daß man im Vaterlande sich spielend mit Gesinnungen unterhielt, welche eben auch uns ähnliche Schicksale vorbereiteten. Ich kannte genug edle Gemüther, die sich gewissen Aussichten und Hoffnungen, ohne weder sich noch die Sache zu begreifen, phantastisch hingaben; indessen ganz schlechte Subjecte bittern Unmuth zu erregen, zu mehren und zu benutzen strebten.

Als ein Zeugniß meines ärgerlich guten Humors ließ ich den *Bürgergeneral* auftreten, wozu mich ein Schauspieler verführte, Namens Beck, welcher den Schnaps in den beyden Billets nach Florian mit ganz individueller Trefflichkeit spielte, indem selbst seine Fehler ihm dabey zu Statten kamen. Da ihm nun diese Maske so gar wohl anstand, brachte man des gedachten kleinen, durchaus beliebten Nachspiels erste Fortsetzung, den *Stammbaum* von Anton Wall hervor, und als ich nun auf Proben, Ausstattung und Vorstellung dieser Kleinigkeit ebenfalls die größte Aufmerksamkeit wendete, so konnte nicht fehlen, daß ich mich von diesem närrischen Schnaps so durchdrungen fand daß mich die Lust anwandelte ihn nochmals zu produziren. Dieß geschah auch mit Neigung und Ausführlichkeit; wie denn das gehaltreiche Mantelsäckchen ein wirklich französisches war, das Paul auf jener Flucht eilig aufgerafft hatte. In der Hauptscene erwies sich Malkolmi als alter wohlhabender, wohlwollender Bauersmann, der sich eine gesteigerte Unverschämtheit als Spaß auch einmal gefallen läßt, unübertrefflich und wetteiferte mit Beck in wahrer natürlicher Zweckmäßigkeit. Aber vergebens! das Stück brachte die widerwärtigste Wirkung hervor, selbst bey Freunden und Gönnern, die um sich und mich zu retten hartnäckig behaupteten: ich sey der Verfasser nicht, habe nur aus Grille meinen Namen und einige Federstriche einer sehr subalternen Production zugewendet.

Wie mich aber niemals irgend ein Aeußeres mir selbst entfremden konnte, mich vielmehr nur strenger ins Innere zurückwies, so blieben jene Nachbildungen des Zeitsinnes für mich eine Art von gemüthlich tröstlichem Geschäft. Die *Unterhaltungen der Ausgewanderten*, fragmentarischer Versuch, das unvollendete Stück, *die Aufgeregten*, sind eben so viel Bekenntnisse dessen was damals in meinem Busen vorging; wie auch späterhin *Hermann und Dorothea* noch aus derselbigen Quelle flossen, welche denn freylich zuletzt erstarrte. Der Dichter konnte der rollenden Weltgeschichte nicht nacheilen und mußte den Abschluß sich und andern schuldig bleiben, da er das Räthsel auf eine so entschiedene als unerwartete Weise gelöst sah.

Unter solchen Constellationen war nicht leicht jemand, in so weiter Entfernung vom eigentlichen Schauplatze des Unheils, gedruckter als ich; die Welt erschien mir blutiger und blutdürstiger als jemals, und wenn das Leben eines Königs in der Schlacht für tausende zu rechnen ist, so wird es noch viel bedeutender im gesetzlichen Kampfe. Ein König wird auf Tod und Leben angeklagt, da kommen Gedanken in Umlauf, Verhältnisse zur Sprache, welche für ewig zu beschwichtigen sich das Königthum vor Jahrhunderten kräftig eingesetzt hatte.

Aber auch aus diesem gräßlichen Unheil suchte ich mich zu retten, indem ich die ganze Welt für nichtswürdig erklärte, wobey mir denn durch eine besondere Fügung Reinecke Fuchs in die Hände kam. Hatte ich mich bisher an Straßen-, Markt- und Pöbel-Auftritten bis zum Abscheu übersättigen müssen, so war es nun wirklich erheiternd in den Hof- und Regentenspiegel zu blicken: denn wenn auch hier das Menschengeschlecht sich in seiner ungeheuchelten Thierheit ganz natürlich vorträgt, so geht doch alles, wo nicht musterhaft, doch heiter zu, und nirgends fühlt sich der gute Humor gestört.

Um nun das köstliche Werk recht innig zu genießen, begann ich alsobald eine treue Nachbildung; solche jedoch in Hexametern zu unternehmen, war ich folgenderweise veranlaßt.

Schon seit vielen Jahren schrieb man in Deutschland nach Klopstocks Einleitung sehr läßliche Hexameter; Voß, indem er sich wohl auch dergleichen bediente, ließ doch hie und da merken, daß man sie besser machen könne, ja er schonte sogar seine eigenen vom Publicum gut aufgenommenen Arbeiten und Uebersetzungen nicht. Ich hätte das gar gern auch gelernt, allein es wollte mir nicht glücken. Herder und Wieland waren in diesem Puncte Latitudinarier und man durfte der Voßischen Bemühungen, wie sie nach und nach strenger und für den Augenblick ungelenk erschienen, kaum Erwähnung thun. Das Publicum selbst schätzte längere Zeit die Voßischen früheren Arbeiten, als geläufiger, über die späteren; ich aber hatte zu Voß, dessen Ernst man nicht verkennen konnte, immer ein stilles Vertrauen und wäre, in jüngeren Tagen oder andern Verhältnissen, wohl einmal nach Eutin gereist um das Geheimniß zu erfahren; denn er, aus einer zu ehrenden Pietät für Klopstock, wollte so lange der würdige, allgefeyerte Dichter lebte, ihm nicht geradezu ins Gesicht sagen: daß man in der deutschen Rhythmik eine striktere Observanz einführen müsse, wenn sie irgend gegründet werden solle. Was er inzwischen äußerte, waren für mich sibyllinische Blätter. Wie ich mich an der Vorrede zu den Georgiken abgequält habe, erinnere ich mich noch immer gerne, der redlichen Absicht wegen, aber nicht des daraus gewonnenen Vortheils.

Da mir recht gut bewußt war daß alle meine Bildung nur praktisch seyn könne, so ergriff ich die Gelegenheit ein paar tausend Hexameter hinzuschreiben, die bey dem köstlichsten Gehalt selbst einer mangelhaften Technik gute Aufnahme und nicht vergänglichen Werth verleihen durften. Was an ihnen zu tadeln sey, werde sich, dacht' ich, am Ende schon finden; und so wendete ich jede Stunde die mir sonst übrig blieb, an eine solche schon innerhalb der Arbeit vorläufig dankbare Arbeit, baute inzwischen und meublirte fort, ohne zu denken was weiter mit mir sich ereignen würde, ob ich es gleich gar wohl voraussehen konnte.

So weit wir auch ostwärts von der großen Weltbegebenheit gelegen waren, erschienen doch schon diesen Winter flüchtige Vorläufer unserer ausgetriebenen westlichen Nachbarn; es war als wenn sie sich umsähen nach irgend einer gesitteten Stätte, wo sie Schutz und Aufnahme fänden. Obgleich nur vorübergehend, wußten sie durch anständiges Betragen, duldsam-zufriedenes Wesen, durch Bereitwilligkeit sich ihrem Schicksal zu fügen und durch irgend eine Thätigkeit ihr Leben zu fristen, dergestalt für sich einzunehmen, daß durch diese Einzelnen die Mängel der ganzen Masse ausgelöscht und jeder Widerwille in entschiedene Gunst verwandelt wurde. Dies kam denn freylich ihren Nachfahrern zu gute, die sich späterhin in Thüringen festsetzten, unter denen ich nur Mounier und Camille Jourdan zu nennen brauche, um ein Vorurtheil zu rechtfertigen, welches man für die ganze Colonie gefaßt hatte, die sich, wo nicht den genannten gleich, doch derselben keineswegs unwürdig erzeigte.

Uebrigens läßt sich hiebey bemerken daß in allen wichtigen politischen Fällen immer diejenigen Zuschauer am besten dran sind, welche Partey nehmen; was ihnen wahrhaft günstig ist ergreifen sie mit Freuden, das Ungünstige ignoriren sie, lehnen's ab, oder legen's wohl gar zu ihrem Vortheil aus. Der Dichter aber, der seiner Natur nach unparteyisch seyn und bleiben muß, sucht sich von den Zuständen beyder kämpfenden Theile zu durchdringen, wo er denn, wenn Vermittlung unmöglich wird, sich entschließen muß tragisch zu endigen. Und mit welchem Cyklus von Tragödien sahen wir uns von der tosenden Weltbewegung bedroht!

Auch ich in der Champagne!

Wer hatte seit seiner Jugend sich nicht vor der Geschichte des Jahrs 1649 entsetzt, wer nicht vor der Hinrichtung Carl I. geschaudert, und zu einigem Troste gehofft daß dergleichen Scenen der Parteywuth sich nicht abermals ereignen könnten. Nun aber wiederholte sich das alles, gräulicher und grimmiger, bey dem gebildetsten Nachbarvolke wie vor unsern Augen; Tag für Tag, Schritt für Schritt. Man denke sich, welchen December und Januar diejenigen verlebten die den König zu retten ausgezogen waren, und nun in seinen Prozeß nicht eingreifen, die Vollstreckung des Todesurtheils nicht hindern konnten.

Frankfurt war wieder in deutschen Händen, die möglichsten Vorbereitungen Maynz wieder zu erorbern wurden eifrigst besorgt. Man hatte sich Maynz genähert und Hochheim besetzt; Königstein mußte sich ergeben. Nun aber war vor allen Dingen nöthig, durch einen vorläufigen Feldzug auf dem linken Rheinufer sich den Rücken frey zu machen. Man zog daher am Taunusgebirge hin auf Idstein über das Benedictiner-Kloster Schönau nach Caub, sodann über eine wohl errichtete Schiffbrücke nach Bacharach; von da an gab es fast ununterbrochene Vorposten-Gefechte, welche den Feind zum Rückzug nöthigten. Man ließ den eigentlichen Hundsrück rechts, zog nach Stromberg, wo General Neubinger gefangen wurde. Man gewann Creutznach und reinigte den Winkel zwischen der Nahe und dem Rhein; und so bewegte man sich mit Sicherheit gegen diesen Fluß. Die Kaiserlichen waren bey Speyer über den Rhein gegangen und man konnte die Umzingelung von Maynz den 14. April abschließen, wenigstens vorerst die Einwohner mit Mangel, als dem Vorläufer größerer Noth, in Angst setzen.

Diese Nachricht vernahm ich zugleich mit der Aufforderung mich an Ort und Stelle zu zeigen um, wie früher an einem beweglichen Uebel, so nun an einem stationären Theil zu nehmen. Die Umzingelung war vollbracht, die Belagerung konnte nicht ausbleiben; wie ungern ich mich dem Kriegstheater abermals näherte, überzeuge sich wer etwa die zweyte nach meinen Skizzen radirte Tafel in die Hand nimmt. Sie ist einem sehr genauen Federumriß nachgebildet, den ich wenige Tage vor meiner Abreise sorgfältig auf Papier gebracht hatte. Mit welchem Gefühl, sagen die wenigen dazu gedichteten Reimzeilen.

> Hier sind wir denn vorerst ganz still zu Haus,
> Von Thür' zu Thüre sieht es lieblich aus;
> Der Künstler froh die stillen Blicke hegt
> Wo Leben sich zum Leben freundlich regt.
> Und wie wir auch durch ferne Lande ziehn,
> Da kommt es her, da kehrt es wieder hin;
> Wir wenden uns, wie auch die Welt entzücke,
> Der Enge zu, die uns allein beglücke.

Belagerung von Maynz.

Montag den 26. May 1793 von Frankfurt nach Höchst und Flörsheim; hier stand viel Belagerungs-Geschütz. Der alte freye Weg nach Maynz war gesperrt, ich mußte über die Schiffbrücke bey Rüsselsheim; in Ginsheim ward gefüttert; der Ort ist sehr zerschossen; dann über die Schiffbrücke auf die Nonnenaue, wo viele Bäume niedergehauen lagen, sofort auf dem zweyten Theil der Schiffbrücke über den größern Arm des Rheins. Ferner auf Bodenheim und Ober-Ulm, wo ich mich cantonirungsmäßig einrichtete und sogleich mit Hauptmann Vent nach dem rechten Flügel über Hechtsheim ritt, mir die Lage besah von Maynz, Castel, Kostheim, Hochheim, Weißenau, der Mayn-Spitze und den Rhein-Inseln. Die Franzosen hatten sich der einen bemächtigt und sich dort eingegraben; ich schlief Nachts in Ober-Ulm.

Dienstag den 27. May eilte ich meinen Fürsten im Lager bey Marienborn zu verehren, wobey mir das Glück ward, dem Prinzen Maximilian von Zweybrücken, meinem immer gnädigen Herrn aufzuwarten; vertauschte dann sogleich gegen ein geräumiges Zelt in der Fronte des Regiments mein leidiges Cantonirungs-Quartier. Nun wollt' ich auch die Mitte des Blocade-Halbkreises kennen lernen, ritt auf die Schanze vor dem Chaussee-Haus, übersah die Lage der Stadt, die neue französische Schanze bey Zahlbach und das merkwürdig-gefährliche Verhältniß des Dorfes Bretzenheim. Dann zog ich mich gegen das Regiment zurück und war bemüht einige genaue Umrisse aufs Papier zu bringen, um mir die Bezüge und die Distanzen der landschaftlichen Gegenstände desto besser zu imprimiren.

Ich wartete dem General Grafen Kalkreuth in Marienborn auf, und war Abends bey demselben; da denn viel über eine Mähre gesprochen wurde, daß in dem Lager der anderen Seite vergangene Nacht der Lärm entstanden, als sey ein deutscher General zu den Franzosen übergegangen, worüber sogar das Feldgeschrey verändert worden und einige Bataillons ins Gewehr getreten.

Ferner unterhielt man sich über das Detail der Lage überhaupt, über Blocade und künftige Belagerung. Viel ward gesprochen über Persönlichkeiten und deren Verhältnisse, die gar mancherley wirken ohne daß sie zur Sprache kommen. Man zeigte daraus, wie unzuverlässig die Geschichte sey, weil kein Mensch eigentlich wisse warum, oder woher dieses und jenes geschehe.

Mittwoch den 28. May bey Obrist von Stein auf dem Forsthause, das äußerst schön liegt; ein höchst angenehmer Aufenthalt! Man fühlte, welch eine behagliche Stelle es gewesen, Landjägermeister eines Churfürsten von Maynz zu seyn. Von da übersieht man den großen landschaftlichen Kessel, der sich bis Hochheim hinüber erstreckt, wo in der Urzeit Rhein und Mayn sich wirbelnd drehten und restagnirend die besten Aecker vorbereiteten, ehe sie bey Biberich westwärts zu fließen völlige Freyheit fanden.

Ich speiste im Hauptquartier; der Rückzug aus der Champagne ward besprochen; Graf Kalkreuth ließ seiner Laune gegen die Theoristen freyen Lauf.

Nach der Tafel ward ein Geistlicher hereingebracht, als revolutionärer Gesinnungen verdächtig. Eigentlich war er toll oder wollte so scheinen; er glaubte Turenne und Conde gewesen, und nie von einem Weibe geboren zu seyn. Durch das Wort werde alles gemacht! Er war guter Dinge und zeigte in seiner Tollheit viel Consequenz und Gegenwart des Geistes.

Ich suchte mir die Erlaubniß Lieutnant von Itzenblitz zu besuchen, welcher am 9. May in einer Affaire vor Maynz mit Schuß und Hieb verwundet und endlich gefangen genommen worden. Feindlicherseits betrug man sich auf das schonendste gegen ihn und gab ihn bald wieder heraus. Reden durft' er noch nicht, doch erfreute ihn die Gegenwart eines alten Kriegskameraden, der manches zu erzählen wußte.

Gegen Abend fanden sich die Offiziere des Regiments beym Marketender, wo es etwas muthiger herging als vorm Jahr in der Champagne: denn wir tranken den dortigen schäumenden Wein und zwar im Trocknen beym schönsten Wetter. Meiner vormaligen Weissagung ward auch gedacht; sie wiederholten meine Worte: »von hier und heute geht eine neue Epoche der Weltgeschichte aus, und ihr könnt sagen ihr seyd dabey gewesen.«

Wunderbar genug sah man diese Prophezeyhung nicht etwa nur dem allgemeinen Sinn, sondern dem besondern Buchstaben nach genau erfüllt, indem die Franzosen ihren Calender von diesen Tagen an datirten.

Wie aber der Mensch überhaupt ist, besonders aber im Kriege, daß er sich das Unvermeidliche gefallen läßt und die Intervalle zwischen Gefahr, Noth und Verdruß, mit Vergnügen und Lustbarkeit auszufüllen sucht; so ging es auch hier, die Hautboisten von Thadden spielten Ça ira und den Marseiller Marsch, wobey eine Flasche Champagner nach der andern geleert wurde.

Abends 8 Uhr kanonirte man stark von den Batterien des rechten Flügels.

Donnerstag den 29. May früh 9 Uhr, Victoria wegen des Siegs der Oestreicher bey Famars. Dieses allgemeine Abfeuern nützte mir die Lage der Batterien und die Stellung der Truppen kennen zu lernen, zugleich war ein ernstlicher Handel bey Bretzenheim, denn freylich hatten die Franzosen alle Ursache uns aus diesem so nahe gelegenen Dorfe zu vertreiben.

Inzwischen erfuhr man, woher das Mährchen der gestrigen Desertion entstanden, durch seltsam zufällige Combinationen, so abgeschmackt als möglich, aber doch einige Zeit umherlaufend.

Ich begleitete meinen gnädigsten Herrn nach dem linken Flügel, wartete dem Herrn Landgrafen von Darmstadt auf, dessen Lager besonders zierlich mit kiefernen Lauben ausgeputzt war, dessen Zelt jedoch alles was ich je in dieser Art gesehen, übertraf, wohl ausgedacht, vortrefflich gearbeitet, bequem und prächtig.

Gegen Abend war uns, mir aber besonders, ein liebenswürdiges Schauspiel bereitet; die Prinzessinnen von Mecklenburg hatten im Hauptquartier zu Bodenheim bey Ihro Majestät dem Könige gespeist und besuchten nach Tafel das Lager. Ich heftete mich in mein Zelt ein und durfte so die hohen Herrschaften, welche unmittelbar davor ganz vertraulich auf und nieder gingen, auf das genauste beobachten. Und wirklich konnte man in diesem Kriegsgetümmel die beyden jungen Damen für himmlische Erscheinungen halten, deren Eindruck auch mir niemals verlöschen wird.

Freytag den 30. May. Früh hörte man hinter dem Lager klein Gewehrfeuer, welches einige Apprehension gab; dies klärte sich dahin auf, daß die Bauern den Frohnleichnam gefeyert. Ferner ward Victoria geschossen aus Kanonen und kleinem Gewehr, jenes glücklichen Ereignisses in den Niederlanden wegen; dazwischen scharf aus der Stadt und hinein. Nachmittag ein Donnerwetter.

Holländische Artillerie-Flotille ist angekommen, liegt bey Ebenheim.

In der Nacht vom 30. zum 31. May schlief ich, wie gewöhnlich ganz angezogen, ruhig im Zelte, als ich vom Platzen eines kleinen Gewehrfeuers aufgeweckt wurde, das nicht allzu entfernt schien. Ich sprang auf und heraus und fand schon alles in Bewegung; es war offenbar daß Marienborn überfallen sey. Bald darauf feuerten unsere Kanonen von der Batterie vor dem Chausseehaus, dieß mußte also einem herandringenden Feinde gelten. Das Regiment des Herzogs, von dem eine Schwadron hinter dem Chausseehaus gelagert war, ruckte aus; der Moment war kaum erklärbar. Das kleine Gewehrfeuer in Marienborn, im Rücken unserer Batterien, dauerte fort und unsere Batterien schossen auch. Ich setzte mich zu Pferde und ritt weiter vor, wo ich, nach früher genommener Kenntniß, ob es gleich Nacht war, die Gegend beurtheilen konnte. Ich erwartete jeden Augenblick Marienborn in Flammen zu sehen und ritt zu unseren Zelten zurück, wo ich die Leute des Herzogs beschäftigt fand, ein- und aufzupacken, auf alle Fälle. Ich empfahl ihnen meinen Koffer und Portefeuille und besprach unsern Rückzug. Sie wollten auf Oppenheim zu, dorthin konnte ich leicht folgen, da mir der Fußpfad durch das Fruchtfeld bekannt war, doch wollt' ich den Erfolg erst abwarten und mich nicht eher entfernen bis das Dorf brennte und der Streit sich hinter demselben weiter heraufzöge.

In solcher Ungewißheit sah ich der Sache zu, aber bald legte sich das kleine Gewehrfeuer, die Kanonen schwiegen, der Tag fing an zu grauen und das Dorf lag ganz ruhig vor mir. Ich ritt hinunter. Die Sonne ging auf mit trübem Schein, und die Opfer der Nacht lagen neben einander. Unsere riesenhaften wohlgekleideten Cürassire machten einen wunderlichen Contrast mit den zwergenhaften, schneiderischen, zerlumpten Ohnehosen; der Tod hatte sie ohne Unterschied hingemäht. Unser guter Rittmeiste La Viere war unter den ersten geblieben, Rittmeister von Voß, Adjutant des Grafen Kalkreuth, durch die Brust geschossen, man erwartete seinen Tod. Ich war veranlaßt, eine kurze Relation dieses wunderbaren und unangenehmen Vorfalls aufzusetzen, welche ich hier einschalte und sodann noch einige Particularitäten hinzufüge.

Von dem Ausfall der Franzosen in der Nacht auf Marienborn vermelde ich folgendes:

Das Hauptquartier Marienborn liegt in der Mitte des Halbkreises von Lagern und Batterien, die am linken Ufer des Rheins oberhalb Maynz anfangen, die Stadt nicht gar in der Entfernung einer halben Stunde umgeben und unterhalb derselben sich wieder an den Fluß anschließen. Die Capelle zum heiligen Kreuz, die Dörfer Weißenau, Hechtsheim, Marienborn, Drais, Gunzenheim, Mombach werden von diesem

Kreise entweder berührt oder liegen nicht weit außerhalb desselben. Die beyden Flügel bey Weißenau und Mombach wurden vom Anfang der Blocade an von den Franzosen öfters angegriffen und ersteres Dorf abgebrannt, die Mitte hingegen blieb ohne Anfechtung. Niemand konnte vermuthen daß sie dahin einen Ausfall richten würden, weil sie in Gefahr kamen von allen Seiten ins Gedränge zu gerathen, abgeschnitten zu werden, ohne irgend etwas von Bedeutung auszurichten. Indessen waren die Vorposten um Bretzenheim und Dahlheim, Orte die vor Marienborn in einem Grunde liegen der sich nach der Stadt zieht, immer an einander und man behauptete Bretzenheim disseits um so eifriger als die Franzosen bey Zahlbach, einem Kloster nahe bey Dahlheim, eine Batterie errichtet hatten und damit das Feld und die Chaussee bestrichen.

Eine Absicht, die man dem Feinde nicht zutraute, bewog ihn endlich zu einem Ausfall gegen das Hauptquartier. Die Franzosen wollten, so ist man durch die Gefangenen überzeugt, den General Kalkreuth der in Marienborn, den Prinzen Ludwig, Ferdinands Sohn, der auf dem Chausseehause einige hundert Schritte vom Dorfe in Quartier lag, entweder gefangen fortführen, oder todt zurücklassen. Sie wählten die Nacht vom 30ten zum 31sten, zogen sich, vielleicht 3000 Mann, aus dem Zahlbacher Grunde, schlängelnd über die Chaussee und durch einige Gründe bis wieder an die Chaussee, passirten sie wieder und eilten auf Marienborn los. Sie waren gut geführt und nahmen ihren Weg zwischen den Oestreichischen und Preußischen Patrouillen durch, die leider, wegen geringen Wechsels von Höhen und Tiefen, nicht an einander stießen. Auch kam ihnen noch ein Umstand zu Hülfe.

Tags vorher hatte man Bauern beordert das Getraide, das gegen die Stadt zu steht, in dieser Nacht abzumähen; als diese nach vollendeter Arbeit zurückgingen, folgten ihnen die

Franzosen und einige Patrouillen wurden dadurch irre gemacht. Sie kamen unentdeckt ziemlich weit vorwärts und als man sie bemerkte und auf sie schoß, drangen sie in der größten Eile nach Marienborn vor, und erreichten das Dorf gegen 1 Uhr, wo man sorglos entweder schlief oder wachte. Sie schossen sogleich in die Häuser, wo sie Licht sahen, drängten sich durch die Straße und umringten den Ort und das Kloster, in welchem der General lag. Die Verwirrung war groß, die Batterien schossen, das Infanterie-Regiment Wegner rückte gleich vor, eine Schwadron des Herzogs von Weimar, die hinter dem Orte lag, war bey der Hand, die sächsischen Husaren desgleichen. Es entstand ein verwirrtes Gefecht.

Indessen hörte man im ganzen Umkreis des blockirenden Lagers das Feuern von falschen Attaquen, jedes wurde auf sich aufmerksam gemacht und niemand wagte dem andern zu Hülfe zu eilen.

Der abnehmende Mond stand am Himmel und gab ein mäßiges Licht. Der Herzog von Weimar nahm den übrigen Theil seines Regiments, das eine Viertelstunde hinter Marienborn auf der Höhe lag, und eilte hinzu, Prinz Ludwig führte die Regimenter Wegner und Thadden; und nach einem anderthalbstündigen Gefechte trieb man die Franzosen gegen die Stadt. An Todten und Blessirten ließen sie 30 Mann zurück, was sie mit sich geschleppt, ist unbekannt.

Der Verlust der Preußen an Todten und Blessirten mag 90 Mann seyn. Major La Viere von Weimar ist todt; Rittmeister und Adjutant von Voß tödtlich verwundet. Ein unglücklicher Zufall vermehrte den disseitigen Verlust: denn als sich die Feldwachen von Bretzenheim auf Marienborn zurückziehen wollten, kamen sie unter die Franzosen und wurden zugleich mit ihnen von unsern Batterien beschossen.

Als es Tag ward, fand man Pechkränze, mit Pech überzogene Birkenwellen an allen Enden des Dorfes; sie hatten die

Absicht, wenn der Coup gelänge, zuletzt das Dorf anzuzünden.

Man erfuhr daß sie zu gleicher Zeit versucht hatten eine Brücke von einer Rheininsel an der Maynspitze, in die sie sich seit einiger Zeit genistet, auf die nächste Insel zu schlagen, wahrscheinlich in der Absicht gegen die Schiffbrücken bey Ginsheim etwas vorzunehmen. Das zweyte Treffen der Kette ward näher an das erste herangezogen und des Herzogs Regiment steht nah bey Marienborn.

Man weiß daß beym Ausfall National-Truppen vorangingen, dann Linien-, dann wieder National-Truppen folgten; es mag daher das Gerücht entstanden seyn, die Franzosen seyen in drey Colonnen ausgezogen.

Den 1. Juny rückte das Regiment näher nach Marienborn; der Tag ging hin mit Veränderung des Lagers; auch die Infanterie veränderte ihre Stellung und man traf verschiedene Vertheidigungsanstalten.

Ich besuchte Rittmeister von Voß, den ich ohne Hoffnung fand; er saß aufrecht im Bette und schien seine Freunde zu kennen, zu sprechen vermocht' er nicht. Auf einen Wink des Chirurgen begaben wir uns weg; und ein Freund machte mich unterwegs aufmerksam, daß vor einigen Tagen in demselben Zimmer ein heftiger Streit entstanden, indem einer gegen viele hartnäckig behauptet: Marienborn, als Hauptquartier, liege viel zu nahe an der blokirten und zu belagernden Stadt, man habe sich gar wohl eines Ueberfalls zu versehen.

Weil aber überhaupt eine heftige Widerrede gegen alles was von oben herein befohlen und veranstaltet war, zur Tages-Ordnung gehörte, so ging man drüber hinaus und ließ diese Warnung, so wie manche andere verhallen.

Den 2. Juny ward ein Bauer aus Ober-Ulm gehangen, der beym Ueberfall die Franzosen angeführt hatte: denn ohne die genauste Kenntniß des Terrains wäre das schlängelnde Heranziehen nicht denkbar gewesen; zum Unglück für ihn wußte er nicht eben so gut mit den rückkehrenden die Stadt zu erreichen und wurde von den ausgesandten Patrouillen, die alles auf das sorgfältigste durchsuchten, eingefangen.

Ward Major La Viere mit allen militärischen Ehren vor den Standarten begraben. Starb Rittmeister von Voß. Waren Prinz Ludwig, General Kalkreuth und mehrere bey dem Herzog zur Tafel. Abends Feuern an der Rheinspitze.

Den 3. Juny große Mittagstafel bey Herrn von Stein auf dem Jägerhause; herrliches Wetter, unschätzbare Aussicht, ländlicher Genuß, durch Scenen des Todes und Verderbens getrübt. Abends wurde Rittmeister von Voß neben La Viere niedergesenkt.

Den 5. Juny. Man fährt fort an der Verschanzung des Lagers ernstlich zu arbeiten.

Große Attake und Kanonade an der Maynspitze.

Den 6. Juny war die Preußische und Oestreichische Generalität bey Serenissimo zu Tafel, in einem großen, von Zimmerwerk zu solchen Festen auferbauten Saale. Ein Obristlieutenant vom Regiment Wegner, schief gegen mir über sitzend, betrachtete mich gewissermaßen mehr als billig.

Den 7. Juny schrieb ich früh viel Briefe. Bey Tafel im Hauptquartier, schwadronirte ein Major viel über künftige Belagerung und redete sehr frey über das Benehmen bisher.

Gegen Abend führte mich ein Freund zu jenem beobachtenden Obristlieutenant, der vor einigen Tagen meine Bekanntschaft zu machen gewünscht hatte. Wir fanden keine sonderliche Aufnahme; es war Nacht geworden, es erschien keine Kerze. Selters-Wasser und Wein, das man jedem Besuchenden anbot, blieb aus, die Unterhaltung war Null. Mein Freund, welcher diese Verstimmung dem Umstande zuschrieb daß wir zu spät gekommen, blieb nach dem Abschiede einige Schritte zurück um uns zu entschuldigen, jener aber versetzte zutraulich, es habe gar nichts zu sagen: denn gestern bey Tafel habe er schon an meinen Gesichtszügen gesehen, daß ich gar der Mann nicht sey, wie er sich ihn vorgestellt habe. Wir scherzten über diesen verunglückten Versuch neuer Bekanntschaft.

Den 8. Juny setzte ich meine Arbeit an Reinecke Fuchs fleißig fort; ritt mit durchlauchtigstem Herzog nach dem Darmstädtischen Lager, wo ich den Herrn Landgrafen, als meinen vieljährigen unabänderlich gnädigsten Herrn mit Freuden verehrte.

Abends kam Prinz Maximilian von Zweybrücken, mit Obrist von Stein zu Serenissimo; da ward manches durchgesprochen; zuletzt kam das offenbare Geheimniß der nächstkünftigen Belagerung an die Reihe.

Den 9. Juny glückte den Franzosen ein Ausfall auf Heilig-Kreuz; es gelang ihnen Kirche und Dorf unmittelbar vor den österreichischen Batterien anzuzünden, einige Gefangene zu machen und sich nicht ohne Verlust hierauf zurückzuziehen.

Den 10. Juny wagten die Franzosen einen Tages-Ueberfall auf Gunzenheim, der zwar abgeschlagen ward, aber uns doch wegen des linken Flügels, und besonders wegen des Darmstädter Lagers, einige Zeit in Verlegenheit und Sorge setzte.

Den 11. Juny. Das Lager Ihro Majestät des Königs war nun etwa 1000 Schritte über Marienborn bestimmt und angelegt, gerade an dem Abhange wo der große Kessel in welchem Maynz liegt sich endigt, in aufsteigenden Lehmwänden und Hügeln; dieses gab zu den anmuthigsten Einrichtungen Gelegenheit. Das leicht zu behandelnde Erdreich bot sich den Händen geschickter Gärtner dar, welche die gefälligste Parkanlage mit wenig Bemühung bildeten: die abhängige Seite ward geböscht und mit Rasen belegt, Lauben gebaut, auf- und absteigende Communicationsgänge gegraben, Flächen planirt, wo das Militair in seiner ganzen Pracht und Zierlichkeit sich zeigen konnte, anstoßende Wäldchen und Büsche mit in den Plan gezogen, so daß man bey der köstlichsten Aussicht nichts mehr wünschen konnte als diese sämmtlichen Räume eben so bearbeitet zu sehen, um des herrlichsten Parks von der Welt zu genießen. Unser Krause zeichnete sorgfältig die Aussicht mit allen ihren gegenwärtigen Eigenthümlichkeiten.

Den 14. Juny. Eine kleine Schanze, welche die Franzosen unterhalb Weißenau errichtet hatten und besetzt hielten, stand der Eröffnung der Parallele im Weg; sie sollte Nachts eingenommen werden und mehrere davon unterrichtete Personen begaben sich auf die disseitigen Schanzen unseres rechten Flügels, von wo man die ganze Lage übersehen konnte. In der sehr finstern Nacht erwartete man nunmehr, da man die Stelle recht gut kannte, wohin unsere Truppen gesendet waren, Angriff und Widerstand sollten durch ein lebhaftes Feuer ein bedeutendes Schauspiel geben. Man harrte lang, man harrte vergebens; statt dessen gewahrte man aber eine weit lebhaftere Erscheinung. Alle Posten unserer Stellung mußten angegriffen seyn, denn in dem ganzen Kreis derselben erblickte man ein lebhaftes Feuern, ohne daß man dessen Veranlassung irgend begreifen konnte; an der Stelle aber von der eigentlich die Rede seyn sollte, blieb alles todt und stumm. Verdrießlich gingen wir nach Hause, besonders Herr Gore, als auf solche Feuer- und Nachtgefechte der begierigste. Der folgende Tag gab uns die Auflösung dieses Räthsels. Die Franzosen hatten sich vorgenommen in dieser Nacht alle unsere Posten anzugreifen, und deshalb ihre Truppen aus den Schanzen weg und zum Angriff zusammengezogen. Unsere Abgesendeten daher, die mit der größten Vorsicht an die Schanze herangingen, fanden weder Waffen noch Widerstand; sie erstiegen die Schanze und fanden sie leer, einen einzigen Kanonier ausgenommen, der sich über diesen Besuch höchlich verwunderte. Während des allgemeinen Feuerns, daß nur sie nicht betraf, hatten sie gute Zeit die Wälle zu zerstören und sich zurückzuziehen. Jener allgemeine Angriff hatte auch keine weitern Folgen; die alarmirten Linien beruhigten sich wieder mit dem Einbruch des Tags.

Den 16. Juny. Die immer besprochene, und dem Feind verheimlichte Belagerung von Maynz nahte sich denn doch endlich; man sagte sich ins Ohr: heute Nacht solle die Tranchee eröffnet werden. Es war sehr finster und man ritt den bekannten Weg nach der Weißenauer Schanze; man sah nichts, man hörte nichts, aber unsere Pferde stutzten auf einmal und wir wurden unmittelbar vor uns einen kaum zu unterscheidenden Zug gewahr. Oestreichische, grau gekleidete Soldaten, mit grauen Faschinen auf den Rücken, zogen stillschweigend dahin, kaum daß von Zeit zu Zeit der Klang aneinander schlagender Schaufeln und Hacken irgend eine nahe Bewegung andeutete. Wunderbarer und gespensterhafter läßt sich kaum eine Erscheinung denken, die sich halb gesehen immer wiederholte, ohne deutlicher gesehen zu werden. Wir blieben auf dem Flecke halten bis daß sie vorüber waren, denn von da aus konnten wir wenigstens nach der Stelle hinsehen, wo sie im Finstern wirken und arbeiten sollten. Da dergleichen Unternehmungen immer in Gefahr sind dem Feind verrathen zu werden, so konnte man erwarten daß von den Wällen aus auf diese Gegend, und wenn auch nur auf gut Glück, gefeuert werden würde. Allein in dieser Erwartung blieb man nicht lange, denn gerade an der Stelle, wo die Tranchee angefangen werden sollte, ging auf einmal klein Gewehrfeuer los, allen unbegreiflich. Sollten die Franzosen sich herausgeschlichen, bis an oder gar über unsere Vorposten herangewagt haben? Wir begriffen es nicht. Das Feuern hörte auf und alles versank in die allertiefste Stille. Erst den andern Morgen wurden wir aufgeklärt daß unsere Vorposten selbst auf die still heranziehende Colonne wie auf eine feindliche gefeuert hatten; diese stutzte, verwirrte sich, jeder warf seine Faschine weg, Schaufeln und Hacken wurden allenfalls gerettet; die Franzosen auf den Wällen aufmerksam gemacht, waren auf ihrer Hut, man kam unverrichteter Sache zurück, die sämmtliche Belagerungsarmee war in Bestürzung.

Den 17. Juny. Die Franzosen errichten eine Batterie an der Chaussee. Nachts entsetzlicher Regen und Sturm.

Den 18. Juny. Als man die neulich mißglückte Eröffnung der Tranchee unter den Sachverständigen besprach, wollte sich finden, daß man viel zu weit von der Festung mit der Anlage geblieben sey; man beschloß daher sogleich die dritte Parallele näher zu rücken und dadurch aus jenem Unfall entschiedenen Vortheil zu ziehen. Man unternahm es und es ging glücklich von Statten.

Den 24. Juny. Franzosen und Clubbisten, wie man wohl bemerken konnte daß es Ernst werde, veranstalteten, dem zunehmenden Mangel an Lebensmitteln Einhalt zu thun, eine unbarmherzige Exportation gegen Kassel, von Greisen und Kranken, Frauen und Kindern, die eben so grausam wieder zurückgewiesen wurden. Die Noth wehr- und hülfloser zwischen innere und äußere Feinde gequetschter Menschen ging über alle Begriffe.

Man versäumte nicht den Oestreichischen Zapfenstreich zu hören, welcher alle andere der ganzen alliirten Armee übertraf.

Den 25. Juny Nachmitag entstand ein heftiges allen unbegreifliches Kanoniren am Ende unsers linken Flügels; zuletzt klärte sich's auf, das Feuern sey auf dem Rhein, wo die holländische Flotte vor Ihro Majestät dem Könige manövrire; Höchstdieselben waren deshalb nach Elfeld gegangen.

Den 27. Juny Anfang des Bombardements, wodurch die Dechaney sogleich angezündet war.

Nachts glückte den Unsern der Sturm auf Weißenau und die Schanze oberhalb der Karthause, freylich unerläßliche Punkte den rechten Flügel der zweyten Parallele zu sichern.

Den 28. Juny Nachts. Fortgesetztes Bombardement gegen den Dom; Thurm und Dach brennen ab und viele Häuser umher. Nach Mitternacht die Jesuitenkirche.

Wir sahen auf der Schanze vor Marienborn diesem schrecklichen Schauspiele zu; es war die sternenhellste Nacht, die Bomben schienen mit den Himmelslichtern zu wetteifern und es waren wirklich Augenblicke wo man beyde nicht unterscheiden konnte. Neu war uns das Steigen und Fallen der Feuerkugeln; denn wenn sie erst mit einem flachen Zirkelbogen das Firmament zu erreichen drohten, so knickten sie in einer gewissen Höhe parabolisch zusammen und die aufsteigende Lohe verkündigte bald daß sie ihr Ziel zu erreichen gewußt.

Herr Gore und Rath Krause behandelten den Vorfall künstlerisch und machten so viele Brandstudien, daß ihnen später gelang ein durchscheinendes Nachtstück zu verfertigen, welches noch vorhanden ist und, wohl erleuchtet, mehr als irgend eine Wortbeschreibung die Vorstellung einer unselig glühenden Hauptstadt des Vaterlandes zu überliefern im Stande seyn möchte.

Und wie deutete nicht ein solcher Anblick auf die traurigste Lage, indem wir uns zu retten, uns einigermaßen wieder herzustellen, zu solchen Mitteln greifen mußten.

Den 29. Juny. Schon längst war von einer schwimmenden Batterie die Rede gewesen, welche bey Ginsheim gebaut auf den Maynkopf und die zunächst liegenden Inseln und Auen wirken und sie besetzen sollte. Man sprach soviel davon daß sie endlich vergessen ward. Auf meinem gewöhnlichen Nachmittagsritte nach unserer Schanze über Weißenau, war ich kaum dorthin gelangt, als ich auf dem Fluß eine große Bewegung bemerkte, französische Kähne ruderten emsig nach den Inseln und die östreichische Batterie, angelegt um den Fluß bis dorthin zu bestreichen, feuerte unausgesetzt in Prellschüssen auf dem Wasser; für mich ein ganz neues Schauspiel. Wie die Kugel zum erstenmal auf das bewegliche Element aufschlug, entsprang eine starke sich viele Fuß in die Höhe bäumende Springwelle; diese war noch nicht zusammengestürzt als schon eine zweyte in die Höhe getrieben wurde, kräftig wie die erste nur nicht von gleicher Höhe, und so folgte die dritte, vierte, immer ferner abnehmend, bis sie zuletzt gegen die Kähne gelangte, flächer fortwirkte und den Fahrzeugen zufällig gefährlich ward.

An diesem Schauspiel konnt' ich mich nicht satt sehen, denn es folgte Schuß auf Schuß, immer wieder neue mächtige Fontainen, indessen die alten noch nicht ganz verrauscht hatten.

Auf einmal lös'te sich drüben auf dem rechten Ufer, zwischen Büschen und Bäumen, eine seltsame Maschine los; ein viereckiges, großes, von Balken gezimmertes Local schwamm daher, zu meiner großen Verwunderung, zu meiner Freude zugleich, daß ich bey dieser wichtigen soviel besprochenen Expedition Augenzeuge seyn sollte. Meine Segenswünsche schienen jedoch nicht zu wirken, meine Hoffnung dauerte nicht lange: denn gar bald drehte die Masse sich auf sich selbst, man sah daß sie keinem Steuerruder gehorchte, der Strom zog sie immer im Drehen mit sich fort. Auf der Rheinschanze oberhalb Cassel und vor derselben war alles in Bewegung, Hunderte von Franzosen rannten am Ufer aufwärts und verführten ein gewaltiges Jubelgeschrey, als dieses trojanische Meerpferd, fern von dem beabsichtigten Ziel der Landspitze, durch den einströmenden Mayn ergriffen und nun zwischen Rhein und Mayn gelassen und unaufhaltsam dahinfuhr. Endlich zog die Strömung diese unbehülfliche Maschine gegen Kassel, dort strandete sie ohnfern der Schiffbrücke auf einem flachen noch vom Fluß überströmten Boden. Hier versammelte sich nun das sämmtliche Französische Kriegsvolk, und wie ich bisher mit meinem trefflichen Fernrohr das ganze Ereigniß aufs genauste beobachtet, so sah ich nun auch, leider, die Fallthüre die diesen Raum verschloß, niedersinken und die darin Versperrten heraus und in die Gefangenschaft wandern. Es war ein ärgerlicher Anblick; die Fallbrücke reichte nicht bis ans trockene Land, die kleine Garnison mußte daher erst durchs Wasser waten, bis sie den Kreis ihrer Gegner erreichten. Es waren vier und sechzig Mann, zwey Offiziere und zwey Kanonen, sie wurden gut empfangen, sodann nach Maynz und zuletzt ins preußische Lager zur Auswechselung gebracht.

Nach meiner Rückkehr verfehlte ich nicht, von diesem unerwarteten Ereigniß Nachricht zu geben; niemand wollt' es glauben, wie ich ja selbst meinen Augen nicht getraut hatte. Zufällig befanden sich Ihro Königl. Hoheit der Kronprinz in des Herzogs von Weimar Gezelt, ich ward gerufen und mußte den Vorfall erzählen; ich that es genau aber ungern, wohl wissend daß man dem Bothen der Hiobspost immer etwas von der Schuld des Unglücks das er erzählt anzurechnen pflegt.

Unter den Täuschungen mancher Art, die uns bey unerwarteten Vorfällen in einem ungewohnten Zustande betreffen mögen, giebt es gar viele, gegen die man sich erst im Augenblick waffnen kann. Ich war gegen Abend ohne den mindesten Anstoß den gewöhnlichen Fußpfad nach der Weißenauer Schanze geritten; der Weg ging durch eine kleine Vertiefung, wo weder Wasser noch Sumpf noch Graben noch irgend ein Hinderniß sich bemerken ließ; bey meiner Rückkehr war die Nacht eingebrochen und als ich eben in jene Vertiefung hereinreiten wollte, sah ich gegenüber eine schwarze Linie gezogen, die sich von dem verdüsterten braunen Erdreich scharf abschnitt. Ich mußt' es für einen Graben halten, wie aber ein Graben in der kurzen Zeit über meinen Weg her sollte gezogen seyn, war nicht begreiflich. Mir blieb daher nichts übrig als drauf los zu reiten.

Als ich näher kam blieb zwar der schwarze Streif unverrückt, aber es schien mir vor demselbigen sich einiges hin und wieder zu bewegen, bald auch ward ich angerufen und befand mich sogleich mitten unter wohl bekannten Cavallerie-Offizieren. Es war des Herzogs von Weimar Regiment, welches, ich weiß nicht zu welchem Zwecke ausgerückt, sich in dieser Vertiefung aufgestellt hatte, da denn die lange Linie schwarzer Pferde mir als Vertiefung erschien die meinen Fußpfad zerschnitt. Nach wechselseitigem Begrüßen eilte ich sodann ungehindert zu den Zelten.

Und so war nach und nach das innere gränzenlose Unglück einer Stadt, außen und in der Umgegend, Anlaß zu einer Lustpartie geworden. Die Schanze über Weißenau, welche die herrlichste Uebersicht gewährte, täglich von Einzelnen besucht, die sich von der Lage einen Begriff machen und was in dem weiten übersehbaren Kreis vorginge bemerken wollten, war Sonn- und Feyertags der Sammelplatz einer unzählbaren Menge Landleute, die sich aus der Nachbarschaft herbey zogen. Dieser Schanze konnten die Franzosen wenig anhaben, Hochschüsse waren sehr ungewiß und gingen meist drüber weg. Wenn die Schildwache auf der Brustwehr hin- und wiedergehend, bemerkte daß die Franzosen das hieher gerichtete Geschütz abfeuerten, so rief sie: *Buck*! und sodann ward von allen innerhalb der Batterie befindlichen Personen erwartet, daß sie sich auf die Knie wie aufs Angesicht niederwürfen, um durch die Brustwehr gegen eine niedrig ankommende Kugel geschützt zu seyn.

Nun war es Sonntags und Feyertags lustig anzusehen, wenn die große Menge geputzter Bauersleute, oft noch mit Gebetbuch und Rosenkranz, aus der Kirche kommend die Schanze füllten, sich umsahen, schwatzten und schäkerten; auf einmal aber die Schildwache *Buck*! rief und sie sämmtlich flugs vor dieser gefährlich-hochwürdigen Erscheinung niederfielen und ein vorüberfliegendes göttlich-sausendes Wesen anzubeten schienen; bald aber nach geschwundener Gefahr sich wieder aufraften, sich wechselsweise verspotteten und bald darauf, wenn es den Belagerten gerade beliebte, abermals niederstürzten.

Man konnte sich dieses Schauspiel sehr bequem verschaffen, wenn man sich auf der nächsten Höhe etwas seitwärts außer der Richtung der Kugel stellte, unter sich dieses wunderliche Gewimmel sah und die Kugel an sich vorbeysausen hörte.

Aber eine solche über die Schanze weggehende Kugel verfehlte nicht Zweck noch Absicht. Auf dem Rücken dieser Höhen zog sich der Weg von Frankfurt her, so daß man die Prozession von Kutschen und Chaisen, Reitern und Fußgängern aus Maynz sehr gut beobachten und also zugleich die Schanze und die wallfahrtenden in Schrecken setzen konnte. Auch wurde bey einiger Aufmerksamkeit des Militairs der Eintritt einer solchen Menge gar bald verboten, und die Frankfurter nahmen einigen Umweg, auf welchem sie unbemerkt und unerreicht in das Hauptquartier gelangten.

Ende Juny. – In einer unruhigen Nacht unterhielt ich mich aufzuhorchen auf die mannigfaltigen fern und nah erregten Töne, und konnte folgende genau unterscheiden.

Werda! der Schildwache vorm Zelt.
Werda! der Infanterie-Posten.
Werda! wenn die Runde kam.
Hin- und Wiedergehen der Schildwache.
Geklappere des Säbels auf dem Sporn.

Bellen der Hunde fern.
Knurren der Hunde nahe.
Krähen der Hähne.
Scharren der Pferde.
Schnauben der Pferde.
Häckerlingschneiden.
Singen, Discouriren und Zanken der Leute.
Kanonendonner.
Brüllen des Rindviehs.
Schreyen der Maulesel.

Lücke.

Daß eine solche hier einfällt möchte wohl kein Wunder seyn. Jede Stunde war unglücksträchtig; man sorgte jeden Augenblick für seinen verehrten Fürsten, für die liebsten Freunde, man vergaß an eigene Sicherheit zu denken. Von der wilden, wüsten Gefahr angezogen, wie von dem Blick einer Klapperschlange, stürzte man sich unberufen in die tödtlichen Räume, ging, ritt durch die Trancheen, ließ die Haubitzgranaten über dem Kopfe dröhnend zerspringen, die Trümmer neben sich niederstürzen; manchem Schwerblessirten wünschte man baldige Erlösung von grimmigen Leiden und die Todten hätte man nicht ins Leben zurückgerufen.

Wie Vertheidiger und Angreifende nunmehr aber gegen einander standen, davon wäre im allgemeinen hier soviel zu sagen. Die Franzosen hatten bey androhender Gefahr sich zeitig vorgesehen und vor die Hauptwerke hinaus kleinere Schanzen kunstgemäß angelegt, um die Blokirenden in gewisser Ferne zu halten, die Belagerung aber zu erschweren. Alle diese Hindernisse mußten nun weggeräumt werden, wenn die dritte

Parallele eröffnet, fortgesetzt und geschlossen werden sollte, wie im nachfolgenden einzeln aufgezeichnet ist.

Wir aber indessen, mit einigen Freunden, obgleich ohne Ordre und Beruf, begaben uns an die gefährlichsten Posten. Weißenau war in deutschen Händen, auch die flußabwärts liegende Schanze schon erobert; man besuchte den zerstörten Ort, hielt in dem Gebeinhause Nachlese von krankhaften Knochen, wovon das Beste schon in die Hände der Wundärzte mochte gelangt seyn. Indem nun aber die Kugeln der Karlsschanze immer in die Ueberreste der Dächer und Gemäuer schlugen, ließen wir uns durch einen Mann des dortigen Wachtpostens, gegen ein Trinkgeld, an eine bekannte bedeutende Stelle führen, wo mit einiger Vorsicht gar vieles zu übersehen war. Man ging mit Behutsamkeit durch Trümmer und Trümmer und ward endlich eine stehen gebliebene steinerne Wendeltreppe hinauf, an das Balkonfenster eines freystehenden Giebels geführt, das freylich in Friedenszeiten dem Besitzer die herrlichste Aussicht gewährt haben mußte. Hier sah man den Zusammenfluß des Mayn- und Rhein-Stroms, und also die Mayn- und Rheinspitze, die Bley-Au, das befestigte Cassel, die Schiffbrücke und am linken Ufer sodann die herrliche Stadt; zusammengebrochene Thurmspitzen, lückenhafte Dächer, rauchende Stellen untröstlichen Anblicks.

Unser Führer hieß bedächtig seyn, nur einzeln um die Fensterpfosten herum schauen, weil von der Karlsschanze her gleich eine Kugel würde geflogen kommen, und er Verdruß hätte solche veranlaßt zu haben.

Nicht zufrieden hiermit schlich man weiter gegen das Nonnenkloster, wo es freylich auch wild genug aussah, wo unten in den Gewölben für billiges Geld Wein geschenkt wurde, indeß die Kugeln von Zeit zu Zeit rasselnde Dächer durchlöcherten.

Aber noch weiter trieb der Vorwitz; man kroch in die letzte Schanze des rechten Flügels, die man unmittelbar über den

Ruinen der Favorite und der Karthause tief ins Glacis der Festung eingegraben hatte und nun hinter einem Bollwerk von Schanzkörben auf ein paar hundert Schritte Kanonenkugeln wechselte; wobey es denn freylich darauf ankam wer dem andern zuerst Schweigen aufzulegen das Glück hatte.

Hier fand ich es nun, aufrichtig gestanden, heiß genug und man nahm sich's nicht übel, wenn irgend eine Anwandlung jenes Kanonenfiebers sich wieder hervorthun wollte; man drückte sich nun zurück wie man gekommen war, und kehrte doch, wenn es Gelegenheit und Anlaß gab, wieder in gleiche Gefahr.

Bedenkt man nun daß ein solcher Zustand, wo man sich die Angst zu übertäuben jeder Vernichtung aussetzte, bey drey Wochen dauerte, so wird man uns verzeihen, wenn wir über diese schrecklichen Tage wie über einen glühenden Boden hinüber zu eilen trachten.

Den 1. July war die dritte Parallele in Thätigkeit und sogleich die Bocksbatterie bombardirt.

Den 2. July. Bombardement der Zitadelle und Carlsschanze.

Den 3. July. Neuer Brand in der St. Sebastianskapelle; benachbarte Häuser und Palläste gehen in Flammen auf.

Den 6. July. Die sogenannte Clubbisten-Schanze, welche den rechten Flügel der dritten Parallele nicht zu Stande kommen ließ, mußte weggenommen werden; allein man verfehlte sie und griff vorliegende Schanzen des Hauptwalles an, da man denn freylich zurückgeschlagen wurde.

Den 7. July. Endliche Behauptung dieses Terrains; Kostheim wird angegriffen, die Franzosen geben es auf.

Den 13. July Nachts. Das Rathhaus und mehrere öffentliche Gebäude brennen ab.

Den 14. July. Stillstand auf beyden Seiten, Freuden- und Feyertag; der Franzosen, wegen der in Paris geschlossenen National-Conföderation, der Deutschen, wegen Eroberung von Condé; bey den letzten Kanonen- und klein Gewehrfeuer, bey jenen ein theatralisches Freyheitsfest, wovon man viel zu hören hatte.

Nachts vom 14. zum 15. July. Die Franzosen werden aus einer Batterie vor der Karlsschanze getrieben; fürchterliches Bombardement. Von der Maynspitze über den Mayn brachte man das Benedictiner-Kloster auf der Zitadelle in Flammen. Auf der andern Seite entzündet sich das Laboratorium und fliegt in die Luft. Fenster, Läden und Schornsteine dieser Stadtseite brechen ein und stürzen zusammen.

Am 15. July besuchten wir Herrn Gore in Klein-Wintersheim und fanden Rath Krause beschäftigt ein Bildniß des werthen Freundes zu malen, welches ihm gar wohl gelang. Herr Gore hatte sich stattlich angezogen, um bey fürstlicher Tafel zu erscheinen, wenn er vorher sich in der Gegend abermals würde umgeschaut haben. Nun saß er, umgeben von allerley Haus- und Feldgeräth, in der Bauernkammer eines deutschen Dörfchens, auf einer Kiste, den angeschlagenen Zuckerhut auf einem Papiere neben sich; er hielt die Caffe-Tasse in der einen, die silberne Reißfeder, statt des Löffelchens, in der andern Hand; und so war der Engländer ganz anständig und behaglich auch in einem schlechten Cantonirungsquartier vorgestellt, wie er uns noch täglich zu angenehmer Erinnerung vor Augen steht.

Wenn wir nun dieses Freundes allhier gedenken, so verfehlen wir nicht etwas mehreres über ihn zu sagen. Er zeichnete sehr glücklich in der Camera obscura und hatte, Land und See bereisend, sich auf diese Weise die schönsten Erinnerungen gesammelt. Nun konnte er, in Weimar wohnhaft, angewohnter Beweglichkeit nicht entsagen, blieb immer geneigt kleine Reisen vorzunehmen, wobey ihn denn gewöhnlich Rath Krause zu begleiten pflegte, der mit leichter, glücklicher Fassungsgabe die vorstehenden Landschaften zu Papier brachte, schattirte, färbte, und so arbeiteten beyde um die Wette.

Die Belagerung von Maynz, als ein seltener wichtiger Fall, wo das Unglück selbst malerisch zu werden versprach, lockte die beyden Freunde gleichfalls nach dem Rhein, wo sie sich keinen Augenblick müßig verhielten.

Und so begleiteten sie uns denn auch auf einem Gefahrzug nach Weißenau, wo sich Herr Gore ganz besonders gefiel. Wir besuchten abermals den Kirchhof, in Jagd auf pathologische Knochen; ein Theil der nach Maynz gewendeten Mauer war eingeschossen, man sah über freyes Feld nach der Stadt. Kaum aber merkten die auf den Wällen etwas Lebendiges in diesem Raume, so schossen sie mit Prellschüssen nach der Lücke; nun sah man die Kugel mehrmals aufspringen und Staub erregend herankommen, da man sich denn zuletzt hinter die stehen gebliebene Mauer, oder in das Gebeingewölbe zu retten wußte und der den Kirchhof durchrollenden Kugel heiter nachschaute.

Die Wiederholung eines solchen Vergnügens schien dem Kammerdiener bedenklich, der, um Leben und Glieder seines alten Herrn besorgt, uns allen ins Gewissen sprach und die kühne Gesellschaft zum Rückzug nöthigte.

Der 16. July war mir ein bänglicher Tag, und zwar bedrängte mich die Aussicht auf die nächste meinen Freunden gefährliche Nacht; damit verhielt es sich aber folgendermaßen. Eine der vorgeschobenen kleinen feindlichen Schanzen, vor der sogenannten Welschen Schanze, leistete völlig ihre Pflicht; sie war das größte Hinderniß unserer vordern Parallele und mußte, was es auch kosten möchte, weggenommen werden. Dagegen war nun nichts zu sagen, allein es zeigte sich ein bedenklicher Umstand. Auf Nachricht, oder Vermuthung: die Franzosen ließen, hinter dieser Schanze und unter dem Schutz der Festung Cavallerie campiren, wollte man zu diesem Aus- und Ueberfalle auch Cavallerie mitnehmen. Was das heiße: aus der Tranchee heraus, unmittelbar vor den Kanonen der Schanze und der Festung, Cavallerie zu entwickeln und sich, in düsterer Nacht, damit auf dem feindlich besetzten Glacis herumzutummeln, wird jederman begreiflich finden; mir aber war es höchst bänglich Herrn von Oppen, als den Freund der mir vom Regiment zunächst anlag, dazu commandirt zu wissen. Gegen Einbruch der Nacht mußte jedoch geschieden seyn, und ich eilte zur Schanze Nro. 4. wo man jene Gegend ziemlich im Auge hatte. Daß es losbrach und hitzig zuging, ließ sich wohl aus der Ferne bemerken, und daß mancher wackere Mann nicht zurückkehren würde, war vorauszusehen.

Indessen verkündigte der Morgen die Sache sey gelungen, man habe die Schanze erobert, geschleift und sich ihr gegenüber gleich so fest gesetzt, daß ihre Wiederherstellung dem Feinde wohl unmöglich bleiben sollte. Freund Oppen kehrte glücklich zurück; die Vermißten gingen mich so nah nicht an; nur bedauerten wir den Prinzen Ludwig, der als kühner Anführer eine wo nicht gefährliche, doch beschwerliche Wunde davon trug, und in einem solchen Augenblick den Kriegsschauplatz sehr ungern verließ.

Den 17. July ward nun derselbe zu Schiffe nach Mannheim gebracht; der Herzog von Weimar bezog dessen Quartier im Chausseehause; es war kein anmuthigerer Aufenthalt zu denken.

Nach herkömmlicher Ordnungs- und Reinlichkeitsliebe ließ ich den schönen Platz davor kehren und reinigen, der bey dem schnellen Quartierwechsel mit Stroh und Spänen und allerley Abwürflingen eines eilig verlassenen Cantonnements übersäet war.

Den 18. July, Nachmittags, auf große fast unerträgliche Hitze, Donnerwetter, Sturm und Regenguß, dem Allgemeinen erquicklich, den Eingegrabenen als solchen freylich sehr lästig.

Der Commandant thut Vergleichs-Vorschläge, welche zurück gewiesen werden.

Den 19. July. Das Bombardement geht fort, die Rheinmühlen werden beschädigt und unbrauchbar gemacht.

Den 20. July. Der Commandant, General d'Oyre, überschickt eine Punctation, worüber verhandelt wird.

Nachts vom 21ten auf den 22sten July. Heftiges Bombardement, die Dominikaner-Kirche geht in Flammen auf, dagegen fliegt ein Preußisches Laboratorium in die Luft.

Den 22. July. Als man vernahm der Stillstand sey wirklich geschlossen, eilte man nach dem Hauptquartier um die Ankunft des französischen Commandanten d'Oyre zu erwarten. Er kam; ein großer wohlgebauter, schlanker Mann von mittlern Jahren, sehr natürlich in seiner Haltung und Betragen. Indessen die Unterhandlung im Innern vorging, waren wir alle aufmerksam und hoffnungsvoll; da es aber ausgesprochen ward daß man einig geworden und die Stadt den folgenden Tag übergeben werden sollte, da entstand in Mehreren das wunderbare Gefühl einer schnellen Entledigung von bisherigen Lasten, von Druck und Bangigkeit, daß einige Freunde sich nicht erwehren konnten aufzusitzen und gegen Maynz zu reiten. Unterwegs holten wir Sömmerring ein, der gleichfalls mit einem Gesellen nach Maynz eilte, freylich auf stärkere Veranlassung als wir, aber doch auch die Gefahr einer solchen Unternehmung nicht achtend. Wir sahen den Schlagbaum des äußersten Thores von fern, und hinter demselben eine große Masse Menschen die sich dort auflehnten und andrängten.

Nun sahen wir Wolfsgruben vor uns, allein unsere Pferde, dergleichen schon gewohnt, brachten uns glücklich zwischen durch. Wir ritten unmittelbar bis vor den Schlagbaum; man rief uns zu: was wir brächten? Unter der Menge fanden sich wenig Soldaten, alles Bürger, Männer und Frauen; unsere Antwort, daß wir Stillstand und wahrscheinlich Morgen Freyheit und Oeffnung versprächen, wurde mit lautem Beyfall aufgenommen. Wir gaben einander wechselsweise so viel Aufklärung als einem jeden beliebte, und als wir eben von Segenswünschen begleitet wieder umkehren wollten, traf Sömmerring ein, der sein Gespräch an das unsrige knüpfte, bekannte Gesichter fand, sich vertraulicher unterhielt und zuletzt verschwand ehe wirs uns versahen; wir aber hielten für Zeit umzukehren.

Gleiche Begierde, gleiches Bestreben fühlten eine Anzahl Ausgewanderte, welche mit Victualien versehen erst in die Außenwerke, dann in die Festung selbst einzudringen verstanden, um die Zurückgelassenen wieder zu umarmen und zu erquicken. Wir begegneten mehreren solcher leidenschaftlichen Wanderer, und es mochte dieser Zustand so heftig werden, daß endlich, nach verdoppelten Posten, das strengste Verbot ausging, den Wällen sich zu nähern; die Communication war auf einmal unterbrochen.

Am 23. July. Dieser Tag ging hin unter Besetzung der Außenwerke sowohl von Maynz als von Kassel. In einer leichten Chaise machte ich eine Spazierfahrt in einem so engen Kreis um die Stadt als es die ausgesetzten Wachen erlauben wollten. Man besuchte die Trancheen und besah sich die nach erreichtem Zweck verlassene unnütze Erdarbeit.

Als ich zurückfuhr, rief mich ein Mann mittleren Alters an und bat mich seinen Knaben von ungefähr acht Jahren, den er an der Hand mit fortschleppte, zu mir zu nehmen. Er war ein ausgewanderter Maynzer, welcher mit großer Hast und Lust seinen bisherigen Aufenthalt verlassend herbeylief den Auszug der Feinde triumphirend anzusehen, sodann aber den zurückgelassenen Clubbisten Tod und Verderben zu bringen schwor. Ich redete ihm begütigende Worte zu und stellte ihm vor: daß die Rückkehr in einen friedlichen und häuslichen Zustand nicht mit neuem bürgerlichen Krieg, Haß und Rache müsse verunreinigt werden, weil sich das Unglück ja sonst verewige. Die Bestrafung solcher schuldigen Menschen müsse man den hohen Alliirten und dem wahren Landesherrn nach seiner Rückkehr überlassen, und was ich sonst noch Besänftigendes und Ernstliches anführte; wozu ich ein Recht hatte, indem ich das Kind in den Wagen nahm und beyde mit einem Trunk guten Weins und Bretzeln erquickte. An einem abgeredeten Ort setzt' ich den Knaben nieder, da sich denn der Vater schon von Weitem zeigte und mit dem Hut mir tausend Dank und Seegen zuwinkte.

Den 24sten July. Der Morgen ging ziemlich ruhig hin, der Ausmarsch verzögerte sich, es sollten Geld-Angelegenheiten seyn die man sobald nicht abthuen könne. Endlich zu Mittag, als alles bey Tisch und Topf beschäftigt und eine große Stille im Lager so wie auf der Chaussee war, fuhren mehrere dreyspännige Wagen, in einiger Ferne von einander, sehr schnell vorbey, ohne daß man sichs versah und darüber nachsann; doch bald verbreitete sich das Gerücht: auf diese kühne und kluge Weise hätten mehrere Clubbisten sich gerettet. Leidenschaftliche Personen behaupteten man müsse nachsetzen, andere ließen es beym Verdruß bewenden, wieder andere wollten sich verwundern: daß auf dem ganzen Weg keine Spur von Wache, noch Piquet, noch Aufsicht erscheine; woraus erhelle, sagten sie, daß man von oben herein durch die Finger zu sehen und alles was sich ereignen könnte dem Zufall zu überlassen geneigt sey.

Diese Betrachtungen jedoch wurden durch den wirklichen

Auszug unterbrochen und umgestimmt. Auch hier kamen mir und Freunden die Fenster des Chausseehauses zu Statten. Den Zug sahen wir in aller seiner Feyerlichkeit herankommen. Angeführt durch preußische Reiterey folgte zuerst die französische Garnison. Seltsamer war nichts als wie sich dieser Zug ankündigte; eine Colonne Marseiller, klein, schwarz, buntschäckig, lumpig gekleidet, trappelten heran als habe der König Edwin seinen Berg aufgethan und das muntere Zwergenheer ausgesendet. Hierauf folgten regelmäßigere Truppen, ernst und verdrießlich, nicht aber etwa niedergeschlagen oder beschämt. Als die merkwürdigste Erscheinung dagegen mußte jedermann auffallen wenn die Jäger zu Pferd heraufritten; sie waren ganz still bis gegen uns herangezogen, als ihre Musik den Marseillermarsch anstimmte. Dieses revolutionaire Te Deum hat ohnehin etwas Trauriges, Ahndungsvolles, wenn es auch noch so muthig vorgetragen wird; diesmal aber nahmen sie das Tempo ganz langsam, dem schleichenden Schritt gemäß den sie ritten. Es war ergreifend und furchtbar, und ein ernster Anblick als die Reitenden, lange, hagere Männer, von gewissen Jahren, die Miene gleichfalls jenen Tönen gemäß, heranrückten; einzeln hätte man sie dem Don Quichote vergleichen können, in Masse erschienen sie höchst ehrwürdig.

Bemerkenswerth war nun ein einzelner Trupp, die französischen Commissarien. Merlin von Thionville in Husarentracht, durch wilden Bart und Blick sich auszeichnend, hatte eine andere Figur in gleichem Costum links neben sich; das Volk rief mit Wuth den Namen eines Clubbisten und bewegte sich zum Anfall. Merlin hielt an, berief sich auf seine Würde eines französischen Repräsentanten, auf die Rache die jeder Beleidigung folgen sollte, er wolle rathen sich zu mäßigen, denn es sey das letztemal nicht daß man ihn hier sehe. Die Menge stand betroffen, kein Einzelner wagte sich vor. Er hatte einige unserer dastehenden Offiziere angesprochen und sich auf das Wort des Königs berufen, und so wollte niemand weder Angriff noch Vertheidigung wagen; der Zug ging ungetastet vorbey.

Den 25. July. Am Morgen dieses Tags bemerkt' ich daß leider abermals keine Anstalten auf der Chaussee und in deren Nähe gemacht waren, um Unordnungen zu verhüten. Sie schienen heute um so nöthiger als die armen ausgewanderten, gränzenlos unglücklichen Maynzer, von entfernteren Orten her nunmehr angekommen, schaarenweis die Chaussee umlagerten, mit Fluch- und Racheworten das gequälte und geängstigte Herz erleichternd. Die gestrige Kriegslist der Entwischenden gelang daher nicht wieder. Einzelne Reisewagen rannten abermals eilig die Straße hin, überall aber hatten sich die Maynzer Bürger in die Chausseegraben gelagert, und wie die Flüchtigen einem Hinterhalt entgingen, fielen sie in die Hände des andern.

Der Wagen ward angehalten, fand man Franzosen oder Französinnen, so ließ man sie entkommen, wohlbekannte Clubbisten keineswegs. Ein sehr schöner dreyspänniger Reisewagen rollt daher, eine freundliche junge Dame versäumt nicht sich am Schlage sehen zu lassen und hüben und drüben zu grüßen; aber dem Postillion fällt man in die Zügel, der Schlag wird eröffnet, ein Erz-Clubbist an ihrer Seite sogleich erkannt. Zu verkennen war er freylich nicht, kurz gebaut, dicklich, breiten Angesichts, blatternarbig. Schon ist er bey den Füßen herausgerissen; man schließt den Schlag und wünscht der Schönheit glückliche Reise. Ihn aber schleppt man auf den nächsten Acker, zerstößt und zerprügelt ihn fürchterlich; alle Glieder seines Leibes sind zerschlagen, sein Gesicht unkenntlich. Eine Wache nimmt sich endlich seiner an, man bringt ihn in ein Bauernhaus, wo er auf Stroh liegend zwar vor Thätlichkeiten seiner Stadtfeinde, aber nicht vor Schimpf, Schadenfreude und Schmähen geschützt war. Doch auch damit ging es am Ende so weit, daß der Offizier niemand mehr hineinließ; auch mich, dem er es als einem Bekannten nicht abgeschlagen hätte, dringend bat: ich möchte diesem traurigsten und ekelhaftesten aller Schauspiele entsagen.

Zum 25. July. Auf dem Chausseehause beschäftigte uns nun der fernere regelmäßige Auszug der Franzosen. Ich stand mit Herrn Gore daselbst am Fenster, unten versammelte sich eine große Menge; doch auf dem geräumigen Platze konnte dem Beobachtenden nichts entgehen.

Infanterie, muntere wohlgebildete Linientruppen kamen nun heran; Maynzer Mädchen zogen mit ihnen aus, theils nebenher, theils innerhalb der Glieder. Ihre eigenen Bekannten begrüßten sie nun mit Kopfschütteln und Spottreden: »ey Jungfer Lieschen, will Sie sich auch in der Welt umsehen?« und dann: »die Sohlen sind noch neu, sie werden bald durchgelaufen seyn!« Ferner: »hat Sie auch in der Zeit französisch gelernt? – Glück auf die Reise!« Und so ging es immerfort durch diese Zungenruthen; die Mädchen aber schienen alle heiter und getrost, einige wünschten ihren Nachbarinnen wohlzuleben, die meisten waren still und sahen ihre Liebhaber an.

Indessen war das Volk sehr bewegt, Schimpfreden wurden ausgestoßen, von Drohungen heftig begleitet. Die Weiber tadelten an den Männern, daß man diese Nichtswürdigen so vorbey lasse, die in ihrem Bündelchen gewiß manches von Hab und Gut eines ächten Maynzer Bürgers mit sich schleppten, und nur der ernste Schritt des Militairs, die Ordnung durch nebenhergehende Offiziere erhalten, hinderte einen Ausbruch; die leidenschaftliche Bewegung war furchtbar.

Gerade in diesem gefährlichsten Momente erschien ein Zug der sich gewiß schon weit hinweggewünscht hatte. Ohne sonderliche Bedeckung, zeigte sich ein wohlgebildeter Mann zu Pferde, dessen Uniform nicht gerade einen Militair ankündigte, an seiner Seite ritt in Mannskleidern ein wohlgebautes und sehr schönes Frauenzimmer, hinter ihnen folgten einige vierspännige Wagen mit Kisten und Kasten bepackt; die Stille war ahndungsvoll. Auf einmal rauscht' es im Volke und rief: »Haltet ihn an! schlagt ihn todt! das ist der Spitzbube von Architekten, der erst die Dom-Dechaney geplündert und nachher selbst angezündet hat!« Es kam auf einen einzigen entschlossenen Menschen an und es war geschehen.

Ohne Weiteres zu überlegen, als daß der Burgfriede vor des Herzogs Quartier nicht verletzt werden dürfe, mit dem blitzschnellen Gedanken was der Fürst und General bey seiner Nachhausekunft sagen würde, wenn er über die Trümmer einer solchen Selbsthülfe kaum seine Thür erreichen könnte, sprang ich hinunter, hinaus und rief mit gebietender Stimme: Halt!

Schon hatte sich das Volk näher herangezogen; zwar den Schlagbaum unterfing sich niemand herabzulassen, der Weg aber selbst war von der Menge versperrt. Ich wiederholte mein Halt! und die vollkommenste Stille trat ein. Ich fuhr darauf stark und heftig sprechend fort: hier sey das Quartier des Herzogs von Weimar, der Platz davor sey heilig; wenn sie Unfug treiben und Rache üben wollten, so fänden sie noch Raum genug. Der König habe freyen Auszug gestattet, wenn er diesen hätte bedingen und gewisse Personen ausnehmen wollen, so würde er Aufseher angestellt, die Schuldigen zurückgewiesen oder gefangen genommen haben; davon sey aber nichts bekannt, keine Patrouille zu sehen. Und sie, wer und wie sie hier auch seyen, hätten, mitten in der deutschen Armee, keine andere Rolle zu spielen als ruhige Zuschauer zu bleiben; ihr Unglück und ihr Haß gebe ihnen hier kein Recht, und ich litte ein für allemal an dieser Stelle keine Gewaltthätigkeit.

Nun staunte das Volk, war stumm, dann wogt' es wieder, brummte, schalt; Einzelne wurden heftig, ein paar Männer drangen vor, den Reitenden in die Zügel zu fallen. Sonderbarer Weise war einer davon jener Perrückenmacher, den ich gestern schon gewarnt, indem ich ihm Gutes erzeigte. – Wie! rief ich ihm entgegen, habt Ihr schon vergessen, was wir gestern zusammen gesprochen? Habt Ihr nicht darüber nachgedacht daß man durch Selbstrache sich schuldig macht, daß man Gott und seinen Oberen die Strafe der Verbrecher überlassen soll, wie man ihnen das Ende dieses Elends zu bewirken auch überlassen mußte, und was ich sonst noch kurz und bündig aber laut und heftig sprach. Der Mann der mich gleich erkannte trat zurück, das Kind schmiegte sich an den Vater und sah freundlich zu mir herüber; schon war das Volk zurückgetreten und hatte den Platz freyer gelassen, auch der Weg durch den Schlagbaum war wieder offen. Die beyden Figuren zu Pferde wußten sich kaum zu benehmen. Ich war ziemlich weit in den Platz hereingetreten; der Mann ritt an mich heran und sagte: er wünsche meinen Namen zu wissen, zu wissen wem er einen so großen Dienst schuldig sey? er werde es zeitlebens nicht vergessen und gern erwiedern. Auch das schöne Kind näherte sich mir und sagte das Verbindlichste. Ich antwortete, daß ich nichts als meine Schuldigkeit gethan und die Sicherheit und Heiligkeit dieses Platzes behauptet hätte; ich gab einen Wink und sie zogen fort. Die Menge war nun einmal in ihrem Rachesinn irre gemacht, sie blieb stehen; dreißig Schritte davon hätte sie niemand gehindert. So ist's aber in der Welt, wer nur erst über einen Anstoß hinaus ist kommt über tausend. Chi scampa d'un punto, scampa di mille.

Als ich nach meiner Expedition zu Freund Gore hinaufkam rief er mir in seinem Englischfranzösisch entgegen: Welche Fliege sticht Euch! Ihr habt Euch in einen Handel eingelassen, der übel ablaufen konnte.

Dafür war mir nicht bange, versetzte ich; und findet Ihr nicht selbst hübscher, daß ich Euch den Platz vor dem Hause so rein gehalten habe? wie säh es aus wenn das nun alles voll Trümmer läge, die jedermann ärgerten, leidenschaftlich aufregten und niemand zu Gute kämen. Mag auch jener den Besitz nicht verdienen den er wohlbehaglich fortgeschleppt hat.

Indessen aber ging der Auszug der Franzosen gelassen unter unserm Fenster vorbey; die Menge die kein Interesse weiter daran fand verlief sich; wer es möglich machen konnte suchte sich einen Weg um in die Stadt zu schleichen, die Seinigen und was von ihrer Habe allenfalls gerettet seyn konnte, wiederzufinden und sich dessen zu erfreuen. Mehr aber trieb sie die höchst verzeihliche Wuth ihre verhaßten Feinde die Clubbisten und Comitisten zu strafen, zu vernichten, wie sie mitunter bedrohlich genug ausriefen.

Indessen konnte sich mein guter Gore nicht zufrieden geben daß ich, mit eigener Gefahr, für einen unbekannten, vielleicht verbrecherischen Menschen soviel gewagt habe. Ich wies ihn immer scherzhaft auf den reinen Platz vor dem Hause und sagte zuletzt ungeduldig: es liegt nun einmal in meiner Natur, ich will lieber eine Ungerechtigkeit begehen als Unordnung ertragen.

Den 26 und 27. July. Den 26sten gelang es uns schon mit einigen Freunden zu Pferd in die Stadt einzudringen; dort fanden wir den bejammernswerthesten Zustand. In Schutt und Trümmer war zusammengestürzt was Jahrhunderten aufzubauen gelang, wo in der schönsten Lage der Welt Reichthümer von Provinzen zusammenflossen, und Religion das was ihre Diener besaßen zu befestigen und zu vermehren trachtete. Die Verwirrung die den Geist ergriff war höchst schmerzlich, viel trauriger als wäre man in eine durch Zufall eingeäscherte Stadt gerathen.

Bey aufgelöster polizeylicher Ordnung hatte sich zum traurigen Schutt noch aller Unrath auf den Straßen gesammelt; Spuren der Plünderung ließen sich bemerken in Gefolg innerer

Feindschaft. Hohe Mauern drohten den Einsturz, Thürme standen unsicher, und was bedarf es einzelner Beschreibungen, da man die Hauptgebäude nach einander genannt wie sie in Flammen aufgingen. Aus alter Vorliebe eilte ich zur Dechaney, die mir noch immer als ein kleines architektonisches Paradies vorschwebte; zwar stand die Säulen-Vorhalle mit ihrem Giebel noch aufrecht, aber ich trat nur zu bald über den Schutt der eingestürzten schöngewölbten Decken; die Drathgitter lagen mir im Wege, die sonst netzweise von oben erleuchtende Fenster schützten; hie und da war noch ein Rest alter Pracht und Zierlichkeit zu sehen, und so lag denn auch diese Musterwohnung für immer zerstört. Alle Gebäude des Platzes umher hatten dasselbige Schicksal; es war die Nacht vom 27sten Juny wo der Untergang dieser Herrlichkeiten die Gegend erleuchtete.

Herauf gelangt' ich in die Gegend des Schlosses, dem sich niemand zu nähern wagte. Außen angebrachte breterne Angebäude deuteten auf die Verunreinigung jener Fürstlichen Wohnung; auf dem Platze davor standen, gedrängt ineinander geschoben, unbrauchbare Kanonen, theils durch den Feind, theils durch eigene hitzige Anstrengung zerstört.

Wie nun von außen her durch feindliche Gewalt so manches herrliche Gebäude mit seinem Inhalt vernichtet worden, so war auch innerlich Vieles durch Rohheit, Frevel und Muthwillen zu Grunde gerichtet. Der Pallast Ostheim stand noch in seiner Integrität, allein zur Schneiderherberge, zu Einquartirungs- und Wachstuben verwandelt: eine Umkehrung verwünscht anzusehen. Säle voll Lappen und Fetzen, dann wieder die gypsmarmornen Wände mit Haken und großen Nägeln zersprengt, Gewehre dort aufgehangen und umher gestellt.

Das Akademie-Gebäude nahm sich von außen noch ganz freundlich aus, nur eine Kugel hatte im zweiten Stock ein Fenstergewände von Sömmerings Quartier zersprengt. Ich fand diesen Freund wieder daselbst, ich darf nicht sagen eingezogen, denn die schönen Zimmer waren durch die wilden Gäste aufs schlimmste behandelt. Sie hatten sich nicht begnügt die blauen reinlichen Papiertapeten so weit sie reichen konnten zu verderben; Leitern, oder über einander gestellte Tische und Stühle mußten sie gebraucht haben, um die Zimmer bis an die Decke mit Speck oder sonstigen Fettigkeiten zu besudeln. Es waren dieselbigen Zimmer wo wir vorm Jahr so heiter und traulich zu wechselseitigem Scherz und Belehrung freundschaftlich beysammen gesessen. Indeß war bey diesem Unheil doch auch noch etwas Tröstliches zu zeigen; Sömmering hatte seinen Keller uneröffnet und seine dahin geflüchteten Präparate durchaus unbeschädigt gefunden. Wir machten ihnen einen Besuch, wogegen sie uns zu belehrendem Gespräch Anlaß gaben.

Eine Proklamation des neuen Gouverneurs hatte man ausgegeben, ich fand sie in eben dem Sinne, ja fast mit den gleichen Worten meiner Anmahnung an jenen ausgewanderten Perrückenmacher; alle Selbsthülfe war verboten; dem zurückkehrenden Landesherrn allein sollte das Recht zustehen zwischen guten und schlechten Bürgern den Unterschied zu bezeichnen. Sehr nothwendig war ein solcher Erlaß, denn bey der augenblicklichen Auflösung, die der Stillstand vor einigen Tagen verursachte, drangen die kühnsten Ausgewanderten in die Stadt und veranlaßten selbst die Plünderung der Clubbisten-Häuser, indem sie die hereinziehenden Belagerungssoldaten anführten und aufregten. Jene Verordnung war mit den mildesten Ausdrücken gefaßt, um, wie billig, den gerechten Zorn der gränzenlos beleidigten Menschen zu schonen.

Wie schwer ist es eine bewegte Menge wieder zur Ruhe zu bringen! Auch noch in unserer Gegenwart geschahen solche Unregelmäßigkeiten. Der Soldat ging in einen Laden, verlangte Taback und indem man ihn abwog bemächtigte er sich des Ganzen. Auf das Zetergeschrey der Bürger legten sich unsere Offiziere ins Mittel und so kam man über eine Stunde, über einen Tag der Unordnung und Verwirrung hinweg.

Auf unseren Wanderungen fanden wir eine alte Frau an der Thüre eines niedrigen, fast in die Erde gegrabenen Häuschens. Wir verwunderten uns daß sie schon wieder zurückgekehrt, worauf wir vernahmen daß sie gar nicht ausgewandert, ob man ihr gleich zugemuthet die Stadt zu verlassen. Auch zu mir, sagte sie, sind die Hanswürste gekommen mit ihren bunten Scherpen, haben mir befohlen und gedroht; ich habe ihnen aber tüchtig die Wahrheit gesagt: Gott wird mich arme Frau in dieser meiner Hütte lebendig und in Ehren erhalten, wenn ich euch schon längst in Schimpf und Schande sehen werde. Ich hieß sie mit ihren Narreteyen weiter gehen. Sie fürchteten mein Geschrey möchte die Nachbarn aufregen und ließen mich in Ruhe. Und so hab' ich die ganze Zeit, theils im Keller, theils im Freyen zugebracht, mich von Wenigem genährt und lebe noch Gott zu Ehren, jenen aber wird es schlecht ergehen.

Nun deutete sie uns auf ein Eckhaus gegenüber, um zu zeigen wie nahe die Gefahr gewesen. Wir konnten in das untere Eckzimmer eines ansehnlichen Gebäudes hineinschauen, das war ein wunderlicher Anblick! Hier hatte seit langen Jahren eine alte Sammlung von Curiositäten gestanden, Figuren von Porzellain und Bildstein, Chinesische Tassen, Teller, Schüsseln und Gefäße; an Elfenbein und Bernstein mocht' es auch nicht gefehlt haben, so wie an anderem Schnitz- und Drechselwerk; aus Moos, Stroh und sonst zusammengesetzten Gemälden und was man sich in einer solchen Sammlung denken mag. Das alles war nur aus den Trümmern zu schließen: denn eine Bombe, durch alle Stockwerke durchschlagend, war in diesem Raume geplatzt; die gewaltsame Luftausdehnung, indem sie inwendig alles von der Stelle warf, schlug die Fenster herauswärts, mit ihnen die Drathgitter die sonst das Innere schirmten und nun zwischen den eisernen Stangengittern bauchartig herausgebogen erschienen. Die gute Frau versicherte, daß sie bey dieser Explosion selbst mit unterzugehen geglaubt habe.

Wir fanden unser Mittagsmahl an einer großen Wirthstafel; bey vielen Hin- und Wiederreden schien uns das Beste zu schweigen. Wundersam genug fiel es aber auf, daß man von den gegenwärtigen Musikanten den Marseiller Marsch und das Ça ira verlangte; alle Gäste schienen einzustimmen und erheitert.

Bey unserm folgenden Hin- und Herwandern wußten wir den Platz wo die Favorite gestanden kaum zu unterscheiden. Im August vorigen Jahrs erhub sich hier noch ein prächtiger Gartensaal; Terrassen, Orangerie, Springwerke machten diesen unmittelbar am Rhein liegenden Lustort höchst vergnüglich. Hier grünten die Alleen in welchen, wie der Gärtner mir erzählte, sein gnädigster Churfürst die höchsten Häupter mit allem Gefolge an unübersehbaren Tafeln bewirthet; und was der gute Mann nicht alles von damastnen Gedecken, Silberzeug und Geschirr zu erzählen hatte. Geknüpft an jene Erinnerung machte die Gegenwart nur noch einen unerträglichern Eindruck.

Die benachbarte Karthause war ebenfalls wie verschwunden, denn man hatte die Steine dieser Gebäude sogleich zur bedeutenden Weißenauer Schanze vermauert. Das Nonnenklösterchen stand noch in frischen kaum wieder herzustellenden Ruinen.

Die Freunde Gore und Krause begleitete ich auf die Citadelle. Da stand nun Drusus Denkmal, ohngefähr noch eben so wie ich es als Knabe gezeichnet hatte, auch diesmal unerschüttert, soviel Feuerkugeln daran mochten vorbey geflogen seyn, ja darauf geschlagen haben.

Herr Gore stellte seine tragbare dunkle Kammer auf dem

Walle sogleich zu rechte, in Absicht eine Zeichnung der ganzen durch die Belagerung entstellten Stadt zu unternehmen, die auch von der Mitte, vom Dom aus, gewissenhaft und genau zu Stande kam, gegen die Seiten weniger vollendet, wie sie uns in seinen hinterlassenen, schön geordneten Blättern noch vor Augen liegt.

Endlich wendeten sich auch unsere Wege nach Castel; auf der Rheinbrücke hohlte man noch frischen Athem wie vor Alters, und betrog sich einen Augenblick als wenn jene Zeit wiederkommen könnte. An der Befestigung von Castel hatte man während der Belagerung immerfort gemauert; wir fanden einen Trog frischen Kalks, Backsteine daneben und eine unfertige Stelle; man hatte, nach ausgesprochenem Stillstand und Uebergabe, alles stehn und liegen lassen.

So merkwürdig aber als traurig anzusehen war der Verhau rings um die Castler Schanzen; man hatte dazu die Fülle der Obstbäume der dortigen Gegend verbraucht. Bey der Wurzel abgesägt, die äußersten zarten Zweige weggestutzt, schob man nun die stärkeren, regelmäßig gewachsenen Kronen in einander und errichtete dadurch ein undurchdrinliches letztes Bollwerk, es schienen zu gleicher Zeit gepflanzte Bäume, unter gleich günstigen Umständen erwachsen nunmehr, zu feindseligen Zwecken benutzt, dem Untergang überlassen.

Lange aber konnte man sich einem solchen Bedauern nicht hingeben, denn Wirth und Wirthin und jeder Einwohner den man ansprach schienen ihren eigenen Jammer zu vergessen, um sich in weitläufigere Erzählungen des gränzenlosen Elends heraus zu lassen, in welchem die zur Auswanderung genöthigten Maynzer Bürger zwischen zwey Feinde, den innern und äußern, sich geklemmt sahen. Denn nicht der Krieg allein, sondern der durch Unsinn aufgelöste bürgerliche Zustand hatte ein solches Unglück bereitet und herbey geführt.

Einigermaßen erholte sich unser Geist von alle dem Trübsal

und Jammer, bey Erzählung mancher heroischen That der tüchtigen Stadtbürger. Erst sah man mit Schrecken das Bombardement als ein unvermeidliches Elend an, die zerstörende Gewalt der Feuerkugeln war zu groß, das anrückende Unglück so entschieden, daß niemand glaubte entgegenwirken zu können; endlich aber bekannter mit der Gefahr entschloß man sich ihr zu begegnen. Eine Bombe die in ein Haus fiel mit bereitem Wasser zu löschen, gab Gelegenheit zu kühnem Scherz; man erzählte Wunder von weiblichen Heldinnen dieser Art, welche sich und andre glücklich gerettet. Aber auch der Untergang von tüchtigen wackern Menschen war zu bedauern. Ein Apotheker und sein Sohn gingen über dieser Operation zu Grunde.

Wenn man nun, das Unglück bedauernd, sich und andern Glück wünschte das Ende der Leiden zu sehen, so verwunderte man sich zugleich daß die Festung nicht länger gehalten worden. In dem Schiffe des Doms, dessen Gewölbe sich erhalten hatten, lag eine große Masse unangetasteter Mehlsäcke, man sprach von andern Vorräthen und von unerschöpflichem Weine. Man hegte daher die Vermuthung daß die letzte Revolution in Paris, wodurch die Parthey wozu die Maynzer Commissarien gehörten sich zum Regiment aufgeschwungen, eigentlich die frühere Uebergabe der Festung veranlaßt. Merlin von Thionville, Reubel und andere wünschten gegenwärtig zu seyn, wo, nach überwundnen Gegnern, nichts mehr zu scheuen und unendlich zu gewinnen war. Erst mußte man sich inwendig festsetzen, an dieser Veränderung Theil nehmen, sich zu bedeutenden Stellen erheben, großes Vermögen ergreifen, alsdann aber bey fortgesetzter äußerer Fehde auch da wieder mitwirken und, bey wahrscheinlich ferner zu hoffendem Kriegsglück, abermals ausziehen, die regen Volksgesinnungen über andere Länder auszubreiten, den Besitz von Maynz ja von weit mehr wieder zu erringen trachten.

Für Niemand war nun Bleibens mehr in dieser verwüsteten öden Umgebung. Der König mit den Garden zog zuerst, die Regimenter folgten. Weiteren Antheil an den Unbilden des Krieges zu nehmen ward nicht mehr verlangt; ich erhielt Urlaub nach Hause zurück zu kehren, doch wollt' ich vorher noch Mannheim wieder besuchen.

Mein erster Gang war Ihro Königlichen Hoheit dem Prinzen Louis Ferdinand aufzuwarten, den ich ganz wohlgemuth auf seinem Sopha ausgestreckt fand, nicht völlig bequem, weil ihn die Wunde am Liegen eigentlich hinderte; wobey er auch die Begierde nicht verbergen konnte, bald möglichst auf dem Kriegsschauplatz persönlich wieder aufzutreten.

Darauf begegnete mir im Gasthofe ein artiges Abenteuer. An der langen sehr besetzten Wirthstafel saß ich an einem Ende, der Kämmerier des Königs, v. Rietz, an dem andern, ein großer, wohlgebauter, starker, breitschultriger Mann; eine Gestalt wie sie dem Leibdiener Friedrich Wilhelms gar wohl geziemte. Er mit seiner nächsten Umgebung waren sehr laut gewesen und standen frohen Muthes von Tafel auf; ich sah Herrn Rietz auf mich zukommen; er begrüßte mich zutraulich, freute sich meiner lang gewünschten endlich gemachten Bekanntschaft, fügte einiges Schmeichelhafte hinzu und sagte sodann: ich müsse ihm verzeihen, er habe aber noch ein persönliches Interesse mich hier zu finden und zu sehen. Man habe ihm bisher immer behauptet: schöne Geister und Leute von Genie müßten klein und hager, kränklich und vermüfft aussehen, wie man ihm denn dergleichen Beyspiele genug angeführt. Das habe ihn immer verdrossen, denn er glaube doch auch nicht auf den Kopf gefallen zu seyn, dabey aber gesund und stark und von tüchtigen Gliedmaßen; aber nun freue er sich an mir einen Mann zu finden, der doch auch nach etwas aussehe und den man deshalb nicht weniger für ein Genie gelten lasse. Er freue sich dessen und wünsche uns beyden lange Dauer eines solchen Behagens.

Ich erwiederte gleichfalls verbindliche Worte; er schüttelte mir die Hand, und ich konnte mich trösten, daß wenn jener wohlgesinnte Obristlieutnant meine Gegenwart ablehnte, welcher wahrscheinlich auch eine vermüffte Person erwartet hatte, ich nunmehr, freylich in einer ganz entgegengesetzten Categorie, zu Ehren kam.

In Heidelberg, bey der alten treuen Freundin Delf, begegnete ich meinem Schwager und Jugendfreund Schlosser. Wir besprachen gar manches, auch er mußte einen Vortrag meiner Farbenlehre aushalten. Ernst und freundlich nahm er sie auf, ob er gleich von der Denkweise, die er sich fest gesetzt hatte, nicht los kommen konnte und vor allen Dingen darauf bestand zu wissen: in wiefern sich meine Bearbeitung mit der Eulerischen Theorie vereinigen lasse, der er zugethan sey. Ich mußte leider bekennen daß auf meinem Wege hiernach gar nicht gefragt werde, sondern nur daß darum zu thun sey unzählige Erfahrungen ins Enge zu bringen, sie zu ordnen, ihre Verwandtschaft, Stellung gegen einander und neben einander aufzufinden, sich selbst und andern faßlich zu machen. Diese Art mochte ihm jedoch, da ich nur wenig Experimente vorzeigen konnte, nicht ganz deutlich werden.

Da nun hiebey die Schwierigkeit des Unternehmens sich hervorthat, zeigt' ich ihm einen Aufsatz den ich während der Belagerung geschrieben hatte, worin ich ausführte: wie eine Gesellschaft verschiedenartiger Männer zusammenarbeiten und jeder von seiner Seite mit eingreifen könnte, um ein so schwieriges und weitläufiges Unternehmen fördern zu helfen. Ich hatte den Philosophen, den Physiker, Mathematiker, Maler, Mechaniker, Färber und Gott weiß wen alles in Anspruch genommen; dies hörte er im allgemeinen ganz geduldig an, als ich ihm aber die Abhandlung im Einzelnen vorlesen wollte, verbat er sichs und lachte mich aus: ich sey, meynte er, in meinen alten Tagen noch immer ein Kind und Neuling daß ich mir einbilde: es werde jemand an demjenigen Theil nehmen wofür ich Interesse zeige, es werde jemand ein fremdes Verfahren billigen und es zu dem Seinigen machen, es könne in Deutschland irgend eine gemeinsame Wirkung und Mitwirkung statt finden!

Eben so wie über diesen Gegenstand äußerte er sich über andere; freylich hatte er als Mensch, Geschäftsmann, Schriftsteller gar vieles erlebt und erlitten, daher denn sein ernster Charakter sich in sich selbst verschloß und jeder heitern, glücklichen, oft hülfreichen Täuschung mißmuthig entsagte.

Mir aber machte es den unangenehmsten Eindruck, daß ich, aus dem schrecklichsten Kriegszustand wieder ins ruhige Privatleben zurückkehrend, nicht einmal hoffen sollte auf eine friedliche Theilnahme an einem Unternehmen das mich so sehr beschäftigte, und das ich der ganzen Welt nützlich und interessant wähnte.

Dadurch regte sich abermals der alte Adam; leichtsinnige Behauptungen, paradoxe Sätze, ironisches Begegnen und was dergleichen mehr war erzeugte bald Apprehension und Mißbehagen unter den Freunden; Schlosser verbat sich dergleichen sehr heftig, die Wirthin wußte nicht was sie aus uns beyden machen sollte und ihre Vermittlung bewirkte wenigstens, daß der Abschied zwar schneller als vorgesetzt doch nicht übereilt erschien.

Von meinem Aufenthalt in Frankfurt wüßte ich wenig zu sagen, eben so wenig von meiner übrigen Rückreise; der Schluß des Jahrs, der Anfang des folgenden ließ nur Greuelthaten einer verwilderten und zugleich siegberauschten Nation vernehmen. Aber auch mir stand ein ganz eigener Wechsel der gewohnten Lebensweise bevor. Der Herzog von Weimar trat nach geendigter Campagne aus preußischen Diensten; das Wehklagen des Regiments war groß durch alle Stufen, sie verloren Anführer, Fürsten, Rathgeber, Wohlthäter und Vater zugleich. Auch ich sollte von engverbundenen trefflichen Männern auf einmal scheiden; es geschah nicht ohne Thränen der Besten. Die Verehrung des einzigen Mannes und Führers hatte uns zusammengebracht und gehalten, und wir schienen uns selbst zu verlieren als wir seiner Leitung und einem heiteren verständigen Umgang unter einander entsagen sollten. Die Gegend um Aschersleben, der nahe Harz, von dort aus so leicht zu bereisen, erschien für mich verloren, auch bin ich niemals wieder tief hineingedrungen.

Und so wollen wir schließen, um nicht in Betrachtung der Weltschicksale zu gerathen, die uns noch zwölf Jahre bedrohten, bis wir von eben denselben Fluthen uns überschwemmt, wo nicht verschlungen gesehen.

Anhang

Goethes Buch von Krieg und Frieden

Gustav Seibt

Die Champagne, das Gebiet zwischen den lothringischen Ardennen und der Île de France, ist ein einförmiger, melancholischer Landstrich. Bevor man Épernay mit seinen Champagnerfabriken und Reims mit seiner über und über von Figuren bedeckten Kathedrale erreicht – jahrhundertelang wurden hier die Könige Frankreichs gekrönt –, findet das Auge keinen Ruhepunkt. Niedrige und langgestreckte Höhenzüge, einsame Alleen, schmale Flusstäler bieten kaum Abwechslung. In jeder Ortschaft erinnert ein gewaltiges Kriegerdenkmal daran, dass hier von 1914 bis 1918 Millionen Menschen kämpften und verbluteten. Seit römische und germanische Truppen im Jahre 451 auf den Katalaunischen Feldern bei Châlons-sur-Marne die Hunnen Attilas abwehrten, wurde die kahle Landschaft der Champagne immer wieder zum Ort gewaltsamer Auseinandersetzungen. Die Natur scheine diese Gegenden von Urzeiten her zu Schlachtfeldern bestimmt zu haben, schrieb Johann Wolfgang von Goethe an die weimarische Herzoginmutter Anna Amalia am 25. September 1792, »weil sie ihnen nicht den mindesten Reiz verliehen. Flache, nur mäßig fruchttragende Hügel und Flächen ziehen sich weit und breit an einander, kaum daß man einen Baum oder einen Busch sieht, da sich die Dörfchen mit ihrem sparsamen Holze in die Gründe verstecken. Überhaupt habe ich für den ästhetischen Sinn meines Auges wenig Genuß gehabt.«

Hier hatte sich wenige Tage zuvor jene »Campagne in Frankreich« entschieden, in der das Alte Europa zum ersten

Mal militärisch mit dem revolutionären Frankreich zusammenstieß. Nach wochenlangem mühsamem Manövrieren an der Maas und in den Argonnen trafen am 20. September die vom Herzog von Braunschweig und dem preußischen König Friedrich Wilhelm II. geführten Koalitionstruppen Österreichs und Preußens bei Valmy, auf halbem Weg zwischen Sainte-Menehould und Châlons, auf das französische Freiwilligenheer unter den Generälen Kellermann und Dumouriez. Stundenlang feuerten die Armeen mit der Artillerie aufeinander ein, ohne weitergehende Kampfberührung zu suchen. Das Trommelfeuer war so gewaltig, dass die Erde zu beben schien und die seit Tagen über der Landschaft hängenden schweren Regenwolken sich auflösten und klarem Himmel Raum gaben. Beide Seiten verloren etwa 200 Mann. In den Tagen danach lösten sich die Heere wieder voneinander, die Invasoren quälten sich auf demselben Weg, den sie gekommen waren, unter fortdauernden Regengüssen zurück, langsam verfolgt von den Franzosen. Frankreich, die Revolution hatten ihre erste Feuerprobe bestanden. Schon im Oktober 1792 konnte der französische General Custine den Krieg nach Deutschland tragen und die Städte Mainz und Frankfurt besetzen.

Mit der Kanonade bei Valmy verbindet sich die Erinnerung an einen Satz, den Goethe dreißig Jahre nach dem Ereignis in einem Buch veröffentlich hat, das wir unter dem Titel *Campagne in Frankreich* kennen. Bis heute steht dieser Satz in französischer Übersetzung auf einem Denkmal, das ein Jahrhundert später auf den Höhen Valmys zur Erinnerung an jenen Tag errichtet wurde: »Von hier und heute geht eine neue Epoche der Weltgeschichte aus, und ihr könnt sagen, ihr seid dabeigewesen.« Der eingängige und oft nachgesprochene Satz – er gehört zum eisernen Bestand der Goethe-Zitate – erweist sich bei näherer Betrachtung als so rätselhaft wie das ganze Buch, in dem er steht. Denn die *Campagne in Frank-*

reich bietet gerade nicht jene weltgeschichtliche Übersicht, die das Diktum voraussetzt; eine allgemeine historische Einleitung, die er schon begonnen hatte, wurde von Goethe fallengelassen. Für seinen Bericht hat er die Form des Tagebuchs gewählt, also eine Erzählweise, die den Augenblick, den verwirrenden und undeutlichen Moment, in den Vordergrund rückt. Und nur eine Seite, bevor der große Satz gesprochen wird, schildert Goethe, wie er sich in Lebensgefahr begab, mitten hinein in den Kugelhagel. Mit einer Ruhe, deren Nachwirkung noch in den »Stahlgewittern« Ernst Jüngers zu spüren ist, beschreibt er den gräßlich-bänglichen Zustand, in den er geraten war: die Hitze, den braunrötlichen Ton, den die Welt angenommen habe, das Heulen, Pfeifen und Schmettern der Kugeln, also jenes Kanonenfieber, das vor allem durch Eindrücke im Gehör entsteht.

Das welthistorische Resümee steht direkt nach der bedrängendsten leiblichen Erfahrung, nach einer unmittelbaren Todesgefahr, es bezeichnet nicht mehr, aber auch nicht weniger als nur einen Pol menschlicher Existenzerfahrung. Der andere, achsensymmetrisch gegenüberliegende Pol ist die Sterblichkeit. Denn der Tod beendet für den Einzelnen alle Weltgeschichte. So zeigt schon der unmittelbare Kontext jenes übergroßen Satzes, dass er nur einer unter vielen ist, in einem Gewirr von Stimmen. Und so wird er auch eingeführt. Ratlos sitzen nach dem ergebnislosen Kanonieren die Leute in einer nächtlichen Runde, nicht einmal ein Feuer brennt, und sie rufen den Dichter an: Sag uns einen deiner kurzen Sprüche! Und in dieser Gesprächssituation haben wir die genaue Mitte zwischen den Polen von Weltgeschichte und Tod: das Zusammenleben der Menschen im Hier und Heute.

Das späte neunzehnte und das frühe zwanzigste Jahrhundert haben durch immer genaueres Kommentieren die *Campagne in Frankreich* zu einem historischen Zeugnis gemacht.

Und was immer geschieht, wenn die Quellenforschung erst einmal am Werk ist, trat auch hier ein: Erst bewunderte man Goethes Präzision, nahm seinen Text als erstrangige Quelle, dann entdeckte man Fehler, Widersprüche und vor allem literarische Abhängigkeiten. Aus einem beachtlichen Zeitzeugnis, das beispielsweise von dem eindringlichsten Historiker der Revolutionskriege, dem Franzosen Arthur Chuquet, neben Memoiren der beteiligten Militärs sowie Briefwechseln und Archivmaterialien ganz ungeniert zur Rekonstruktion des Feldzugs von 1792 herangezogen wurde, verwandelte sich Goethes Campagne-Buch seit den minutiösen Untersuchungen des Weltkriegsoffiziers Gustav Roethe 1919 in Literatur: gespeist von fremden Quellen, eigenes Erleben vornehm herabdämpfend, politisch nachlässig, als Kriegsliteratur nicht feurig genug.

Was Roethe herausfand, war allerdings ernüchternd: Das militärische Resümee, das Goethe rückblickend im Abschnitt über den November 1792 von dem Feldzug gibt, ist wörtlich aus den Memoiren des Generals Dumouriez übersetzt. Auch der große Weltgeschichtssatz hatte einen Vorläufer, und zwar in den Erinnerungen des Generals Massenbach von 1809, in denen dieser sein Versagen bei der Niederlage gegen Napoleon 1806 dadurch bagatellisierte, daß er auf die vorhergehende Schlappe von 1792 verwies: »Wir hatten mehr verloren als eine Schlacht. Die Meinung war dahin. Der 20. September hat der Welt eine neue Gestalt gegeben. Er ist der wichtigste Tag des Jahrhunderts!« Roethe versuchte den Primat Goethes zu retten, indem er auf einen Brief vom 27. September 1792 hinwies, den dieser an seinen Freund Knebel geschrieben hatte: »In diesen vier Wochen habe ich manches erfahren und dieses Musterstück von einem Feldzug gibt mir auf viele Zeit zu denken. Es ist mir sehr lieb, daß ich das alles mit Augen gesehen habe und daß ich, wenn von dieser wichtigen Epoche die Rede ist, sagen kann: et quorum pars minima fui.« Doch sagt, wie der Historiker Arno Borst 1974 feststellte, diese Stelle etwas anderes als der Satz aus dem Buch von 1822: Die Epoche dauert hier die ganzen vier Kriegswochen, und es geht um ein Ich, nicht um ein Wir oder Ihr. Der lateinische Vers ist zudem ironisch: Was sich bei Vergil auf den Untergang Trojas bezieht und den »großen Anteil« des Aeneas daran, das wird bei Goethe zum »winzigen Anteil« eines denkenden Augenzeugen.

Man ist mit solchen Befunden mitten in literarischen Exegesen, die von der unmittelbaren Erfahrung weit wegzuführen scheinen. Und dabei ist die weitaus wichtigste Quelle Goethes noch nicht genannt. Unbegreiflicherweise ist sie bis heute noch nicht vollständig ediert. Es handelt sich um ein während des Feldzugs niedergeschriebenes, wenige Jahre später in sorgfältiger Abschrift revidiertes und dann der Weimarer Bibliothek übergebenes Tagebuch des Kriegskassenführers von Goethes Herzog Carl August. Der weimarische Souverän stand damals als General in preußischen Diensten und nahm als Chef des »Regiments Herzog von Weimar« (und nicht etwa mit eigenen Truppen) an dem Krieg gegen Frankreich teil. Er verlangte von seinem Staatsdiener Goethe die Teilnahme am Feldzug, in die dieser nur lustlos einwilligte. So gehörte der Geheime Rat samt seinem Diener Paul Goetze zu jener zivilen herzoglichen Entourage, in der auch der die Kasse verwaltende »Kämmerier« Johann Conrad Wagner (1737–1802) eine hervorragende Rolle spielte. Das Ausgabenbuch und das Tagebuch wurden von Wagner parallel geführt (auch Goethes Diener zeichnete jeden ausgegebenen Pfennig auf), so dass sich eine bemerkenswerte Detailgenauigkeit schon aus buchhalterischen Gründen ergab.

Als Goethe sich 1819 an die Darstellung dieser Epoche machte, ließ er sich aus der Weimarer Bibliothek nicht nur die gedruckten Memoiren der Hauptbeteiligten, darunter Dumouriez und Massenbach, kommen, sondern auch das fein säuberlich abgeschriebene und in Leder geheftete Tagebuch seines Feldzugskollegen. Von Goethe selbst gibt es nämlich aus der Zeit der eigentlichen Campagne fast nichts: ein knappes Kalendarium auf der Rückseite seiner Landkarten, jenes »Jägerischen Atlas«, den sein Bericht öfter erwähnt; vom Regen durchweichte Manuskriptblätter zu optischen Versuchen; eine Handvoll Briefe an die zu Hause gebliebenen Freunde und seine spätere Frau Christiane Vulpius. Da Wagner und Goethe aber fast durchweg in unmittelbarer Nähe agierten, durfte dieser die Notizen des Kämmerers als Stütze seines eigenen, berühmt verlässlichen Gedächtnisses wohl nutzen. Wie weit die Anleihen gingen, mag ein einziges Beispiel illustrieren. Jedem Leser des Goethe'schen Berichts wird sich die Stelle einprägen, wo von den durch Nässe verfaulten Zeltseilen die Rede ist. Sie kommt direkt aus Wagners Tagebuch: »Eben stand ich traurig und ganz verputt in meinem Zelt, daß um mich herflog wie ein weiter Mantel bey grosen Winde um einen herfliegt, es hatte keine Schlingen fast mehr, sie waren schon abgefault, und dachte waß noch aus der Sache werden sollte!«

Was solche Quellenbefunde hervortreten ließen, war ein Werk der Literatur: Die Tagebuchform war nachträglich gewählt, wenn auch gestützt auf fremdes Zeugnis. Und der Vergleich von Quelle und Bearbeitung ergab ein absichtsvolles Zurücknehmen von Elend und Grausen in Goethes später Darstellung. Er selbst hatte im Oktober 1792 in einem Brief an das Ehepaar Herder die eben gemachte Erfahrung als »bösen Traum« bezeichnet, »der mich zwischen Koth und Noth, Mangel und Sorge, Gefahr und Qual, zwischen Trümmern, Leichen, Äsern und Scheishaufen gefangen hielt«. Von solcher Drastik ist dreißig Jahre später nichts mehr zu spüren. Die auf dem ganzen Feldzug grassierende Ruhr, eine schwere, von Krämpfen begleitete Durchfallkrankheit, die bei einem 80 000 Mann zählenden Heer, von dem ein Drittel befallen war, zu entsetzlichen hygienischen Zuständen führen musste, erscheint in Goethes bewusst euphemistischer Altersmanier nur als das »allgemeine Übel«.

Was ist das also für ein Text? Es gibt Goethe-Forscher, die ihn nach Abwägung aller seiner literarischen Mittel mit Nachdruck als »Roman« bezeichnet haben. An den Valmy-Satz knüpfte sich 1973/74 unter Historikern und Literaturwissenschaftlern, darunter die großen Namen Hans Robert Jauß, Reinhart Koselleck und Arno Borst, sogar eine Diskussion über den literarischen Charakter jeden historischen Ereignisses. Beide Seiten hätten sich dabei auf Goethes mephistophelische Skepsis gegen die Geschichtsschreibung berufen können, mit der er den jungen Jenenser Historiker Heinrich Luden 1806 kurz vor der Doppelschlacht von Jena und Auerstedt quälte: »Aber nicht alles ist wirklich geschehen, was uns als Geschichte dargeboten wird, und was wirklich geschehen, das ist nicht so geschehen, wie es dargeboten wird, und was so geschehen ist, das ist nur ein Geringes von dem, was überhaupt geschehen ist.« Könnten doch oft Augenzeugen ganz nahe liegender Vorfälle nicht übereinkommen, was eigentlich passiert sei. Ein Irrgarten! Denn wovon handelt die Geschichte? Von der Menschheit? »Das ist ein Abstraktum. Es hat von jener nur Menschen gegeben und wird nur Menschen geben« – und dasselbe gelte für Völker und Nationen: alles Worte. Was lehre denn die Geschichte im Allgemeinen? »Nichts anderes, als eine große Wahrheit, die längst entdeckt ist, und deren Bestätigung man nicht weit zu suchen braucht; die Wahrheit nämlich, daß es zu allen Zeiten und in allen Ländern miserabel gewesen ist. Die Menschen haben sich geängstigt und geplagt; sie haben sich einander gequält und gemartert; sie haben sich und anderen das bißchen Leben sauer gemacht, und die Schönheit der Welt und die Süßigkeit des Daseins, welche die schöne Welt ihnen darbietet weder zu achten noch zu genießen vermocht.« Da bleibe dem Historiker nur, einfach und klar zu schreiben, wenn auch »nicht ohne einen Anflug von Poesie«, aber doch ohne die taciteische »geschraubte Kürze«, die durch Johannes Müller so modisch wurde. Gewichtige Sätze, die noch einmal die Relativität des Weltgeschichtssatzes belegen und auch einen Hinweis auf Goethes eigenen Stil geben: Die euphemistische Zurückhaltung seiner Erzählung mag auch von der Scheu vor rhetorischen Effekten kommen.

Dass alles Tatsächliche im Politischen und Militärischen unsicher ist, daraus macht auch Goethes Bericht aus der Champagne keinen Hehl. Der Leser wird nicht das Gefühl haben, er wisse am Ende, warum der Feldzug gescheitert ist. Wie zuversichtlich Goethe selbst zunächst war, verschweigt seine Darstellung nicht und zeigt auch ein Brief an Christiane, der er noch am 10. September 1792 Liebesgaben aus Paris angekündigt hatte. Warum es anders kam, dazu hört der Leser Theorien der Beteiligten, vor allem die Aufforderung des Herzogs von Braunschweig an Goethe, zu bezeugen, »daß wir nicht vom Feinde, sondern von den Elementen überwunden worden«. Doch ein alter Husaren-Offizier ist klüger, wenn er, schon wieder in Trier, über Goethe sagt: »Was er schreiben dürfte mag er nicht schreiben, und was er schreiben möchte, wird er nicht schreiben!« Auch als Zeitzeuge blieb Goethe seiner gegenüber dem jungen Luden geäußerten Skepsis treu. Vor Mainz muss man bei Sondierung der Lage feststellen, »wie unzuverlässig die Geschichte sey, weil eigentlich kein Mensch wisse warum, oder woher dieses und jenes geschehe«. Dabei macht Goethes Erzählung den wesentlichen Faktor, an dem die heutige Geschichtsschreibung die Invasion scheitern lässt, durchaus sichtbar: die miserable Versorgung einer so großen, noch dazu quälend langsam vorrückenden Menschenmasse in einem dünnbesiedelten und wenig fruchtbaren Landstrich: »Wir betraten beym schlimmsten Wetter ein seltsames Land, dessen undankbarer Kalkboden nur kümmerlich ausgestreute Ortschaften ernähren konnte.«

Vor dem Hintergrund dieser Geschichtsskepsis und solcher Landschaftsbilder gewinnt der ursprüngliche Titel des Berichts vielsagende Bedeutung. *Campagne in Frankreich* hieß das Buch erst in der *Ausgabe letzter Hand*. Die Erstausgabe von 1822 trug die Überschrift: *Aus meinem Leben. Zweyter Abtheilung Fünfter Theil*. Und darunter als einziges verdeutlichendes Element das Motto: »Auch ich in der Champagne!« Es lässt eine Ironie bis an den Rand des Sarkasmus vernehmen. Denn die so in den vielgliedrigen Bau von Goethes autobiographischen Schriften eingeordnete Episode wurde damit in die spannungsvolle Parallele zur *Italienischen Reise* mit ihrem Motto »Auch ich in Arkadien!« gerückt, und wer im Kopf hatte, dass sich dieses »auch ich« immer auch auf den durch einen Schädel exemplifizierten Tod bezogen hatte, der konnte die Hintergründigkeit dieser Aufmachung nicht verkennen. Also nicht Historiographie und Weltgeschichte ist das Genre dieses Buches, sondern Autobiographie und Erfahrung. »Geschichte« ist bloß Horizont und Gesprächsstoff in einem Buch, das man nur leicht überspitzt als Goethes »Französische Reise« bezeichnen könnte – neben anderen Gesprächsstoffen, beispielsweise der Naturwissenschaft, der sich Goethe so nachdrücklich zuwendet, während das Heer in Regen und Schlamm versinkt.

Wie manches von Goethes späteren Werken wirkt auch der Bericht von dem französischen Feldzug zunächst fast ungeordnet. Auf das tagebuchartig erfasste Kriegsgeschehen folgen länger ausschwingende Erzählungen von Besuchen bei

Freunden in Düsseldorf und Münster, die Rückkehr nach Weimar und dann, wieder knapp notiert, die Belagerung von Mainz. Aber dem genaueren Blick zeigt der Text seine sorgfältig balancierten inneren Bezüge und Spiegelungen. Er führt von Mainz nach Mainz, und sein Generalthema ist nicht Krieg und Politik, sondern das Zusammenleben in den Zeiten von Krieg und Revolution. Dass man sich »wechselseitig zu schonen habe«, steht schon auf den ersten Seiten und erinnert an den Beginn der *Unterhaltungen deutscher Ausgewanderten*, wo genau das nicht gelingt. Militärisch-politisch ist *Auch ich in der Champagne!* so undurchsichtig, wie es sich dem durchschnittlichen Teilnehmer einer solchen Unternehmung darstellt. Goethe hat von dem Privileg, dass er in der Heerführung verkehrte, so gut wie keinen Gebrauch gemacht. Glasklar dagegen sind die menschlichen Verhältnisse: die Not im Feindesland, der Mechanismus wechselseitiger Hilfe, die Gefahr des Plünderns und der sinnlosen Gewalt. Das Scheitern des Feldzuges bringt eine große Mahnung: Man muss zurück durch Gebiete, die man zuvor selber kahlgefressen hat.

Nie erscheinen die Franzosen als Feinde. Gerade weil es um von der Natur wenig begünstigte Landstriche geht, ist Goethes liebevolle Zuwendung zu ihren Bewohnern und ihrer Lebensweise so auffallend. Goethe hat sich in diese Menschen verliebt. Ihre Höflichkeit, ihr vorzügliches Essen, die schönen gemauerten und gut gehaltenen Häuser des nordöstlichen Frankreich begeistern ihn. »Bey allen solchen schon erlittenen und noch zu fürchtenden Unbilden zeigten sich diese Personen in bürgerlicher Würde, Freundlichkeit und gutem Benehmen zu unserer Verwunderung, wovon uns in den französischen ernsten Dramen alter und neuer Zeit ein Abglanz herüber gekommen ist.« Rührend die Episoden, in denen es um weißes und schwarzes Brot geht, um die gute Suppe, den guten Wein! Goethe hat das geschrieben nach 1815, als der deutsche Siegestaumel gegen Napoleon und eine allgemeine Franzosenfresserei die weltbürgerliche Kultur der deutschen Klassik abzulösen begannen. Mitten in der Arbeit am Champagne-Buch starb Napoleon, und Goethe übersetzte sogleich Alessandro Manzonis wuchtige Nachruf-Ode in klingende deutsche Verse. Man hat den Bericht aus Frankreich auch mit Goethes Missbehagen an der reaktionären Presse-Gesetzgebung der Karlsbader Beschlüsse von 1819 in Verbindung gebracht. Die französischen Emigranten sind im Champagne-Buch die einzige Gruppe, die durchweg negativ gezeichnet wird, bis zum beißenden Hohn. Goethe, der an Menschheit und Weltgeschichte nicht zu glauben vermochte und der überhaupt das historisch-politische Vokabular der »Sattelzeit« um 1800 kaum verwendete, war, wie man weiß, kein Anhänger der Französischen Revolution; aber ein Reaktionär war er auch nicht. Seine »Französische Reise« zeigt ein Frankreich jenseits von Revolution und Reaktion, so bescheiden, einfach und dauerhaft wie die Kalkböden des kargen Landes. Der Krieg erscheint als ein anthropologisches Übel, Goethe sprach in Bezug auf seinen Bericht geradezu von der »Erbkrankheit der Welt«, nicht ohne hinzuzufügen: »Damals ging ich der Weltgeschichte entgegen, nachher hat sie uns am eigenen Herde aufgesucht.« Ein weiterer Kommentar zur Valmy-Sentenz, der seine Resonanz im letzten Satz des Champagne-Buches mit der Anspielung auf die Eroberung von Weimar durch Napoleon 1806 erhält. Dass Goethe hier im Lauf der Jahrzehnte seine Einstellungen nicht geändert hat, beweist ein Brief an seinen Ministerkollegen Voigt vom 10. Oktober 1792, wo er sich gegen einen Beschluss des Weimarer Geheimen Conseils wendet, »diesen Krieg für einen Reichskrieg« zu erklären und also mitzumachen: »Europa braucht einen 30jährigen Krieg um einzusehen was 1792 vernünftig gewesen wäre.« Genau dreißig Jahre danach erschien *Auch ich in der Champagne!*

Die bunte Fülle des zwischen Deutschland und Frankreich, Kriegserlebnissen und Friedensgesprächen, zwischen Natur und Geschichte, zwischen Elend und Kunst – immer wieder verwandeln sich die Eindrücke für Goethe in Vorwürfe für Gemälde, und das Römerdenkmal in Igel wird zum Symbol für das eigene Werk – oszillierenden Textes ordnet sich im anthropologischen Blick der Autobiographie zu typischer, exemplarischer Erfahrung. *Auch ich in der Champagne!* ist Goethes Buch von Krieg und Frieden. Darum werden Politik und Geschichte hier vor allem unter rechtlichen Gesichtspunkten gesehen. Krieg ist der Zustand des außer Kraft gesetzten Rechtes. Revolution, die Enthauptung des französischen Königs führt nur zum Rückschritt, denn »da kommen Gedanken in Umlauf, Verhältnisse zur Sprache, welche für ewig zu beschwichtigen sich das Königtum vor Jahrhunderten kräftig eingesetzt hatte«. In Mainz exemplifiziert Goethe selbst, worum es ihm geht. Nach dem Ende der Belagerung drohen Rache und Lynchjustiz, den revolutionären »Clubbisten«, also den Mainzer Jakobinern, den Garaus zu machen. Hier geht der Weimarer Minister exemplarisch mit eigener Person dazwischen, denn er »will lieber eine Ungerechtigkeit begehen als Unordnung ertragen«. Das ist der zweite berühmte Satz aus diesem Buch, und seit langem wird er nur noch gegen Goethe verwendet. Dabei ist sein Sinn eindeutig: Über Gerechtigkeit kann man lange streiten und sich endlos an die Gurgel gehen. Das Recht, das ist am Ende die Ordnung, die damit rechnet, dass wir den Lauf der Geschichte nicht kennen können.

Krieg und Frieden: Krieg bedeutet eine verschärfte Anforderung an die Humanität. Goethe kam es nicht in erster Linie auf jene farbigen Gräuel an, die seine Hauptquelle, das Tagebuch Wagners, ungefiltert zeigt. Es ging ihm, wie immer, ums Zusammenleben der Menschen, die keine abstrakte Menschheit sind; und natürlich um die eigenen Erfahrungen. Wir sehen Goethe in vielfacher Gestalt in diesem Buch: an der Spitze der Armeen beim Einmarsch in Frankreich; im Gespräch mit Monarchen und Generälen; als Reiter an der Front; frierend, hungernd, schlaflos; als einsamen Forscher; struppig und langhaarig beim Rückmarsch; von dem gewitzten Weimarer Leibhusaren als königlichen Prinzen ausgegeben, um leichter an Quartier zu kommen. Goethes lebenslange Lust an Rollenspielen, Verkleidungen und kühnen Selbsterprobungen zeigt sich hier ein letztes Mal. Graf Besuchow, den Tolstoi im Kanonenfieber über das Schlachtfeld von Borodino irren lässt, kann ebenso ein Nachfahre Goethes sein wie der »Neuling auf dem Schlachtfeld«, den Clausewitz im ersten Teil seines Buchs *Vom Kriege* vorstellt. Voller Vergnügen zitiert der über siebzigjährige, längst im Ruf der Unnahbarkeit stehende Geheimrat ein Kompliment, das ein preußischer Offizier ihm und sich selbst 1793 machte: »Man habe ihm bisher immer behauptet: schöne Geister und Leute von Genie müßten klein und hager, kränklich und vermüfft aussehen. Das habe ihn immer verdrossen, denn er glaube doch auch nicht auf den Kopf gefallen zu seyn, dabey aber gesund und stark und von tüchtigen Gliedmaßen; aber nun freue er sich an mir einen Mann zu finden, der doch auch nach etwas aussehe und den man deshalb nicht weniger für ein Genie gelten lasse. Er freue sich dessen und wünsche uns beyden lange Dauer eines solchen Behagens.«

Goethes *Campagne* in der Herzogin Anna Amalia Bibliothek

Jan Volker Röhnert

Wenn die zwölfbändige *Bibliotheca Anna Amalia* der *Süddeutschen Zeitung* ausgerechnet mit einem Werk Goethes beginnt, so ist dies nicht allein dem Genius Loci geschuldet oder dem Umstand, dass Begriffe wie »Goethezeit« oder »Weimarer Klassik« mit dem Namen ihres Hauptrepräsentanten stehen und fallen. Die Gründe sind in der Bibliothek selbst zu finden und dort von Regal zu Regal mit Händen greifbar: Goethes Weimarer Existenz und der Aufstieg der Herzoglichen Büchersammlung zu der in ganz Europa renommierten Großherzoglichen Bibliothek sind symbiotisch ineinander verwoben.

Goethes regelmäßige eigenhändige Ausleihen lassen sich bis in das Jahr 1778 zurückverfolgen. 1797 war ihm im Rahmen seiner Ministertätigkeit für das Herzogtum Sachsen-Weimar-Eisenach die Oberaufsicht über die Sammlung im Rokokosaal zugefallen – ein Amt, das er sich zunächst mit seinem Ministerkollegen Christian Gottlob Voigt teilte und das er nach dessen Tod 1822 allein ausübte. Mit seinem Schwager Christian August Vulpius, dem Autor des *Rinaldo Rinaldini*, stand ihm nicht nur ein wirtschaftlich umtriebiger, sondern auch schriftstellerisch ambitionierter Mann als Chefbibliothekar zur Seite.

Freilich war es schon damals nicht leicht, die prominenten und sich privilegiert wähnenden Benutzer der Bibliothek an ihre Pflichten zu erinnern. Wieland, *der* Favorit Herzogin Anna Amalias unter den vier Klassikern – in der Reihenfolge ihres Erscheinens in Weimar: Wieland, Goethe, Herder, Schiller –, sah sich gelegentlich eines Aufrufs in der Zeitung an die überfällige Rückgabe von Büchern gemahnt. Und Herder, von Goethe persönlich auf überzogene Leihfristen angesprochen, redete sich forsch heraus, indem er verlauten ließ, dass außer ihm ja doch keiner den Inhalt der von ihm entliehenen Schriften verstehe. Selbst Goethe hütete einige Bände der Herzoglichen Sammlung als »Dauerbesitz« in seinem Haus am Frauenplan – was keinen Verlust bedeutete, denn heute gehört seine Büchersammlung zum Bestand der Herzogin Anna Amalia Bibliothek. Bei der Disziplinierung säumiger Entleiher verfuhr man sehr großzügig: Mahn- und Bearbeitungsgebühren wurden noch nicht erhoben.

Unter Goethes Verwaltung machte man große Fortschritte auf dem Weg zu einer öffentlichen, jedermann zugänglichen Bibliothek. Eine erste, äußerst liberale Benutzerordnung sah für alle eingeschriebenen Leser verbindliche Rechte und Pflichten vor, die Bestände wurden – quantitativ wie qualitativ – deutlich erweitert, so dass sie bei Goethes Tod im März 1832 auf etwa 80000 Bände angewachsen waren; sie umfassten nun schöngeistige Literatur der verschiedensten Kultursprachen sowie alle damaligen Wissensgebiete bis hin zu naturwissenschaftlicher Fachliteratur. Entschieden hatten Goethes breitgestreute Interessen zum Profil der Bibliothek beigetragen, die er ganz in den Dienst seiner Ideale von Universalität und Weltliteratur stellte.

So hatte er fachwissenschaftliche Abhandlungen – etwa zur optischen Physik, die ihn während der Abfassung seiner *Farbenlehre* besonders interessierte – ebenso anschaffen lassen wie philosophische und literarische Werke; fremdsprachige Neuerscheinungen waren ebenso berücksichtigt worden wie deutschsprachige. Auktionskataloge hatte er gezielt auf Raritäten, Kostbarkeiten und Altertümer der Buchgeschichte durchforsten lassen. Seine zunächst auf die Göttinger Bibliothek gemünzte Bemerkung von dem »Schatz, der geräuschlos unschätzbare Zinsen« abwirft, kann auch als Leitmotiv seiner Weimarer Bibliothekspolitik gelten. Zahlreiche Goethe gewidmete, auf sein Leben und Werk bezogene Sondersammlungen untermauerten nach seinem Tod seine Bedeutung für die Bibliothek. An erster Stelle zu nennen ist sicherlich seine private Büchersammlung, die mit ihren etwa 5 000 Bänden heute zur Herzogin Anna Amalia Bibliothek gehört. Hinzu kommt die unter der Signatur »Goe« gesondert eingestellte Sammlung mit Erst- und Frühdrucken von Goethes Werken. Die aus umfänglichen Privatnachlässen aufgebaute Bibliothek der Goethe-Gesellschaft wurde schon von der einstigen Zentralbibliothek der deutschen Klassik in die Bestände eingegliedert. Eine Besonderheit bildet die etwa 14 000 Bände umfassende *Faust*-Sammlung, die neben Goethes *Faust*-Bearbeitung und der dazugehörigen Übersetzungs- und Sekundärliteratur alle literarisch relevanten Stoffadaptionen enthält.

Die vorliegende Ausgabe der *Campagne in Frankreich* veranschaulicht Goethes Aufgehobensein in »seiner« Herzoglichen Bibliothek (seit dem Wiener Kongreß 1815: Großherzoglichen Bibliothek). Die Erstausgabe, die dieser Edition zugrunde liegt, besitzt die Herzogin Anna Amalia Bibliothek in insgesamt vier Exemplaren. Je eines davon ist im Goethe-Nationalmuseum und im Goethe-Schiller-Archiv untergebracht, die beiden anderen befinden sich in den Magazinen der Herzogin Anna Amalia Bibliothek; eines von diesen trägt den Stempel der Großherzoglichen Bibliothek, wurde also noch in der Goethezeit eingestellt.

Das Exemplar, das für diese Edition erfasst wurde, stammt aus der Bibliothek der Arnim-Familie, die seit 1954 mit ihren 5 000 ursprünglich auf dem Familienstammsitz Schloss Wiepersdorf untergebrachten Bänden eine der bedeutendsten Sondersammlungen der Herzogin Anna Amalia Bibliothek darstellt. Mit dem Exlibris Achim von Arnims ist der Band jedoch nicht versehen, was die Vermutung nahelegt, dass er sich im Besitz Bettina von Arnims befand, die als jugendliche Bettina Brentano den Romantikergott und Übervater Goethe umschwärmt hatte. Das Buch trägt die Signatur B 1152 und den Stempel der Nationalen Forschungs- und Gedenkstätten, die in der DDR das klassische Erbe Weimars verwalteten. Unter dem Namen »Zentralbibliothek der deutschen Klassik« bildete die heutige Herzogin Anna Amalia Bibliothek neben dem Goethe-Schiller-Archiv und dem Goethe-Nationalmuseum einen der Grundpfeiler dieser Institution, aus der sich nach 1990 die Stiftung Weimarer Klassik, schließlich die Klassik Stiftung Weimar entwickelte.

Goethes ursprünglicher Plan zur Abfassung seiner Memoiren *Aus meinem Leben* lässt sich bis in das Jahr 1803 zurückverfolgen, in dem er die Genesung von einer Krankheit feiern konnte, die ihn an den Rand des Grabes gebracht hatte. Es sollte bis 1811 dauern, bis der erste Band von *Dichtung und Wahrheit* bei Cotta den Reigen der Lebensrückblicke eröffnete. Auffällig ist, dass Goethe nur die Lebensstationen literarisch verarbeitete, in denen sein Wirkungszentrum Weimar nicht oder nur am Rand vorkam: *Dichtung und Wahrheit* schildert die Kindheits- und Jugendjahre bis zum Aufbruch des knapp 26-jährigen *Werther*-Autors nach Weimar im Jahr 1775 (die geplante Fortsetzung blieb Fragment), die *Italienische Reise* und die *Campagne in Frankreich* widmen sich den längsten Abwesenheiten vom thüringischen Herzogtum. Beide Reisebücher sind Aufzeichnungen von lebens- und zugleich weltgeschichtlichen Krisen- und Wendepunkten. Steht in der *Italienischen Reise* das Individuum im Mittelpunkt, so rückt in der französischen *Campagne* die Politik als Nivellierung des Individuums in den Vordergrund.

Goethes Bewusstsein der durch die Französische Revolution radikal veränderten politischen Situation spiegelt sich auch in seinen Bibliotheksausleihen während der Niederschrift der *Campagne* in den Jahren 1820/21 wider. Die Vertiefung und Auffrischung der eigenen Erlebnisse durch gezielte Lektüren liefen mit dem Diktat des Textes parallel. Im Januar 1820 begann Goethe die Memoiren des Revolutionsgenerals Dumouriez sowie dessen *Campagnes dans la Champagne et Belgique* auszuwerten. Hinzu kamen Christoph Girtanners *Historische Nachrichten und politische Betrachtungen über die französische Revolution*, die zwischen 1792 und 1797 in mehreren Bänden erschienen waren. Anton Hoffmanns *Darstellung der Mainzer Revolution* von 1794 dürfte Goethe ebenso geholfen haben, die Belagerung von Mainz in seiner Erinnerung wachzurufen, wie die 1796 anonym erschienene *Geheime Geschichte der Regierung des Landes zwischen Rhein und Mosel, auch des Verlusts der Linien von Mainz* – um nur einige der von ihm eingesehenen Bände zu nennen. Wenn Goethe am 13. Januar 1820 die *Leben und Schicksale* Friedrich Christian Laukhards, Frankreich-Aufzeichnungen eines einfachen Soldaten der Preußischen Armee, aus der Großherzoglichen Bibliothek entlieh und tags darauf im Tagebuch vermerkte: »Eintritt in Frankreich diktiert«, so darf ein Zusammenhang zwischen Lektüre und Niederschrift angenommen werden. Durch die Beschäftigung mit möglichst vielen Originaldokumenten versuchte Goethe ein Epochenbild zu entwerfen, in dem das Persönliche und die eigene Verstrickung aufgehoben waren.

Das Motto, das er gleichsam anstelle eines präzisierenden Titels in der Erstausgabe seiner nach einem Sprung über vier Weimarer Lebensjahre wieder einsetzenden Memoiren platzierte – die *Italienische Reise* endet 1788, die *Campagne* setzt 1792 ein –, ist nicht derart sprichwörtlich wie das italienische

»Auch ich in Arkadien!« geworden: »Auch ich in der Champagne!« Seine Zeitgenossen wussten, worauf damit angespielt werden sollte, auch wenn die geschichtliche Relevanz jener Begebenheiten längst vor den Zeitläuften der Gegenwart – Aufstieg und Fall Napoleons, die Restauration nach dem Wiener Kongress – in den Hintergrund getreten war. Das von europäischen Fürstenhäusern rekrutierte Heer unter der Ägide des preußischen Thronerben war bei seinem hochgesteckten Unternehmen, die Französische Revolution zu ersticken und das Bourbonengeschlecht wieder in die alte Herrschaft einzusetzen, buchstäblich in der Champagne stecken geblieben. Nicht einmal mehr an einen geordneten Rückzug der versprengten, von Hunger, Kälte und Regen ausgezehrten Truppen war nach der verheerenden Kanonade von Valmy zu denken: Das Fiasko in der Champagne ließ sich am Ende auf die einfache Formel »Rette sich, wer kann« reduzieren.

Die Beschwerde Goethes in seinem Brief an Christiane Vulpius vom 10. September 1792 bereitet schon jenes Bild vor, dem er dreißig Jahre später in seiner *Campagne* literarisch Gestalt verlieh: »Wir sind so nah an Champagne und finden kein gut Glas Wein.« Ähnlich am 25. September 1792 an die Herzoginmutter Anna Amalia: »Hören nun Ew. Durchlaucht nach allem diesen daß wir nun schon mehrere Wochen in der Nähe von Champagne, ja in Champagne hausen und herrschen und doch noch keinen Tropfen leidlichen Weins getrunken haben.«

Die Unmittelbarkeit und Authentizität der Darstellung, denen Goethe durch die tagebuchartige Chronologie des *Campagne*-Buchs Ausdruck gibt, werden schon in den Briefen, die er von den Feldlagern der Champagne aus an die Seinigen in Weimar richtet, vorweggenommen. Einige Stellen, die vom Schock der neuen, wie mit Naturgewalt hereingebrochenen welthistorischen Dimension zeugen, seien angeführt: »Die gegenwärtige Welt geht kunterbunt durcheinander« (an Johann Heinrich Meyer am 25. August 1792 aus Trier);»Wir haben in diesen sechs Wochen mehr Müdigkeit, Noth, Sorge, Elend, Gefahr ausgestanden und gesehen als in unserm ganzen Leben« (an seinen Ministerkollegen Christian Gottlob Voigt am 10. Oktober 1792 aus Verdun);»Keine Feder und keine Zunge kann das Elend der combinirten Armee beschreiben« (an seine Mutter am 16. Oktober 1792 aus Trier). Das in mehrfachem Sinne grenzüberschreitende Erlebnis der *Campagne* lässt den Dichter auch an die Grenzen der sprachlichen Mitteilbarkeit stoßen. Die herkömmlichen ästhetischen Gattungen und Kategorien erscheinen ihm unbrauchbar angesichts der vor seinen Augen sich abspielenden Katastrophe. Wo etwas die Wahrnehmung übersteigt, da wird auch die Ratio unbrauchbar:»Ew. Durchlaucht wird bekannt seyn daß die Sprache der Batterien noch einsilbiger ist als die deutsche Sprache« (an Herzogin Anna Amalia am 3. Juni 1793 aus dem Lager Marienborn bei Mainz) und:»Mich wandelt in meiner jetzigen Lage eine Art Stupor an und ich finde den trivialen Ausdruck: *der Verstand steht mir still*, trefflich um die Lage meines Geistes auszudrücken« (an Voigt am 3. Juli 1793 vom selben Ort). Vielleicht liegt in diesem grundsätzlichen Zweifel an der Vermittelbarkeit kriegerischen Grauens auch ein Grund dafür, dass Goethe sich so viel Zeit ließ mit der Aufarbeitung des Erlebten – er benötigte sie, um die Form zu finden, die das Ganze überhaupt erst »trägt«.

Es kann keine Rede davon sein, dass der Frankreich-Feldzug in Goethes Erinnerung verblasste. In Gesprächen und Unterhaltungen hatte er ihn über all die Jahre wach und lebendig gehalten. So berichtet Karl August Böttiger von einem Treffen mit Goethe am 6. Juni 1794 – zwei Jahre nach der Campagne, ein Jahr nach der Mainzer Belagerung:»Es ist äußerst interessant, ihn seine Abenteuer beim Feldzug in der Champagne 1792, wo er den Herzog begleitete, erzählen zu hören. Er hielt sich immer zum Vortrab, wo es am lustigsten zuging. [...] In Verdun ließ sich Goethe Empfehlungsbriefe nach Paris [...] geben, weil auch er gewiß überzeugt war, es ging grade nach Paris.« Die leise Enttäuschung, nie im Leben in Paris eingezogen zu sein, sollte durch espritvolle Plauderei auf Pariser Niveau im Freundeskreis ausgeglichen werden. Das bezeugen auch die Erinnerungen des Jenaer Verlegers Frommann: »Er war Meister im Erzählen; es ging aus einem Gusse und die ausdruckvollsten Bewegungen der Hände und der Glanz seiner Augen erhöhten den Reiz seiner Rede. So ist mir unvergeßlich, wie er einmal die heitre Geschichte aus dem Feldzug in der Champagne zum besten gab, ehe sie gedruckt [!] war: wo er am Ende eines feindlichen Dorfs mit seinem Reitknecht einen noch ungeplünderten Keller entdeckt, sich im Hause niederläßt und unter seinem großen Reisemantel eine Batterie Weinflaschen anlegt, als die anderen nachkommen, die Flasche kreisen läßt, immer eine frische aus dem Versteck hervorholt und sich an dem allgemeinen Erstaunen ergötzt, daß die vermeintliche Flasche nicht leer wird.« Derartige Berichte legen die Vermutung nahe, dass Goethes Campagne-Abenteuer schon lange in der Weimarer Gesellschaft kursierten, ehe er ihnen literarisch Gestalt verlieh.

Wollte Goethe ein authentisches Bild vom Krieg zeichnen, musste er auf Unmittelbarkeit der Darstellung dringen, die tagebuchartigen Brüche, Sprünge in der Chronologie, die im Aperçu aufblitzende Reflexion, die Anekdote und den elliptisch gerafften Bericht zum Prinzip erheben. Damit schuf er nichts weniger als eine Urform der literarischen Reportage, die den wechselnden Standort des Beobachters in ihren Diskurs einbezieht. Mit Heine und Fontane seien zwei der herausragenden literarischen Chronisten des 19. Jahrhunderts genannt, die in ihren Berichten auf diese Form zurückgriffen, um sie zu einem neuartigen Genre zwischen Faktizität und Fiktion zu entwickeln. Auch sie haben, wie Goethe, nicht nur in der deutschen Literatur, sondern auch in der Herzogin Anna Amalia Bibliothek ihren Platz gefunden.

Zu dieser Ausgabe

Die *Bibliotheca Anna Amalia* der *Süddeutschen Zeitung* gibt in insgesamt 12 Bänden unter dem Motto »Weltliteratur« Einblick in die wertvollen Bestände der Herzogin Anna Amalia Bibliothek in Weimar. Die Edition folgt buchstaben- und zeichengetreu dem jeweiligen in Weimar vorliegenden Exemplar. Dabei sind Inkonsequenzen in Orthographie und Interpunktion, die sich aus dem Fehlen verbindlicher Normen erklären, beibehalten. Offensichtliche und eindeutig zu korrigierende Druckfehler sind im Text berichtigt. Nicht übernommen werden typographische und drucktechnische Verfahren wie andere bzw. kleinere Schrift für fremdsprachige Textstellen, Doppelstrich für Wortkoppelung und Silbentrennung, Einzug bei Kapitelanfängen.

Diesem Band liegt die Erstausgabe von Goethes *Campagne* zugrunde: *Aus meinem Leben. Von Goethe. Zweyter Abtheilung Fünfter Theil. Auch ich in der Champagne!* Stuttgart und Tübingen in der Cotta'schen Buchhandlung 1822. Das Exemplar der Herzogin Anna Amalia Bibliothek trägt die Signatur B 1152.

Zur besseren Orientierung werden im Inhaltsverzeichnis wesentliche Stationen des Feldzugs genannt; als Kolumnentitel erscheint links das Motto der Erstausgabe *Auch ich in der Champagne!* und rechts – bis zur *Belagerung von Maynz* – der seit der *Ausgabe letzter Hand* (1829) gebräuchliche Titel *Campagne in Frankreich 1792.*

Inhalt

Auch ich in der Champagne!

Mainz 5 – Trier 8 – Das Monument von Igel 9 – Longwy 14 – Verdun 23 – In der Champagne 46 – Kanonade von Valmy 54 – Rückzug 75 – Verdun 97 – Luxemburg 111 – Das Monument von Igel 116 – Trier 120 – Moselfahrt 133 – Trarbach 136 – Koblenz 137 – *Zwischen-Rede* 143 – In Pempelfort bei F. H. Jacobi 147 – Duisburg 159 – »Harzreise im Winter« 166 – In Münster bei der Fürstin Gallitzin 177 – Weimar 192 – *Belagerung von Maynz* 209 – Lager bei Marienborn 210 – Belagerung 221 – Brand der Stadt 223 – Lücke 228 – Waffenstillstand und Übergabe der Stadt 234 – Auszug der Franzosen 236 – Castel 247 – Mannheim 249 – Heidelberg 250 – Ende der Campagne 251

Anhang

Goethes Buch von Krieg und Frieden. Von *Gustav Seibt* 255

Goethes *Campagne* in der Herzogin Anna Amalia Bibliothek. Von *Jan Volker Röhnert* 268

Zu dieser Ausgabe 277

Johann Wolfgang von Goethe
AUCH ICH IN
DER CHAMPAGNE!

Nur in diesem Erstdruck hat Goethe das Motto seiner Schrift „Campagne in Frankreich" in den Titel hereingenommen. So antwortete das „Auch ich in der Champagne!" dem „Auch ich in Arkadien!" der „Italienischen Reise". Wer dieses Buch liest, dem kommt die Illusion abhanden, die Goethezeit sei eine behagliche Idylle gewesen. Es ist im Angesicht von Schlachtfeldern entstanden – Goethes Buch über Krieg und Frieden.

Mit einem Nachwort
von Gustav Seibt
ISBN: 978-3-86615-405-6
ET: März 2007
288 Seiten, Ladenpreis: 24,90 Euro (D), 25,60 Euro (A), 43,90 sFr

William Shakespeare
VENUS UND ADONIS.
TARQUIN
UND LUKREZIA.
Zwei Gedichte in zwei Sprachen

Shakespeare gehört zu den Fixsternen der klassischen Literatur. Hier kommt er als Erbe der europäischen Tradition zu Wort: im Langgedicht „Venus und Adonis", das von der Schönheit, von Leid und Lust der Liebe handelt, greift er auf Ovid zurück, im tragischen Pendant „Tarquin und Lukrezia" auf die Erzählung des Livius über die Schändung der Lukrezia: Ihr Selbstmord markiert den Übergang Roms von der Monarchie zur Republik. Und im Gedicht-Autor Shakespeare meldet sich zugleich der Dramatiker zu Wort.

Zweisprachige Ausgabe.
Mit einem Nachwort von
Burkhard Müller
ISBN: 978-3-86615-406-3
ET: März 2007
336 Seiten, Ladenpreis: 29,90 Euro (D), 30,80 Euro (A), 51,90 sFr

Voltaire
DIE PRINZESSIN
VON BABYLON

Wer mit Voltaire nach Babylon reist, der gerät nicht nur in eine Welt des Orientalismus und Exotismus. Er begegnet beim Lesen zugleich dem zeitgenössischen Europa von England bis zum Papst in Rom. Und in leicht durchschaubarer, lockerer Verkleidung ist eine bis heute aktuelle Reisebegleiterin allgegenwärtig: die Frage nach dem Verhältnis der europäischen Kultur und Bildung zu ihren welthistorischen Nachbarn.

Mit einem Nachwort von
Hans Pleschinski
ISBN: 978-3-86615-407-0
ET: März 2007
160 Seiten, Ladenpreis: 19,90 Euro (D), 20,50 Euro (A), 34,90 sFr

Ludwig Tieck
DAS ALTE BUCH
UND DIE REISE INS
BLAUE HINEIN
Novellen

Nach dem Tod Goethes im März 1832 galt vielen Lesern der alte Ludwig Tieck als ungekrönter König der deutschen Literatur. In seinen späten Novellen ließ er die alten Zauberworte der romantischen Erzählkunst noch einmal Revue passieren. Es sind die Bücher selbst, die hier auf Wanderschaft gehen, Abenteuer erleben, in die Hände von Bearbeitern und Kopisten fallen. Hier schreibt einer für Leser, die sich nicht leicht hinters Licht führen lassen.

Mit einem Nachwort von
Lothar Müller
ISBN: 978-3-86615-408-7
ET: April 2007
ca. 416 Seiten, Ladenpreis: 29,90 Euro (D), 30,80 Euro (A), 51,90 sFr

Bibliotheca Anna Amalia — Süddeutsche Zeitung Edition

François-René de Chateaubriand
ERINNERUNGEN AUS ITALIEN, ENGLAND UND AMERIKA

François René Vicomte de Chateaubriand gehörte zu den französischen Lesern Goethes, dessen „Werther" in seinem Werk Spuren hinterlassen hat. In diesem Band sind Erinnerungen an seine Reise nach Nordamerika 1790/91 mit Berichten aus den beiden klassischen europäischen Reiseländern des 18. Jahrhunderts zusammengestellt. Die Aufzeichnungen zählen zu den Büchern der Anna Amalia Bibliothek, die zum Bild der Neuen Welt bei den Bewohnern des alten Europa beitrugen.

Mit einem Nachwort von
Johannes Willms
ISBN: 978-3-86615-409-4
ET: Mai 2007
ca. 160 Seiten, Ladenpreis: 19,90 Euro
(D), 20,50 Euro (A), 34,90 sFr

Karl Philipp Moritz
REISEN EINES DEUTSCHEN IN ENGLAND

Von Berlin aus brach Karl Philipp Moritz ins gelobte Land der deutschen Aufklärung, nach England, auf. Als notorischer Fußgänger zog er den Spott der Einheimischen auf sich, dem deutschen Publikum brachte er eine der lebendigsten Reisebeschreibungen des 18. Jahrhunderts mit. Sie führt ins Londoner Parlament und die dortigen Buchhandlungen ebenso wie ins Dunkel der Höhle von Castleton. Als Goethe 1786 in Rom Moritz kennenlernte, glaubte er in ihm einen „jüngeren Bruder" zu erkennen.

Mit einem Nachwort von
Willi Winkler
ISBN: 978-3-86615-411-7
ET: Juli 2007
ca. 180 Seiten, Ladenpreis: 24,90 Euro
(D), 25,60 Euro (A), 43,90 sFr

Christoph Martin Wieland
DSCHINNISTAN ODER AUSERLESENE FEEN- UND GEISTER-MÄRCHEN

Dieser schöne Band, in dem Wieland dem Publikum eine Auswahl seiner Bearbeitungen französischer Feenmärchen präsentiert, gehört zu den charmantesten Beispielen für ein Charakteristikum der Weimarer Klassiker: Sie alle traten nicht nur als Autoren ihrer Werke, sondern zugleich als Übersetzer der Weltliteratur in Erscheinung. Von der Geschmeidigkeit, die die deutsche Literatursprache dadurch gewann, legen in diesem Buch die Feen und Geister Zeugnis ab.

Mit einem Nachwort von
Hannelore Schaffler
ISBN: 978-3-86615-410-0
ET: Juni 2007
ca. 253 Seiten, Ladenpreis: 24,90 Euro
(D), 25,60 Euro (A), 43,90 sFr

Jean Paul
FREIHEITS-BÜCHLEIN

Dieses Buch, für das sein Autor ursprünglich, in Anlehnung an die Freiheitsbäume der Französischen Revolution, den Titel „Freiheitsbäumchen" erwog, ist eine der großen deutschen Streitschriften gegen die Zensur. Jean Paul, im Erzählen ein Meister der verspielten Abschweifung, geht hier, in der Erledigung aller denkbaren Argumente für die Zensur, systematisch zu Werke. Und wenn er sich am Ende als Zensor der eigenen Werke empfiehlt, tritt eine Figur mit großer Zukunft auf den Plan: die Selbstzensur.

Mit einem Nachwort von N.N.
ISBN: 978-3-86615-412-4
ET: August 2007
ca. 122 Seiten, Ladenpreis: 19,90 Euro
(D), 20,50 Euro (A), 34,90 sFr

Bibliotheca Anna Amalia   **Süddeutsche Zeitung Edition**

George Keate / Georg Forster
NACHRICHEN VON DEN PELEW-INSELN

Der englische Schriftsteller George Keate schilderte nach den Tagebüchern des Kapitäns Wilson den Schiffbruch der „Antelope" vor den Palau-Inseln in der Südsee. Einer der bedeutendsten Weltreisendender deutschen Literatur, Georg Forster, der James Cook bei seiner Weltreise begleitet hatte, übersetzte das Buch in deutsche Prosa. Südsee-Abenteuer und ethnographischer Bericht zugleich, zeigt dieses Buch, welche Entdeckungen die Anna Amalia Bibliothek birgt.

Mit einem Nachwort von
Harald Eggebrecht
ISBN: 978-3-86615-413-1
ET: September 2007
ca. 397 Seiten, Ladenpreis: 29,90 Euro (D), 30,80 Euro (A), 51,90 sFr

Friedrich Schiller
KLEINERE PROSAISCHE SCHRIFTEN
vom Verfasser selbst gesammelt und verbessert (1792)

Als Herausgeber seiner selbst präsentiert Schiller hier die Vielfalt seines Werks: die „Sendung Moses" und die „Philosophischen Briefe", den „Verbrecher aus verlorener Ehre" und das „Spiel des Schicksals", die Antrittsvorlesung zur Universalgeschichte und die „Briefe über Don Carlos", die Aufsätze „Etwas über die erste Menschengesellschaft" und „Über Völkerwanderung, Kreuzzüge und Mittelalter". Eine Zusammenstellung großartiger Prosa, in der sich der Historiker, der Erzähler und der Dramatiker Schiller begegnen.

Mit einem Nachwort von N.N.
ISBN: 978-3-86615-414-8
ET: September 2007
ca. 251 Seiten, Ladenpreis: 24,90 Euro (D), 25,60 Euro (A), 43,90 sFr

Hafis / Joseph von Hammer
DER DIWAN

Als in diesem Buch der persische Dichter Hafis zum ersten Mal in die deutsche Sprache Eingang fand, gehörte Goethe zu seinen hingebungsvollsten Lesern. Im Dialog mit dieser reich kommentierten Ausgabe des Orientalisten und Diplomaten Joseph von Hammer-Purgstall schrieb er ab 1814 seinen eigenen „Divan". Nun ist seine Vorlage wieder zu entdecken: eine schöne Rarität.

Mit einem Nachwort von
Martin Mosebach.
ISBN: 978-3-86615-415-5
ET: September 2007
ca. 596 Seiten, Ladenpreis: 29,90 Euro (D), 30,80 Euro (A), 51,90 sFr

Johann Gottfried Herder
LIEDER DER LIEBE
Die ältesten und schönsten aus Morgenlande. Nebst vier und vierzig alten Minneliedern

„Volkspoesie" – so hieß das Zauberwort, mit dem Johann Gottfried Herder den ältesten, mündlichen Wurzeln der Poesie nachspürte. In diesem reizvollen Band rückt seine Übersetzung des alttestamentarischen Hoheliedes an die Seite der mittelalterlichen deutschen Liebesdichtung: Auch die Bibel gehört zur Weltliteratur.

Mit einem Nachwort von N.N.
ISBN: 978-3-86615-416-2
ET: September 2007
ca. 160 Seiten, Ladenpreis: 19,90 Euro (D), 20,50 Euro (A), 34,90 sFr

Die komplette Bibliotheca Anna Amalia
gibt es für nur 248,00 Euro statt 298,80 Euro
(bei Abnahme aller 12 Bände)

im Internet unter www.sz-shop.de
oder per Telefon unter 01805-262167 (0,14 Eur/Min.)

August von Goethe
Wir waren sehr heiter
Reisetagebuch 1819
Herausgegeben von Gabriele Radecke
Gebunden. 240 Seiten
ISBN 978-3-351-03209-8

Spannender Blick auf die Vater-Sohn-Beziehung

Im Mai 1819 brach August von Goethe mit seiner Frau nach Preußen und Sachsen auf. 188 Jahre später, erscheint sein Tagebuch mit vielen, teils unveröffentlichten, Briefen aus seinem Umfeld. Es ist wie ein großer fortgesetzter Brief an den Vater in vielerlei Spiegelungen. Mit unveröffentlichten Briefen von Ottilie von Goethe, Adele Schopenhauer, Graf Brühl u. a.
Täglich führt der Sohn Tagebuch, so wie es der Vater will. Er notiert die Erlebnisse seiner Reise nach Potsdam, Berlin, Dessau, Dresden, Leipzig und in die Sächsische Schweiz. In den Tagebuchtext eingefügt sind Augusts Briefe an den Vater und dessen Antworten sowie Ottilies Korrespondenz mit der Mutter und den Freunden – eine bedeutsame Stimmencollage, in der Szenen einer spannungsreichen Ehe und einer schwierigen Vater-Sohn-Beziehung aufscheinen.

Mehr Informationen erhalten Sie unter
www.aufbauverlagsgruppe.de oder in Ihrer Buchhandlung

Johann Wolfgang Goethe
Hundert Gedichte
*Herausgegeben und mit einem
Nachwort von Inge Wild
Leinen. 200 Seiten
ISBN 978-3-351-03090-2*

Lyrik für Genießer

Die erlesene Reihe präsentiert je 100 Gedichte in kundiger Auswahl, und da zeitlose Schlichtheit, Eleganz und Gediegenheit nicht vergehen, sind die hochformatigen Bände in feinstes Leinen gebunden und mit farbigem Vorsatzpapier ausgestattet.

Weitere Bände:

*Heinrich Heine, Hundert Gedichte
Herausgegeben von Jan-Christoph Hauschild
186 Seiten, ISBN 978-3-351-02946-3*

*Christian Morgenstern, Hundert Gedichte
Herausgegeben von Frank Möbus
155 Seiten, ISBN 978-3-351-02947-0*

*Rainer Maria Rilke, Hundert Gedichte
Herausgegeben von Gisela und Ulrich Häussermann
144 Seiten, ISBN 978-3-351-02899-2*

*Mehr Informationen erhalten Sie unter
www.aufbauverlagsgruppe.de oder in Ihrer Buchhandlung*

Oscar A. H. Schmitz
Das wilde Leben der Boheme
Tagebücher 1896-1906
Herausgegeben und mit einem
Nachwort von Wolfgang Martynkewicz
Leinen. 540 Seiten
ISBN 978-3-351-03097-1

Ein editorisches Ereignis

Ein beeindruckendes Panorama des Fin de siècle. Kunst, Erotik, Reisen – die erstmals veröffentlichten Tagebücher des Schriftstellers Oscar A. H. Schmitz zeigen die Passionen eines Dandys, der die geistigen Strömungen seiner Zeit begierig aufsog. Eine wahre Fundgrube, bedeutendes Zeitzeugnis und große Literatur zugleich. Oscar A. H. Schmitz hat alle Hoffnungen auf eine akademisch-bürgerliche Laufbahn aufgegeben. In der Münchner Boheme gehört er zu den Außenseitern der literarischen Szene. Von innerer Unruhe getrieben, flieht er nach Paris, setzt sich den Reizen der Großstadt aus. Er inszeniert sich als Dandy und Don Juan, stürzt sich in erotische Abenteuer, sucht den Rausch und die Ekstase. Sein Lebenselixier ist der Umgang mit interessanten Zeitgenossen wie Sigmund Freud, Frank Wedekind, Heinrich und Thomas Mann. Mit Akribie hält er alle die Begegnungen in seinem Tagebuch fest, das sich wie ein Who's who der intellektuellen Welt liest.

»**Ein hervorragend gescheiter Schriftsteller.**« THOMAS MANN

Weitere Bände:
Ein Dandy auf Reisen. Tagebücher 1907-1912. ISBN 978-3-351-03098-8
Durch das Land der Dämonen. Tagebücher 1913-1918. ISBN 978-3-351-03099-5

Mehr Informationen erhalten Sie unter
www.aufbauverlagsgruppe.de oder in Ihrer Buchhandlung

Theodor Fontane
Die Poggenpuhls
Roman. Band 16. Große Brandenburger Ausgabe
Herausgegeben von Gabriele Radecke
Leinen. 292 Seiten
ISBN 978-3-351-03128-9

Moderner Großstadtroman

Fontanes vorletzter Roman ist ein höchst amüsantes Kabinettstück über die Verkehrung von Sein und Schein, in dem sich Komik und Kritik durchdringen. Vorzügliche Textdarbietung, umfassender Kommentar und die Nutzung unbekannten Archivmaterials sind die Markenzeichen auch dieses Bandes der Großen Brandenburger Ausgabe: Seit dem ruhmreichen Schlachtentod des Majors wohnt die Witwe Albertine Pogge von Poggenpuhl mit ihren drei Töchtern in ärmlichen Verhältnissen. Doch der berühmte Name verpflichtet, auch wenn der Mangel inzwischen überall durchscheint und die Interessen der Jugend ganz andere sind. Die Zeit der Heldentaten ist vorbei. Dafür jagen Töchter und Söhne den trügerischen Bildern von Glück und Liebe, Wohlstand und Sicherheit nach.

»**Große Brandenburger Ausgabe – ein editorisches Ereignis ersten Ranges.**« FRANKFURTER RUNDSCHAU

Weitere Bände aus der Großen Brandenburger Ausgabe (angelegt auf 21 Bände):
Unterm Birnbaum. Band 8. ISBN 978-3-351-03120-3
Irrungen, Wirrungen. Band 10. ISBN 978-3-351-03122-X
Effi Briest. Band 15. ISBN 978-3-351-03127-0
Der Stechlin. Band 17. ISBN 978-3-351-03129-7

Mehr Informationen erhalten Sie unter
www.aufbauverlagsgruppe.de oder in Ihrer Buchhandlung